사도신경[1]

구번역

전능하사 천지를 만드신 하나님 아버지를 내가 믿사오며,
그 외아들 우리 주 예수 그리스도를 믿사오니,
이는 성령으로 잉태하사 동정녀 마리아에게 나시고,
본디오 빌라도에게 고난을 받으사,
십자가에 못 박혀 죽으시고,
장사한 지 사흘 만에 죽은 자 가운데서 다시 살아나시며,
하늘에 오르사, 전능하신 하나님 우편에 앉아 계시다가,
저리로서 산 자와 죽은 자를 심판하러 오시리라.
성령을 믿사오며, 거룩한 공회와 성도가 서로 교통하는 것과
죄를 사하여 주시는 것과 몸이 다시 사는 것과
영원히 사는 것을 믿사옵나이다. 아멘.

새번역

나는 전능하신 아버지 하나님, 천지의 창조주를 믿습니다.
나는 그의 유일하신 아들, 우리 주 예수 그리스도를 믿습니다.
그는 성령으로 잉태되어 동정녀 마리아에게서 나시고,
본디오 빌라도에게 고난을 받아 십지가에 못 박혀 죽으시고,
장사된 지[2] 사흘 만에 죽은 자 가운데서 다시 살아나셨으며,
하늘에 오르시어 전능하신 아버지 하나님 우편에 앉아 계시다가,
거기로부터 살아 있는 자와 죽은 자를 심판하러 오십니다.
나는 성령을 믿으며, 거룩한 공교회와 성도의 교제와
죄를 용서받는 것과 몸의 부활과 영생을 믿습니다. 아멘.

---

1) '사도신조'로도 번역할 수 있다.
2) '장사 되시어 지옥에 내려가신 지'가 공인된 원문(Forma Recepta)에는 있으나,
대다수의 본문에는 없다.

말씀 따라

내가 쓰는

한 줄
필사성경

7
사도행전 - 요한계시록

_____님에게

손으로 쓴 성경을

주님의 이름으로

축복하며 드립니다

말씀 따라 내가 쓰는
한 줄 필사성경_7
사도행전 - 요한계시록

엮은이 | 두란노 편집부
초판 발행 | 2022. 4. 13
등록번호 | 제1988-000080호
등록된 곳 | 서울특별시 용산구 서빙고로 65길 38
발행처 | 사단법인 두란노서원
영업부 | 2078-3352   FAX | 080-749-3705
출판부 | 2078-3331

책값은 뒤표지에 있습니다.
ISBN 978-89-531-4112-4 04230   Printed in Korea
(세트) 978-89-531-4101-8 04230

독자의 의견을 기다립니다.
tpress@duranno.com www.duranno.com

두란노서원은 바울 사도가 3차 전도여행 때 에베소에서 성령 받은 제자들을 따로 세워 하나님의 말씀으로 양
육하던 장소입니다. 사도행전 19장 8-20절의 정신에 따라 첫째 목회자를 돕는 사역과 평신도를 훈련시키는 사
역, 둘째 세계선교(TIM)와 문서선교(단행본·잡지) 사역, 셋째 예수문화 및 경배와 찬양 사역, 그리고 가정·상담 사역
등을 감당하고 있습니다. 1980년 12월 22일에 창립된 두란노서원은 주님 오실 때까지 이 사역들을 계속할 것
입니다.

말씀 따라 내가 쓰는

한 줄
필사성경

7

사도행전 - 요한계시록

필사자 : _____

시작일 : _____ . _____ . _____ .

마감일 : _____ . _____ . _____ .

두란노

필사성경 활용법

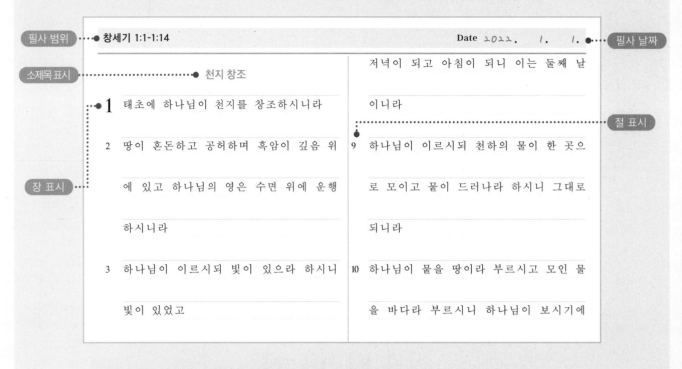

- 필사 범위 → 창세기 1:1-1:14
- Date 2022. 1. 1. → 필사 날짜
- 소제목표시 → 천지 창조
- 장 표시 / 절 표시

1 태초에 하나님이 천지를 창조하시니라

2 땅이 혼돈하고 공허하며 흑암이 깊음 위에 있고 하나님의 영은 수면 위에 운행하시니라

3 하나님이 이르시되 빛이 있으라 하시니 빛이 있었고

저녁이 되고 아침이 되니 이는 둘째 날이니라

9 하나님이 이르시되 천하의 물이 한 곳으로 모이고 뭍이 드러나라 하시니 그대로 되니라

10 하나님이 뭍을 땅이라 부르시고 모인 물을 바다라 부르시니 하나님이 보시기에

- 필사하기 전, 기도로 마음을 정돈하고 주님의 은혜를 구합니다.
- 성경 본문이 한 줄씩 인쇄되어 있기에 말씀을 보고 그대로 따라 씁니다.
- 장과 절, 소제목까지 인쇄되어 있어 말씀 위주로 또박또박 써도 됩니다.
- 필사 후 틀린 곳이 있는지 확인하고 정확히 고쳐 둡니다.
- 필사가 끝나면 필사 확인표에 체크 표시를 합니다.
- 체크 표시를 하고 나면 말씀이 새겨지도록 기도로 마무리합니다.

필사 확인표

	1	2	3	4	5	6	7	8	9	10	11	12	13	14	15	16	17	18	19	20	21	22	23	24
사 도 행 전	1 25	2 26	3 27	4 28	5	6	7	8	9	10	11	12	13	14	15	16	17	18	19	20	21	22	23	24
로 마 서	1	2	3	4	5	6	7	8	9	10	11	12	13	14	15	16								
고 린 도 전 서	1	2	3	4	5	6	7	8	9	10	11	12	13	14	15	16								
고 린 도 후 서	1	2	3	4	5	6	7	8	9	10	11	12	13											
갈 라 디 아 서	1	2	3	4	5	6																		
에 베 소 서	1	2	3	4	5	6																		
빌 립 보 서	1	2	3	4																				
골 로 새 서	1	2	3	4																				
데살로니가전서	1	2	3	4	5																			
데살로니가후서	1	2	3																					
디 모 데 전 서	1	2	3	4	5	6																		
디 모 데 후 서	1	2	3	4																				
디 도 서	1	2	3																					
빌 레 몬 서	1																							
히 브 리 서	1	2	3	4	5	6	7	8	9	10	11	12	13											
야 고 보 서	1	2	3	4	5																			
베 드 로 전 서	1	2	3	4	5																			
베 드 로 후 서	1	2	3																					
요 한 1 서	1	2	3	4	5	요 한 2 서	1		요 한 3 서		1													
유 다 서	1																							
요 한 계 시 록	1	2	3	4	5	6	7	8	9	10	11	12	13	14	15	16	17	18	19	20	21	22		

성령으로 세례를 받으리라

1 데오빌로여 내가 먼저 쓴 글에는 무릇
데오빌로여 내가 먼저 쓴 글에는 무릇
예수께서 행하시며 가르치시기를 시작
예수께서 행하시며 가르치시기를 시작
하심부터
하심부터

2 그가 택하신 사도들에게 성령으로 명하
그가 택하신 사도들에게 성령으로 명하
시고 승천하신 날까지의 일을 기록하였
시고 승천하신 날까지의 일을 기록하였
노라
노라

3 그가 고난 받으신 후에 또한 그들에게

확실한 많은 증거로 친히 살아 계심을

나타내사 사십 일 동안 그들에게 보이

시며 하나님 나라의 일을 말씀하시니라

4 사도와 함께 모이사 그들에게 분부하여

이르시되 예루살렘을 떠나지 말고 내게

서 들은 바 아버지께서 약속하신 것을

기다리라

5 요한은 물로 세례를 베풀었으나 너희는

몇 날이 못되어 성령으로 세례를 받으

리라 하셨느니라

예수께서 하늘로 올려지시다

6 그들이 모였을 때에 예수께 여쭈어 이

르되 주께서 이스라엘 나라를 회복하심

이 이 때니이까 하니

7 이르시되 때와 시기는 아버지께서 자

기의 권한에 두셨으니 너희가 알 바 아

니요

8 오직 성령이 너희에게 임하시면 너희가

권능을 받고 예루살렘과 온 유대와 사

마리아와 땅 끝까지 이르러 내 증인이

되리라 하시니라

9 이 말씀을 마치시고 그들이 보는데 올

려져 가시니 구름이 그를 가리어 보이

지 않게 하더라

10 올라가실 때에 제자들이 자세히 하늘을

쳐다보고 있는데 흰 옷 입은 두 사람이

그들 곁에 서서

11 이르되 갈릴리 사람들아 어찌하여 서서

차례

사
도
행
전

성령으로 세례를 받으리라

1 데오빌로여 내가 먼저 쓴 글에는 무릇

예수께서 행하시며 가르치시기를 시작

하심부터

2 그가 택하신 사도들에게 성령으로 명하

시고 승천하신 날까지의 일을 기록하였

노라

3 그가 고난 받으신 후에 또한 그들에게

확실한 많은 증거로 친히 살아 계심을

나타내사 사십 일 동안 그들에게 보이

시며 하나님 나라의 일을 말씀하시니라

4 사도와 함께 모이사 그들에게 분부하여

이르시되 예루살렘을 떠나지 말고 내게

서 들은 바 아버지께서 약속하신 것을

기다리라

5 요한은 물로 세례를 베풀었으나 너희는

몇 날이 못되어 성령으로 세례를 받으

리라 하셨느니라

예수께서 하늘로 올려지시다

6 그들이 모였을 때에 예수께 여쭈어 이

르되 주께서 이스라엘 나라를 회복하심

이 이 때니이까 하니

7 이르시되 때와 시기는 아버지께서 자

기의 권한에 두셨으니 너희가 알 바 아

니요

8 오직 성령이 너희에게 임하시면 너희가

권능을 받고 예루살렘과 온 유대와 사

마리아와 땅 끝까지 이르러 내 증인이

되리라 하시니라

9 이 말씀을 마치시고 그들이 보는데 올

려져 가시니 구름이 그를 가리어 보이

지 않게 하더라

10 올라가실 때에 제자들이 자세히 하늘을

쳐다보고 있는데 흰 옷 입은 두 사람이

그들 곁에 서서

11 이르되 갈릴리 사람들아 어찌하여 서서

하늘을 처다보느냐 너희 가운데서 하늘

로 올려지신 이 예수는 하늘로 가심을

본 그대로 오시리라 하였느니라

유다 대신에 맛디아를 세우다

12 제자들이 감람원이라 하는 산으로부터

예루살렘에 돌아오니 이 산은 예루살렘

에서 가까워 안식일에 가기 알맞은 길

이라

13 들어가 그들이 유하는 다락방으로 올라

가니 베드로, 요한, 야고보, 안드레와

빌립, 도마와 바돌로매, 마태와 및 알패

오의 아들 야고보, 셀롯인 시몬, 야고보

의 아들 유다가 다 거기 있어

14 여자들과 예수의 어머니 마리아와 예수

의 아우들과 더불어 마음을 같이하여

오로지 기도에 힘쓰더라

15 모인 무리의 수가 약 백이십 명이나 되

더라 그 때에 베드로가 그 형제들 가운

데 일어서서 이르되

16 형제들아 성령이 다윗의 입을 통하여

예수 잡는 자들의 길잡이가 된 유다를

가리켜 미리 말씀하신 성경이 응하였으

니 마땅하도다

17 이 사람은 본래 우리 수 가운데 참여하

여 이 직무의 한 부분을 맡았던 자라

18 (이 사람이 불의의 삯으로 밭을 사고

후에 몸이 곤두박질하여 배가 터져 창

자가 다 흘러 나온지라

19 이 일이 예루살렘에 사는 모든 사람에

게 알리어져 그들의 말로는 그 밭을

아겔다마라 하니 이는 피밭이라는 뜻

이라)

20 시편에 기록하였으되 그의 거처를 황폐

하게 하시며 거기 거하는 자가 없게 하

소서 하였고 또 일렀으되 그의 직분을

타인이 취하게 하소서 하였도다

21 이러하므로 요한의 세례로부터 우리 가
운데서 올려져 가신 날까지 주 예수께
서 우리 가운데 출입하실 때에

22 항상 우리와 함께 다니던 사람 중에 하
나를 세워 우리와 더불어 예수께서 부
활하심을 증언할 사람이 되게 하여야
하리라 하거늘

23 그들이 두 사람을 내세우니 하나는 바
사바라고도 하고 별명은 유스도라고 하
는 요셉이요 하나는 맛디아라

24 그들이 기도하여 이르되 뭇 사람의 마
음을 아시는 주여 이 두 사람 중에 누
가 주님께 택하신 바 되어

25 봉사와 및 사도의 직무를 대신할 자인
지를 보이시옵소서 유다는 이 직무를
버리고 제 곳으로 갔나이다 하고

26 제비 뽑아 맛디아를 얻으니 그가 열한
사도의 수에 들어가니라

성령이 임하시다

2 오순절 날이 이미 이르매 그들이 다같
이 한 곳에 모였더니

2 홀연히 하늘로부터 급하고 강한 바람
같은 소리가 있어 그들이 앉은 온 집에
가득하며

3 마치 불의 혀처럼 갈라지는 것들이 그
들에게 보여 각 사람 위에 하나씩 임하
여 있더니

4 그들이 다 성령의 충만함을 받고 성령
이 말하게 하심을 따라 다른 언어들로
말하기를 시작하니라

5 그 때에 경건한 유대인들이 천하 각국
으로부터 와서 예루살렘에 머물러 있
더니

6 이 소리가 나매 큰 무리가 모여 각각
자기의 방언으로 제자들이 말하는 것을
듣고 소동하여

7 다 놀라 신기하게 여겨 이르되 보라 이 말하는 사람들이 다 갈릴리 사람이 아니냐

8 우리가 우리 각 사람이 난 곳 방언으로 듣게 되는 것이 어찌 됨이냐

9 우리는 바대인과 메대인과 엘람인과 또 메소보다미아, 유대와 갑바도기아, 본도와 아시아,

10 브루기아와 밤빌리아, 애굽과 및 구레네에 가까운 리비야 여러 지방에 사는 사람들과 로마로부터 온 나그네 곧 유대인과 유대교에 들어온 사람들과

11 그레데인과 아라비아인들이라 우리가 다 우리의 각 언어로 하나님의 큰 일을 말함을 듣는도다 하고

12 다 놀라며 당황하여 서로 이르되 이 어찌 된 일이냐 하며

13 또 어떤 이들은 조롱하여 이르되 그들 이 새 술에 취하였다 하더라

베드로의 오순절 설교

14 베드로가 열한 사도와 함께 서서 소리를 높여 이르되 유대인들과 예루살렘에 사는 모든 사람들아 이 일을 너희로 알게 할 것이니 내 말에 귀를 기울이라

15 때가 제 삼 시니 너희 생각과 같이 이 사람들이 취한 것이 아니라

16 이는 곧 선지자 요엘을 통하여 말씀하신 것이니 일렀으되

17 하나님이 말씀하시기를 말세에 내가 내 영을 모든 육체에 부어 주리니 너희의 자녀들은 예언할 것이요 너희의 젊은이들은 환상을 보고 너희의 늙은이들은 꿈을 꾸리라

18 그 때에 내가 내 영을 내 남종과 여종들에게 부어 주리니 그들이 예언할 것이요

19 또 내가 위로 하늘에서는 기사를 아래

로 땅에서는 징조를 베풀리니 곧 피와

불과 연기로다

20 주의 크고 영화로운 날이 이르기 전에

해가 변하여 어두워지고 달이 변하여

피가 되리라

21 누구든지 주의 이름을 부르는 자는 구

원을 받으리라 하였느니라

22 이스라엘 사람들아 이 말을 들으라 너

희도 아는 바와 같이 하나님께서 나사

렛 예수로 큰 권능과 기사와 표적을 너

희 가운데서 베푸사 너희 앞에서 그를

증언하셨느니라

23 그가 하나님께서 정하신 뜻과 미리 아

신 대로 내준 바 되었거늘 너희가 법 없

는 자들의 손을 빌려 못 박아 죽였으나

24 하나님께서 그를 사망의 고통에서 풀어

살리셨으니 이는 그가 사망에 매여 있

을 수 없었음이라

25 다윗이 그를 가리켜 이르되 내가 항상

내 앞에 계신 주를 뵈었음이여 나로 요

동하지 않게 하기 위하여 그가 내 우편

에 계시도다

26 그러므로 내 마음이 기뻐하였고 내 혀

도 즐거워하였으며 육체도 희망에 거하

리니

27 이는 내 영혼을 음부에 버리지 아니하

시며 주의 거룩한 자로 썩음을 당하지

않게 하실 것임이로다

28 주께서 생명의 길을 내게 보이셨으니

주 앞에서 내게 기쁨이 충만하게 하시

리로다 하였으므로

29 형제들아 내가 조상 다윗에 대하여 담대

히 말할 수 있노니 다윗이 죽어 장사되

어 그 묘가 오늘까지 우리 중에 있도다

30 그는 선지자라 하나님이 이미 맹세하사

그 자손 중에서 한 사람을 그 위에 앉게 하리라 하심을 알고

31 미리 본 고로 그리스도의 부활을 말하되 그가 음부에 버림이 되지 않고 그의 육신이 썩음을 당하지 아니하시리라 하더니

32 이 예수를 하나님이 살리신지라 우리가 다 이 일에 증인이로다

33 하나님이 오른손으로 예수를 높이시매 그가 약속하신 성령을 아버지께 받아서 너희가 보고 듣는 이것을 부어 주셨느니라

34 다윗은 하늘에 올라가지 못하였으나 친히 말하여 이르되 주께서 내 주에게 말씀하시기를

35 내가 네 원수로 네 발등상이 되게 하기까지 너는 내 우편에 앉아 있으라 하셨도다 하였으니

36 그런즉 이스라엘 온 집은 확실히 알지니 너희가 십자가에 못 박은 이 예수를 하나님이 주와 그리스도가 되게 하셨느니라 하니라

37 그들이 이 말을 듣고 마음에 찔려 베드로와 다른 사도들에게 물어 이르되 형제들아 우리가 어찌할꼬 하거늘

38 베드로가 이르되 너희가 회개하여 각각 예수 그리스도의 이름으로 세례를 받고 죄 사함을 받으라 그리하면 성령의 선물을 받으리니

39 이 약속은 너희와 너희 자녀와 모든 먼 데 사람 곧 주 우리 하나님이 얼마든지 부르시는 자들에게 하신 것이라 하고

40 또 여러 말로 확증하며 권하여 이르되 너희가 이 패역한 세대에서 구원을 받으라 하니

41 그 말을 받은 사람들은 세례를 받으

매 이 날에 신도의 수가 삼천이나 더하더라

42 그들이 사도의 가르침을 받아 서로 교제하고 떡을 떼며 오로지 기도하기를 힘쓰니라

믿는 사람이 모든 물건을 통용하다

43 사람마다 두려워하는데 사도들로 말미암아 기사와 표적이 많이 나타나니

44 믿는 사람이 다 함께 있어 모든 물건을 서로 통용하고

45 또 재산과 소유를 팔아 각 사람의 필요를 따라 나눠 주며

46 날마다 마음을 같이하여 성전에 모이기를 힘쓰고 집에서 떡을 떼며 기쁨과 순전한 마음으로 음식을 먹고

47 하나님을 찬미하며 또 온 백성에게 칭송을 받으니 주께서 구원 받는 사람을 날마다 더하게 하시니라

베드로와 요한이 못 걷게 된 이를 고치다

3 제 구 시 기도 시간에 베드로와 요한이 성전에 올라갈새

2 나면서 못 걷게 된 이를 사람들이 메고 오니 이는 성전에 들어가는 사람들에게 구걸하기 위하여 날마다 미문이라는 성전 문에 두는 자라

3 그가 베드로와 요한이 성전에 들어가려 함을 보고 구걸하거늘

4 베드로가 요한과 더불어 주목하여 이르되 우리를 보라 하니

5 그가 그들에게서 무엇을 얻을까 하여 바라보거늘

6 베드로가 이르되 은과 금은 내게 없거니와 내게 있는 이것을 네게 주노니 나사렛 예수 그리스도의 이름으로 일어나 걸으라 하고

7 오른손을 잡아 일으키니 발과 발목이

곧 힘을 얻고

8 뛰어 서서 걸으며 그들과 함께 성전으로 들어가면서 걷기도 하고 뛰기도 하며 하나님을 찬송하니

9 모든 백성이 그 걷는 것과 하나님을 찬송함을 보고

10 그가 본래 성전 미문에 앉아 구걸하던 사람인 줄 알고 그에게 일어난 일로 인하여 심히 놀랍게 여기며 놀라니라

베드로가 솔로몬의 행각에서 설교하다

11 나은 사람이 베드로와 요한을 붙잡으니 모든 백성이 크게 놀라며 달려 나아가 솔로몬의 행각이라 불리우는 행각에 모이거늘

12 베드로가 이것을 보고 백성에게 말하되 이스라엘 사람들아 이 일을 왜 놀랍게 여기느냐 우리 개인의 권능과 경건으로 이 사람을 걷게 한 것처럼 왜 우리를

주목하느냐

13 아브라함과 이삭과 야곱의 하나님 곧 우리 조상의 하나님이 그의 종 예수를 영화롭게 하셨느니라 너희가 그를 넘겨 주고 빌라도가 놓아 주기로 결의한 것을 너희가 그 앞에서 거부하였으니

14 너희가 거룩하고 의로운 이를 거부하고 도리어 살인한 사람을 놓아 주기를 구하여

15 생명의 주를 죽였도다 그러나 하나님이 죽은 자 가운데서 그를 살리셨으니 우리가 이 일에 증인이라

16 그 이름을 믿으므로 그 이름이 너희가 보고 아는 이 사람을 성하게 하였나니 예수로 말미암아 난 믿음이 너희 모든 사람 앞에서 이같이 완전히 낫게 하였느니라

17 형제들아 너희가 알지 못하여서 그리하

15

였으며 너희 관리들도 그리한 줄 아노라

18 그러나 하나님이 모든 선지자의 입을 통하여 자기의 그리스도께서 고난 받으실 일을 미리 알게 하신 것을 이와 같이 이루셨느니라

19 그러므로 너희가 회개하고 돌이켜 너희 죄 없이 함을 받으라 이같이 하면 새롭게 되는 날이 주 앞으로부터 이를 것이요

20 또 주께서 너희를 위하여 예정하신 그리스도 곧 예수를 보내시리니

21 하나님이 영원 전부터 거룩한 선지자들의 입을 통하여 말씀하신 바 만물을 회복하실 때까지는 하늘이 마땅히 그를 받아 두리라

22 모세가 말하되 주 하나님이 너희를 위하여 너희 형제 가운데서 나 같은 선지자 하나를 세울 것이니 너희가 무엇이든지 그의 모든 말을 들을 것이라

23 누구든지 그 선지자의 말을 듣지 아니하는 자는 백성 중에서 멸망 받으리라 하였고

24 또한 사무엘 때부터 이어 말한 모든 선지자도 이 때를 가리켜 말하였느니라

25 너희는 선지자들의 자손이요 또 하나님이 너희 조상과 더불어 세우신 언약의 자손이라 아브라함에게 이르시기를 땅 위의 모든 족속이 너의 씨로 말미암아 복을 받으리라 하셨으니

26 하나님이 그 종을 세워 복 주시려고 너희에게 먼저 보내사 너희로 하여금 돌이켜 각각 그 악함을 버리게 하셨느니라

베드로와 요한이 공회 앞에 서다

4 사도들이 백성에게 말할 때에 제사장들과 성전 맡은 자와 사두개인들이 이르러

2 예수 안에 죽은 자의 부활이 있다고 백

성을 가르치고 전함을 싫어하여

3 그들을 잡으매 날이 이미 저물었으므로

이튿날까지 가두었으나

4 말씀을 들은 사람 중에 믿는 자가 많으

니 남자의 수가 약 오천이나 되었더라

5 이튿날 관리들과 장로들과 서기관들이

예루살렘에 모였는데

6 대제사장 안나스와 가야바와 요한과 알

렉산더와 및 대제사장의 문중이 다 참

여하여

7 사도들을 가운데 세우고 묻되 너희가

무슨 권세와 누구의 이름으로 이 일을

행하였느냐

8 이에 베드로가 성령이 충만하여 이르되

백성의 관리들과 장로들아

9 만일 병자에게 행한 착한 일에 대하여

이 사람이 어떻게 구원을 받았느냐고

오늘 우리에게 질문한다면

10 너희와 모든 이스라엘 백성들은 알라

너희가 십자가에 못 박고 하나님이 죽

은 자 가운데서 살리신 나사렛 예수 그

리스도의 이름으로 이 사람이 건강하게

되어 너희 앞에 섰느니라

11 이 예수는 너희 건축자들의 버린 돌로

서 집 모퉁이의 머릿돌이 되었느니라

12 다른 이로써는 구원을 받을 수 없나니

천하 사람 중에 구원을 받을 만한 다른

이름을 우리에게 주신 일이 없음이라

하였더라

13 그들이 베드로와 요한이 담대하게 말함

을 보고 그들을 본래 학문 없는 범인으

로 알았다가 이상히 여기며 또 전에 예

수와 함께 있던 줄도 알고

14 또 병 나은 사람이 그들과 함께 서 있

는 것을 보고 비난할 말이 없는지라

15 명하여 공회에서 나가라 하고 서로 의

논하여 이르되

16 이 사람들을 어떻게 할까 그들로 말미
암아 유명한 표적 나타난 것이 예루살
렘에 사는 모든 사람에게 알려졌으니
우리도 부인할 수 없는지라

17 이것이 민간에 더 퍼지지 못하게 그들
을 위협하여 이 후에는 이 이름으로 아
무에게도 말하지 말게 하자 하고

18 그들을 불러 경고하여 도무지 예수의
이름으로 말하지도 말고 가르치지도 말
라 하니

19 베드로와 요한이 대답하여 이르되 하나
님 앞에서 너희의 말을 듣는 것이 하나
님의 말씀을 듣는 것보다 옳은가 판단
하라

20 우리는 보고 들은 것을 말하지 아니할
수 없다 하니

21 관리들이 백성들 때문에 그들을 어떻

게 처벌할지 방법을 찾지 못하고 다시
위협하여 놓아 주었으니 이는 모든 사
람이 그 된 일을 보고 하나님께 영광을
돌림이라

22 이 표적으로 병 나은 사람은 사십여 세
나 되었더라

한마음으로 하나님께 기도하다

23 사도들이 놓이매 그 동료에게 가서 제
사장들과 장로들의 말을 다 알리니

24 그들이 듣고 한마음으로 하나님께 소리
를 높여 이르되 대주재여 천지와 바다
와 그 가운데 만물을 지은 이시요

25 또 주의 종 우리 조상 다윗의 입을 통
하여 성령으로 말씀하시기를 어찌하여
열방이 분노하며 족속들이 허사를 경영
하였는고

26 세상의 군왕들이 나서며 관리들이 함께
모여 주와 그의 그리스도를 대적하도다

하신 이로소이다

27 과연 헤롯과 본디오 빌라도는 이방인과 이스라엘 백성과 합세하여 하나님께서 기름 부으신 거룩한 종 예수를 거슬러

28 하나님의 권능과 뜻대로 이루려고 예정 하신 그것을 행하려고 이 성에 모였나 이다

29 주여 이제도 그들의 위협함을 굽어보시 옵고 또 종들로 하여금 담대히 하나님 의 말씀을 전하게 하여 주시오며

30 손을 내밀어 병을 낫게 하시옵고 표적 과 기사가 거룩한 종 예수의 이름으로 이루어지게 하옵소서 하더라

31 빌기를 다하매 모인 곳이 진동하더니 무리가 다 성령이 충만하여 담대히 하 나님의 말씀을 전하니라

물건을 서로 통용하다

32 믿는 무리가 한마음과 한 뜻이 되어 모 든 물건을 서로 통용하고 자기 재물을 조금이라도 자기 것이라 하는 이가 하 나도 없더라

33 사도들이 큰 권능으로 주 예수의 부활 을 증언하니 무리가 큰 은혜를 받아

34 그 중에 가난한 사람이 없으니 이는 밭 과 집 있는 자는 팔아 그 판 것의 값을 가져다가

35 사도들의 발 앞에 두매 그들이 각 사람 의 필요를 따라 나누어 줌이라

36 구브로에서 난 레위족 사람이 있으니 이름은 요셉이라 사도들이 일컬어 바나 바라(번역하면 위로의 아들이라) 하니

37 그가 밭이 있으매 팔아 그 값을 가지고 사도들의 발 앞에 두니라

아나니아와 삽비라

5 아나니아라 하는 사람이 그의 아내 삽 비라와 더불어 소유를 팔아

2 그 값에서 얼마를 감추매 그 아내도 알더라 얼마만 가져다가 사도들의 발 앞에 두니

3 베드로가 이르되 아나니아야 어찌하여 사탄이 네 마음에 가득하여 네가 성령을 속이고 땅 값 얼마를 감추었느냐

4 땅이 그대로 있을 때에는 네 땅이 아니며 판 후에도 네 마음대로 할 수가 없더냐 어찌하여 이 일을 네 마음에 두었느냐 사람에게 거짓말한 것이 아니요 하나님께로다

5 아나니아가 이 말을 듣고 엎드러져 혼이 떠나니 이 일을 듣는 사람이 다 크게 두려워하더라

6 젊은 사람들이 일어나 시신을 싸서 메고 나가 장사하니라

7 세 시간쯤 지나 그의 아내가 그 일어난 일을 알지 못하고 들어오니

8 베드로가 이르되 그 땅 판 값이 이것뿐이냐 내게 말하라 하니 이르되 예 이것뿐이라 하더라

9 베드로가 이르되 너희가 어찌 함께 꾀하여 주의 영을 시험하려 하느냐 보라 네 남편을 장사하고 오는 사람들의 발이 문 앞에 이르렀으니 또 너를 메어 내가리라 하니

10 곧 그가 베드로의 발 앞에 엎드러져 혼이 떠나는지라 젊은 사람들이 들어와 죽은 것을 보고 메어다가 그의 남편 곁에 장사하니

11 온 교회와 이 일을 듣는 사람들이 다 크게 두려워하니라

사도들이 표적을 일으키다

12 사도들의 손을 통하여 민간에 표적과 기사가 많이 일어나매 믿는 사람이 다 마음을 같이하여 솔로몬 행각에 모이고

13 그 나머지는 감히 그들과 상종하는 사람이 없으나 백성이 칭송하더라

14 믿고 주께로 나아오는 자가 더 많으니 남녀의 큰 무리더라

15 심지어 병든 사람을 메고 거리에 나가 침대와 요 위에 누이고 베드로가 지날 때에 혹 그의 그림자라도 누구에게 덮일까 바라고

16 예루살렘 부근의 수많은 사람들도 모여 병든 사람과 더러운 귀신에게 괴로움 받는 사람을 데리고 와서 다 나음을 얻으니라

사도들이 능욕을 받다

17 대제사장과 그와 함께 있는 사람 즉 사두개인의 당파가 다 마음에 시기가 가득하여 일어나서

18 사도들을 잡아다가 옥에 가두었더니

19 주의 사자가 밤에 옥문을 열고 끌어내어 이르되

20 가서 성전에 서서 이 생명의 말씀을 다 백성에게 말하라 하매

21 그들이 듣고 새벽에 성전에 들어가서 가르치더니 대제사장과 그와 함께 있는 사람들이 와서 공회와 이스라엘 족속의 원로들을 다 모으고 사람을 옥에 보내어 사도들을 잡아오라 하니

22 부하들이 가서 옥에서 사도들을 보지 못하고 돌아와

23 이르되 우리가 보니 옥은 든든하게 잠기고 지키는 사람들이 문에 서 있으되 문을 열고 본즉 그 안에는 한 사람도 없더이다 하니

24 성전 맡은 자와 제사장들이 이 말을 듣고 의혹하여 이 일이 어찌 될까 하더니

25 사람이 와서 알리되 보소서 옥에 가두었던 사람들이 성전에 서서 백성을 가

르치더이다 하니

26 성전 맡은 자가 부하들과 같이 가서 그 들을 잡아왔으나 강제로 못함은 백성들 이 돌로 칠까 두려워함이더라

27 그들을 끌어다가 공회 앞에 세우니 대 제사장이 물어

28 이르되 우리가 이 이름으로 사람을 가 르치지 말라고 엄금하였으되 너희가 너 희 가르침을 예루살렘에 가득하게 하니 이 사람의 피를 우리에게로 돌리고자 함이로다

29 베드로와 사도들이 대답하여 이르되 사 람보다 하나님께 순종하는 것이 마땅하 니라

30 너희가 나무에 달아 죽인 예수를 우리 조상의 하나님이 살리시고

31 이스라엘에게 회개함과 죄 사함을 주시 려고 그를 오른손으로 높이사 임금과

구주로 삼으셨느니라

32 우리는 이 일에 증인이요 하나님이 자 기에게 순종하는 사람들에게 주신 성령 도 그러하니라 하더라

33 그들이 듣고 크게 노하여 사도들을 없 이하고자 할새

34 바리새인 가말리엘은 율법교사로 모든 백성에게 존경을 받는 자라 공회 중에 일어나 명하여 사도들을 잠깐 밖에 나 가게 하고

35 말하되 이스라엘 사람들아 너희가 이 사람들에게 대하여 어떻게 하려는지 조 심하라

36 이 전에 드다가 일어나 스스로 선전하 매 사람이 약 사백 명이나 따르더니 그 가 죽임을 당하매 따르던 모든 사람들 이 흩어져 없어졌고

37 그 후 호적할 때에 갈릴리의 유다가 일

어나 백성을 꾀어 따르게 하다가 그도

망한즉 따르던 모든 사람들이 흩어졌느

니라

38 이제 내가 너희에게 말하노니 이 사람

들을 상관하지 말고 버려 두라 이 사상

과 이 소행이 사람으로부터 났으면 무

너질 것이요

39 만일 하나님께로부터 났으면 너희가 그

들을 무너뜨릴 수 없겠고 도리어 하나

님을 대적하는 자가 될까 하노라 하니

40 그들이 옳게 여겨 사도들을 불러들여

채찍질하며 예수의 이름으로 말하는 것

을 금하고 놓으니

41 사도들은 그 이름을 위하여 능욕 받는

일에 합당한 자로 여기심을 기뻐하면서

공회 앞을 떠나니라

42 그들이 날마다 성전에 있든지 집에 있

든지 예수는 그리스도라고 가르치기와

전도하기를 그치지 아니하니라

일곱 일꾼을 택하다

6 그 때에 제자가 더 많아졌는데 헬라파

유대인들이 자기의 과부들이 매일의 구

제에 빠지므로 히브리파 사람을 원망

하니

2 열두 사도가 모든 제자를 불러 이르되

우리가 하나님의 말씀을 제쳐 놓고 접

대를 일삼는 것이 마땅하지 아니하니

3 형제들아 너희 가운데서 성령과 지혜가

충만하여 칭찬 받는 사람 일곱을 택하

라 우리가 이 일을 그들에게 맡기고

4 우리는 오로지 기도하는 일과 말씀 사

역에 힘쓰리라 하니

5 온 무리가 이 말을 기뻐하여 믿음과 성

령이 충만한 사람 스데반과 또 빌립과

브로고로와 니가노르와 디몬과 바메나

와 유대교에 입교했던 안디옥 사람 니

골라를 택하여

6 사도들 앞에 세우니 사도들이 기도하고

그들에게 안수하니라

7 하나님의 말씀이 점점 왕성하여 예루살

렘에 있는 제자의 수가 더 심히 많아지

고 허다한 제사장의 무리도 이 도에 복

종하니라

스데반이 잡히다

8 스데반이 은혜와 권능이 충만하여 큰

기사와 표적을 민간에 행하니

9 이른 바 자유민들 즉 구레네인, 알렉산

드리아인, 길리기아와 아시아에서 온

사람들의 회당에서 어떤 자들이 일어나

스데반과 더불어 논쟁할새

10 스데반이 지혜와 성령으로 말함을 그들

이 능히 당하지 못하여

11 사람들을 매수하여 말하게 하되 이 사

람이 모세와 하나님을 모독하는 말을

하는 것을 우리가 들었노라 하게 하고

12 백성과 장로와 서기관들을 충동시켜 와

서 잡아가지고 공회에 이르러

13 거짓 증인들을 세우니 이르되 이 사람

이 이 거룩한 곳과 율법을 거슬러 말하

기를 마지 아니하는도다

14 그의 말에 이 나사렛 예수가 이 곳을

헐고 또 모세가 우리에게 전하여 준 규

례를 고치겠다 함을 우리가 들었노라

하거늘

15 공회 중에 앉은 사람들이 다 스데반을

주목하여 보니 그 얼굴이 천사의 얼굴

과 같더라

스데반이 설교하다

7 대제사장이 이르되 이것이 사실이냐

2 스데반이 이르되 여러분 부형들이여 들

으소서 우리 조상 아브라함이 하란에

있기 전 메소보다미아에 있을 때에 영

광의 하나님이 그에게 보여

3 이르시되 네 고향과 친척을 떠나 내가

네게 보일 땅으로 가라 하시니

4 아브라함이 갈대아 사람의 땅을 떠나

하란에 거하다가 그의 아버지가 죽으매

하나님이 그를 거기서 너희 지금 사는

이 땅으로 옮기셨느니라

5 그러나 여기서 발 붙일 만한 땅도 유업

으로 주지 아니하시고 다만 이 땅을 아

직 자식도 없는 그와 그의 후손에게 소

유로 주신다고 약속하셨으며

6 하나님이 또 이같이 말씀하시되 그 후

손이 다른 땅에서 나그네가 되리니 그

땅 사람들이 종으로 삼아 사백 년 동안

을 괴롭게 하리라 하시고

7 또 이르시되 종 삼는 나라를 내가 심판

하리니 그 후에 그들이 나와서 이 곳에

서 나를 섬기리라 하시고

8 할례의 언약을 아브라함에게 주셨더니

그가 이삭을 낳아 여드레 만에 할례를

행하고 이삭이 야곱을, 야곱이 우리 열

두 조상을 낳으니라

9 여러 조상이 요셉을 시기하여 애굽에

팔았더니 하나님이 그와 함께 계셔

10 그 모든 환난에서 건져내사 애굽 왕 바

로 앞에서 은총과 지혜를 주시매 바로

가 그를 애굽과 자기 온 집의 통치자로

세웠느니라

11 그 때에 애굽과 가나안 온 땅에 흉년이

들어 큰 환난이 있을새 우리 조상들이

양식이 없는지라

12 야곱이 애굽에 곡식 있다는 말을 듣고

먼저 우리 조상들을 보내고

13 또 재차 보내매 요셉이 자기 형제들에

게 알려지게 되고 또 요셉의 친족이 바

로에게 드러나게 되니라

14 요셉이 사람을 보내어 그의 아버지 야

곱과 온 친족 일흔다섯 사람을 청하였

더니

15 야곱이 애굽으로 내려가 자기와 우리

조상들이 거기서 죽고

16 세겜으로 옮겨져 아브라함이 세겜 하몰

의 자손에게서 은으로 값 주고 산 무덤

에 장사되니라

17 하나님이 아브라함에게 약속하신 때가

가까우매 이스라엘 백성이 애굽에서 번

성하여 많아졌더니

18 요셉을 알지 못하는 새 임금이 애굽 왕

위에 오르매

19 그가 우리 족속에게 교활한 방법을 써

서 조상들을 괴롭게 하여 그 어린 아이

들을 내버려 살지 못하게 하려 할새

20 그 때에 모세가 났는데 하나님 보시기

에 아름다운지라 그의 아버지의 집에서

석 달 동안 길리더니

21 버려진 후에 바로의 딸이 그를 데려다

가 자기 아들로 기르매

22 모세가 애굽 사람의 모든 지혜를 배워

그의 말과 하는 일들이 능하더라

23 나이가 사십이 되매 그 형제 이스라엘

자손을 돌볼 생각이 나더니

24 한 사람이 원통한 일 당함을 보고 보호

하여 압제 받는 자를 위하여 원수를 갚

아 애굽 사람을 쳐 죽이니라

25 그는 그의 형제들이 하나님께서 자기의

손을 통하여 구원해 주시는 것을 깨달

으리라고 생각하였으나 그들이 깨닫지

못하였더라

26 이튿날 이스라엘 사람끼리 싸울 때에

모세가 와서 화해시키려 하여 이르되

너희는 형제인데 어찌 서로 해치느냐

하니

27 그 동무를 해치는 사람이 모세를 밀어

뜨려 이르되 누가 너를 관리와 재판장

으로 우리 위에 세웠느냐

28 네가 어제는 애굽 사람을 죽임과 같이

또 나를 죽이려느냐 하니

29 모세가 이 말 때문에 도주하여 미디안

땅에서 나그네 되어 거기서 아들 둘을

낳으니라

30 사십 년이 차매 천사가 시내 산 광야

가시나무 떨기 불꽃 가운데서 그에게

보이거늘

31 모세가 그 광경을 보고 놀랍게 여겨

알아보려고 가까이 가니 주의 소리가

있어

32 나는 네 조상의 하나님 즉 아브라함과

이삭과 야곱의 하나님이라 하신대 모세

가 무서워 감히 바라보지 못하더라

33 주께서 이르시되 네 발의 신을 벗으라

네가 서 있는 곳은 거룩한 땅이니라

34 내 백성이 애굽에서 괴로움 받음을 내

가 확실히 보고 그 탄식하는 소리를 듣

고 그들을 구원하려고 내려왔노니 이제

내가 너를 애굽으로 보내리라 하시니라

35 그들의 말이 누가 너를 관리와 재판장

으로 세웠느냐 하며 거절하던 그 모세

를 하나님은 가시나무 떨기 가운데서

보이던 천사의 손으로 관리와 속량하는

자로서 보내셨으니

36 이 사람이 백성을 인도하여 나오게 하

고 애굽과 홍해와 광야에서 사십 년간

기사와 표적을 행하였느니라

37 이스라엘 자손에 대하여 하나님이 너희

형제 가운데서 나와 같은 선지자를 세

우리라 하던 자가 곧 이 모세라

38 시내 산에서 말하던 그 천사와 우리 조

상들과 함께 광야 교회에 있었고 또 살

아 있는 말씀을 받아 우리에게 주던 자

가 이 사람이라

39 우리 조상들이 모세에게 복종하지 아니

하고자 하여 거절하며 그 마음이 도리

어 애굽으로 향하여

40 아론더러 이르되 우리를 인도할 신들을

우리를 위하여 만들라 애굽 땅에서 우

리를 인도하던 이 모세는 어떻게 되었

는지 알지 못하노라 하고

41 그 때에 그들이 송아지를 만들어 그 우

상 앞에 제사하며 자기 손으로 만든 것

을 기뻐하더니

42 하나님이 외면하사 그들을 그 하늘의

군대 섬기는 일에 버려 두셨으니 이는

선지자의 책에 기록된 바 이스라엘의

집이여 너희가 광야에서 사십 년간 희

생과 제물을 내게 드린 일이 있었느냐

43 몰록의 장막과 신 레판의 별을 받들었

음이여 이것은 너희가 절하고자 하여

만든 형상이로다 내가 너희를 바벨론

밖으로 옮기리라 함과 같으니라

44 광야에서 우리 조상들에게 증거의 장막

이 있었으니 이것은 모세에게 말씀하신

이가 명하사 그가 본 그 양식대로 만들

게 하신 것이라

45 우리 조상들이 그것을 받아 하나님이

그들 앞에서 쫓아내신 이방인의 땅을

점령할 때에 여호수아와 함께 가지고

들어가서 다윗 때까지 이르니라

46 다윗이 하나님 앞에서 은혜를 받아 야

곱의 집을 위하여 하나님의 처소를 준

비하게 하여 달라고 하더니

47 솔로몬이 그를 위하여 집을 지었느니라

48 그러나 지극히 높으신 이는 손으로 지

은 곳에 계시지 아니하시나니 선지자가

말한 바

49 주께서 이르시되 하늘은 나의 보좌요 땅은 나의 발등상이니 너희가 나를 위하여 무슨 집을 짓겠으며 나의 안식할 처소가 어디냐

50 이 모든 것이 다 내 손으로 지은 것이 아니냐 함과 같으니라

51 목이 곧고 마음과 귀에 할례를 받지 못한 사람들아 너희도 너희 조상과 같이 항상 성령을 거스르는도다

52 너희 조상들이 선지자들 중의 누구를 박해하지 아니하였느냐 의인이 오시리라 예고한 자들을 그들이 죽였고 이제 너희는 그 의인을 잡아 준 자요 살인한 자가 되나니

53 너희는 천사가 전한 율법을 받고도 지키지 아니하였도다 하니라

스데반이 순교하다

54 그들이 이 말을 듣고 마음에 찔려 그를 향하여 이를 갈거늘

55 스데반이 성령 충만하여 하늘을 우러러 주목하여 하나님의 영광과 및 예수께서 하나님 우편에 서신 것을 보고

56 말하되 보라 하늘이 열리고 인자가 하나님 우편에 서신 것을 보노라 한대

57 그들이 큰 소리를 지르며 귀를 막고 일제히 그에게 달려들어

58 성 밖으로 내치고 돌로 칠새 증인들이 옷을 벗어 사울이라 하는 청년의 발 앞에 두니라

59 그들이 돌로 스데반을 치니 스데반이 부르짖어 이르되 주 예수여 내 영혼을 받으시옵소서 하고

60 무릎을 꿇고 크게 불러 이르되 주여 이 죄를 그들에게 돌리지 마옵소서 이 말을 하고 자니라

8 사울은 그가 죽임 당함을 마땅히 여기

더라

사울이 교회를 박해하다

그 날에 예루살렘에 있는 교회에 큰 박

해가 있어 사도 외에는 다 유대와 사마

리아 모든 땅으로 흩어지니라

2 경건한 사람들이 스데반을 장사하고 위

하여 크게 울더라

3 사울이 교회를 잔멸할새 각 집에 들어

가 남녀를 끌어다가 옥에 넘기니라

사마리아에 복음을 전하다

4 그 흩어진 사람들이 두루 다니며 복음

의 말씀을 전할새

5 빌립이 사마리아 성에 내려가 그리스도

를 백성에게 전파하니

6 무리가 빌립의 말도 듣고 행하는 표적

도 보고 한마음으로 그가 하는 말을 따

르더라

7 많은 사람에게 붙었던 더러운 귀신들이

크게 소리를 지르며 나가고 또 많은 중

풍병자와 못 걷는 사람이 나으니

8 그 성에 큰 기쁨이 있더라

9 그 성에 시몬이라 하는 사람이 전부터

있어 마술을 행하여 사마리아 백성을

놀라게 하며 자칭 큰 자라 하니

10 낮은 사람부터 높은 사람까지 다 따르

며 이르되 이 사람은 크다 일컫는 하나

님의 능력이라 하더라

11 오랫동안 그 마술에 놀랐으므로 그들이

따르더니

12 빌립이 하나님 나라와 및 예수 그리스

도의 이름에 관하여 전도함을 그들이

믿고 남녀가 다 세례를 받으니

13 시몬도 믿고 세례를 받은 후에 전심으

로 빌립을 따라다니며 그 나타나는 표

적과 큰 능력을 보고 놀라니라

14 예루살렘에 있는 사도들이 사마리아도

하나님의 말씀을 받았다 함을 듣고 베

드로와 요한을 보내매

15 그들이 내려가서 그들을 위하여 성령

받기를 기도하니

16 이는 아직 한 사람에게도 성령 내리신

일이 없고 오직 주 예수의 이름으로 세

례만 받을 뿐이더라

17 이에 두 사도가 그들에게 안수하매 성

령을 받는지라

18 시몬이 사도들의 안수로 성령 받는 것

을 보고 돈을 드려

19 이르되 이 권능을 내게도 주어 누구든

지 내가 안수하는 사람은 성령을 받게

하여 주소서 하니

20 베드로가 이르되 네가 하나님의 선물을

돈 주고 살 줄로 생각하였으니 네 은과

네가 함께 망할지어다

21 하나님 앞에서 네 마음이 바르지 못하

니 이 도에는 네가 관계도 없고 분깃

될 것도 없느니라

22 그러므로 너의 이 악함을 회개하고 주

께 기도하라 혹 마음에 품은 것을 사하

여 주시리라

23 내가 보니 너는 악독이 가득하며 불의

에 매인 바 되었도다

24 시몬이 대답하여 이르되 나를 위하여

주께 기도하여 말한 것이 하나도 내게

임하지 않게 하소서 하니라

25 두 사도가 주의 말씀을 증언하여 말한

후 예루살렘으로 돌아갈새 사마리아인

의 여러 마을에서 복음을 전하니라

빌립과 에디오피아 내시

26 주의 사자가 빌립에게 말하여 이르되

일어나서 남쪽으로 향하여 예루살렘에

서 가사로 내려가는 길까지 가라 하니

그 길은 광야라

27 일어나 가서 보니 에디오피아 사람 곧
에디오피아 여왕 간다게의 모든 국고를
맡은 관리인 내시가 예배하러 예루살렘
에 왔다가

28 돌아가는데 수레를 타고 선지자 이사야
의 글을 읽더라

29 성령이 빌립더러 이르시되 이 수레로
가까이 나아가라 하시거늘

30 빌립이 달려가서 선지자 이사야의 글
읽는 것을 듣고 말하되 읽는 것을 깨닫
느냐

31 대답하되 지도해 주는 사람이 없으니
어찌 깨달을 수 있느냐 하고 빌립을 청
하여 수레에 올라 같이 앉으라 하니라

32 읽는 성경 구절은 이것이니 일렀으되
그가 도살자에게로 가는 양과 같이 끌
려갔고 털 깎는 자 앞에 있는 어린 양
이 조용함과 같이 그의 입을 열지 아니

하였도다

33 그가 굴욕을 당했을 때 공정한 재판도
받지 못하였으니 누가 그의 세대를 말
하리요 그의 생명이 땅에서 빼앗김이로
다 하였거늘

34 그 내시가 빌립에게 말하되 청컨대 내
가 묻노니 선지자가 이 말한 것이 누구
를 가리킴이냐 자기를 가리킴이냐 타인
을 가리킴이냐

35 빌립이 입을 열어 이 글에서 시작하여
예수를 가르쳐 복음을 전하니

36 길 가다가 물 있는 곳에 이르러 그 내
시가 말하되 보라 물이 있으니 내가 세
례를 받음에 무슨 거리낌이 있느냐

37 (없음)

38 이에 명하여 수레를 멈추고 빌립과 내
시가 둘 다 물에 내려가 빌립이 세례를
베풀고

39 둘이 물에서 올라올새 주의 영이 빌립을 이끌어간지라 내시는 기쁘게 길을 가므로 그를 다시 보지 못하니라

40 빌립은 아소도에 나타나 여러 성을 지나 다니며 복음을 전하고 가이사랴에 이르니라

사울이 회개하다 (행 22:6-16; 26:12-18)

9 사울이 주의 제자들에 대하여 여전히 위협과 살기가 등등하여 대제사장에게 가서

2 다메섹 여러 회당에 가져갈 공문을 청하니 이는 만일 그 도를 따르는 사람을 만나면 남녀를 막론하고 결박하여 예루살렘으로 잡아오려 함이라

3 사울이 길을 가다가 다메섹에 가까이 이르더니 홀연히 하늘로부터 빛이 그를 둘러 비추는지라

4 땅에 엎드러져 들으매 소리가 있어 이르시되 사울아 사울아 네가 어찌하여 나를 박해하느냐 하시거늘

5 대답하되 주여 누구시니이까 이르시되 나는 네가 박해하는 예수라

6 너는 일어나 시내로 들어가라 네가 행할 것을 네게 이를 자가 있느니라 하시니

7 같이 가던 사람들은 소리만 듣고 아무도 보지 못하여 말을 못하고 서 있더라

8 사울이 땅에서 일어나 눈은 떴으나 아무 것도 보지 못하고 사람의 손에 끌려 다메섹으로 들어가서

9 사흘 동안 보지 못하고 먹지도 마시지도 아니하니라

10 그 때에 다메섹에 아나니아라 하는 제자가 있더니 주께서 환상 중에 불러 이르시되 아나니아야 하시거늘 대답하되 주여 내가 여기 있나이다 하니

11 주께서 이르시되 일어나 직가라 하는

거리로 가서 유다의 집에서 다소 사람

사울이라 하는 사람을 찾으라 그가 기

도하는 중이니라

12 그가 아나니아라 하는 사람이 들어와서

자기에게 안수하여 다시 보게 하는 것

을 보았느니라 하시거늘

13 아나니아가 대답하되 주여 이 사람에

대하여 내가 여러 사람에게 듣사온즉

그가 예루살렘에서 주의 성도에게 적지

않은 해를 끼쳤다 하더니

14 여기서도 주의 이름을 부르는 모든 사

람을 결박할 권한을 대제사장들에게서

받았나이다 하거늘

15 주께서 이르시되 가라 이 사람은 내 이

름을 이방인과 임금들과 이스라엘 자손

들에게 전하기 위하여 택한 나의 그릇

이라

16 그가 내 이름을 위하여 얼마나 고난을

받아야 할 것을 내가 그에게 보이리라

하시니

17 아나니아가 떠나 그 집에 들어가서 그

에게 안수하여 이르되 형제 사울아 주

곧 네가 오는 길에서 나타나셨던 예수

께서 나를 보내어 너로 다시 보게 하시

고 성령으로 충만하게 하신다 하니

18 즉시 사울의 눈에서 비늘 같은 것이 벗

어져 다시 보게 된지라 일어나 세례를

받고

19 음식을 먹으매 강건하여지니라

사울이 다메섹에서 전도하다

사울이 다메섹에 있는 제자들과 함께

며칠 있을새

20 즉시로 각 회당에서 예수가 하나님의

아들이심을 전파하니

21 듣는 사람이 다 놀라 말하되 이 사람이

예루살렘에서 이 이름을 부르는 사람을

멸하려던 자가 아니냐 여기 온 것도 그

들을 결박하여 대제사장들에게 끌어 가

고자 함이 아니냐 하더라

22 사울은 힘을 더 얻어 예수를 그리스도

라 증언하여 다메섹에 사는 유대인들을

당혹하게 하니라

사울이 피신하다

23 여러 날이 지나매 유대인들이 사울 죽

이기를 공모하더니

24 그 계교가 사울에게 알려지니라 그들이

그를 죽이려고 밤낮으로 성문까지 지키

거늘

25 그의 제자들이 밤에 사울을 광주리에

담아 성벽에서 달아 내리니라

사울이 예루살렘에 가다

26 사울이 예루살렘에 가서 제자들을 사귀

고자 하나 다 두려워하여 그가 제자 됨

을 믿지 아니하니

27 바나바가 데리고 사도들에게 가서 그가

길에서 어떻게 주를 보았는지와 주께서

그에게 말씀하신 일과 다메섹에서 그가

어떻게 예수의 이름으로 담대히 말하였

는지를 전하니라

28 사울이 제자들과 함께 있어 예루살렘에

출입하며

29 또 주 예수의 이름으로 담대히 말하고

헬라파 유대인들과 함께 말하며 변론하

니 그 사람들이 죽이려고 힘쓰거늘

30 형제들이 알고 가이사랴로 데리고 내려

가서 다소로 보내니라

31 그리하여 온 유대와 갈릴리와 사마리아

교회가 평안하여 든든히 서 가고 주를

경외함과 성령의 위로로 진행하여 수가

더 많아지니라

베드로가 중풍병자를 고치다

32 그 때에 베드로가 사방으로 두루 다니

다가 룻다에 사는 성도들에게도 내려갔더니

33 거기서 애니아라 하는 사람을 만나매 그는 중풍병으로 침상 위에 누운 지 여덟 해라

34 베드로가 이르되 애니아야 예수 그리스도께서 너를 낫게 하시니 일어나 네 자리를 정돈하라 한대 곧 일어나니

35 룻다와 사론에 사는 사람들이 다 그를 보고 주께로 돌아오니라

베드로가 도르가를 살리다

36 욥바에 다비다라 하는 여제자가 있으니 그 이름을 번역하면 도르가라 선행과 구제하는 일이 심히 많더니

37 그 때에 병들어 죽으매 시체를 씻어 다락에 누이니라

38 룻다가 욥바에서 가까운지라 제자들이 베드로가 거기 있음을 듣고 두 사람을

보내어 지체 말고 와 달라고 간청하여

39 베드로가 일어나 그들과 함께 가서 이르매 그들이 데리고 다락방에 올라가니 모든 과부가 베드로 곁에 서서 울며 도르가가 그들과 함께 있을 때에 지은 속옷과 겉옷을 다 내보이거늘

40 베드로가 사람을 다 내보내고 무릎을 꿇고 기도하고 돌이켜 시체를 향하여 이르되 다비다야 일어나라 하니 그가 눈을 떠 베드로를 보고 일어나 앉는지라

41 베드로가 손을 내밀어 일으키고 성도들과 과부들을 불러 들여 그가 살아난 것을 보이니

42 온 욥바 사람이 알고 많은 사람이 주를 믿더라

43 베드로가 욥바에 여러 날 있어 시몬이라 하는 무두장이의 집에서 머무니라

고넬료가 베드로를 청하다

10 가이사랴에 고넬료라 하는 사람이 있으니 이달리야 부대라 하는 군대의 백부장이라

2 그가 경건하여 온 집안과 더불어 하나님을 경외하며 백성을 많이 구제하고 하나님께 항상 기도하더니

3 하루는 제 구 시쯤 되어 환상 중에 밝히 보매 하나님의 사자가 들어와 이르되 고넬료야 하니

4 고넬료가 주목하여 보고 두려워 이르되 주여 무슨 일이니이까 천사가 이르되 네 기도와 구제가 하나님 앞에 상달되어 기억하신 바가 되었으니

5 네가 지금 사람들을 욥바에 보내어 베드로라 하는 시몬을 청하라

6 그는 무두장이 시몬의 집에 유숙하니 그 집은 해변에 있다 하더라

7 마침 말하던 천사가 떠나매 고넬료가 집안 하인 둘과 부하 가운데 경건한 사람 하나를 불러

8 이 일을 다 이르고 욥바로 보내니라

9 이튿날 그들이 길을 가다가 그 성에 가까이 갔을 그 때에 베드로가 기도하려고 지붕에 올라가니 그 시각은 제 육 시더라

10 그가 시장하여 먹고자 하매 사람들이 준비할 때에 황홀한 중에

11 하늘이 열리며 한 그릇이 내려오는 것을 보니 큰 보자기 같고 네 귀를 매어 땅에 드리웠더라

12 그 안에는 땅에 있는 각종 네 발 가진 짐승과 기는 것과 공중에 나는 것들이 있더라

13 또 소리가 있으되 베드로야 일어나 잡아 먹어라 하거늘

14 베드로가 이르되 주여 그럴 수 없나이다 속되고 깨끗하지 아니한 것을 내가 결코 먹지 아니하였나이다 한대

15 또 두 번째 소리가 있으되 하나님께서 깨끗하게 하신 것을 네가 속되다 하지 말라 하더라

16 이런 일이 세 번 있은 후 그 그릇이 곧 하늘로 올려져 가니라

17 베드로가 본 바 환상이 무슨 뜻인지 속으로 의아해 하더니 마침 고넬료가 보낸 사람들이 시몬의 집을 찾아 문 밖에 서서

18 불러 묻되 베드로라 하는 시몬이 여기 유숙하느냐 하거늘

19 베드로가 그 환상에 대하여 생각할 때에 성령께서 그에게 말씀하시되 두 사람이 너를 찾으니

20 일어나 내려가 의심하지 말고 함께 가라 내가 그들을 보내었느니라 하시니

21 베드로가 내려가 그 사람들을 보고 이르되 내가 곧 너희가 찾는 사람인데 너희가 무슨 일로 왔느냐

22 그들이 대답하되 백부장 고넬료는 의인이요 하나님을 경외하는 사람이라 유대 온 족속이 칭찬하더니 그가 거룩한 천사의 지시를 받아 당신을 그 집으로 청하여 말을 들으려 하느니라 한대

23 베드로가 불러 들여 유숙하게 하니라

베드로가 고넬료의 집에서 설교하다

이튿날 일어나 그들과 함께 갈새 욥바에서 온 어떤 형제들도 함께 가니라

24 이튿날 가이사랴에 들어가니 고넬료가 그의 친척과 가까운 친구들을 모아 기다리더니

25 마침 베드로가 들어올 때에 고넬료가 맞아 발 앞에 엎드리어 절하니

26 베드로가 일으켜 이르되 일어서라 나도 사람이라 하고

27 더불어 말하며 들어가 여러 사람이 모인 것을 보고

28 이르되 유대인으로서 이방인과 교제하며 가까이 하는 것이 위법인 줄은 너희도 알거니와 하나님께서 내게 지시하사 아무도 속되다 하거나 깨끗하지 않다 하지 말라 하시기로

29 부름을 사양하지 아니하고 왔노라 묻노니 무슨 일로 나를 불렀느냐

30 고넬료가 이르되 내가 나흘 전 이맘때까지 내 집에서 제 구 시 기도를 하는데 갑자기 한 사람이 빛난 옷을 입고 내 앞에 서서

31 말하되 고넬료야 하나님이 네 기도를 들으시고 네 구제를 기억하셨으니

32 사람을 욥바에 보내어 베드로라 하는

시몬을 청하라 그가 바닷가 무두장이 시몬의 집에 유숙하느니라 하시기로

33 내가 곧 당신에게 사람을 보내었는데 오셨으니 잘하였나이다 이제 우리는 주께서 당신에게 명하신 모든 것을 듣고자 하여 다 하나님 앞에 있나이다

34 베드로가 입을 열어 말하되 내가 참으로 하나님은 사람의 외모를 보지 아니하시고

35 각 나라 중 하나님을 경외하며 의를 행하는 사람은 다 받으시는 줄 깨달았도다

36 만유의 주 되신 예수 그리스도로 말미암아 화평의 복음을 전하사 이스라엘 자손들에게 보내신 말씀

37 곧 요한이 그 세례를 반포한 후에 갈릴리에서 시작하여 온 유대에 두루 전파된 그것을 너희도 알거니와

38 하나님이 나사렛 예수에게 성령과 능력

을 기름 붓듯 하셨으매 그가 두루 다니

시며 선한 일을 행하시고 마귀에게 눌

린 모든 사람을 고치셨으니 이는 하나

님이 함께 하셨음이라

39 우리는 유대인의 땅과 예루살렘에서 그

가 행하신 모든 일에 증인이라 그를 그

들이 나무에 달아 죽였으나

40 하나님이 사흘 만에 다시 살리사 나타

내시되

41 모든 백성에게 하신 것이 아니요 오직

미리 택하신 증인 곧 죽은 자 가운데서

부활하신 후 그를 모시고 음식을 먹은

우리에게 하신 것이라

42 우리에게 명하사 백성에게 전도하되 하

나님이 살아 있는 자와 죽은 자의 재판

장으로 정하신 자가 곧 이 사람인 것을

증언하게 하셨고

43 그에 대하여 모든 선지자도 증언하되

그를 믿는 사람들이 다 그의 이름을 힘

입어 죄 사함을 받는다 하였느니라

이방인들도 성령을 받다

44 베드로가 이 말을 할 때에 성령이 말씀

듣는 모든 사람에게 내려오시니

45 베드로와 함께 온 할례 받은 신자들이

이방인들에게도 성령 부어 주심으로 말

미암아 놀라니

46 이는 방언을 말하며 하나님 높임을 들

음이러라

47 이에 베드로가 이르되 이 사람들이 우

리와 같이 성령을 받았으니 누가 능히

물로 세례 베풂을 금하리요 하고

48 명하여 예수 그리스도의 이름으로 세례

를 베풀라 하니라 그들이 베드로에게

며칠 더 머물기를 청하니라

베드로가 예루살렘 교회에 보고하다

11 유대에 있는 사도들과 형제들이 이방인

들도 하나님의 말씀을 받았다 함을 들었더니

2 베드로가 예루살렘에 올라갔을 때에 할례자들이 비난하여

3 이르되 네가 무할례자의 집에 들어가 함께 먹었다 하니

4 베드로가 그들에게 이 일을 차례로 설명하여

5 이르되 내가 욥바 시에서 기도할 때에 황홀한 중에 환상을 보니 큰 보자기 같은 그릇이 네 귀에 매어 하늘로부터 내리어 내 앞에까지 드리워지거늘

6 이것을 주목하여 보니 땅에 네 발 가진 것과 들짐승과 기는 것과 공중에 나는 것들이 보이더라

7 또 들으니 소리 있어 내게 이르되 베드로야 일어나 잡아 먹으라 하거늘

8 내가 이르되 주님 그럴 수 없나이다 속되거나 깨끗하지 아니한 것은 결코 내 입에 들어간 일이 없나이다 하니

9 또 하늘로부터 두 번째 소리 있어 내게 이르되 하나님이 깨끗하게 하신 것을 네가 속되다고 하지 말라 하더라

10 이런 일이 세 번 있은 후에 모든 것이 다시 하늘로 끌려 올라가더라

11 마침 세 사람이 내가 유숙한 집 앞에 서 있으니 가이사랴에서 내게로 보낸 사람이라

12 성령이 내게 명하사 아무 의심 말고 함께 가라 하시매 이 여섯 형제도 나와 함께 가서 그 사람의 집에 들어가니

13 그가 우리에게 말하기를 천사가 내 집에 서서 말하되 네가 사람을 욥바에 보내어 베드로라 하는 시몬을 청하라

14 그가 너와 네 온 집이 구원 받을 말씀을 네게 이르리라 함을 보았다 하거늘

15 내가 말을 시작할 때에 성령이 그들에게 임하시기를 처음 우리에게 하신 것과 같이 하는지라

16 내가 주의 말씀에 요한은 물로 세례를 베풀었으나 너희는 성령으로 세례를 받으리라 하신 것이 생각났노라

17 그런즉 하나님이 우리가 주 예수 그리스도를 믿을 때에 주신 것과 같은 선물을 그들에게도 주셨으니 내가 누구이기에 하나님을 능히 막겠느냐 하더라

18 그들이 이 말을 듣고 잠잠하여 하나님께 영광을 돌려 이르되 그러면 하나님께서 이방인에게도 생명 얻는 회개를 주셨도다 하니라

안디옥 교회

19 그 때에 스데반의 일로 일어난 환난으로 말미암아 흩어진 자들이 베니게와 구브로와 안디옥까지 이르러 유대인에게만 말씀을 전하는데

20 그 중에 구브로와 구레네 몇 사람이 안디옥에 이르러 헬라인에게도 말하여 주 예수를 전파하니

21 주의 손이 그들과 함께 하시매 수많은 사람들이 믿고 주께 돌아오더라

22 예루살렘 교회가 이 사람들의 소문을 듣고 바나바를 안디옥까지 보내니

23 그가 이르러 하나님의 은혜를 보고 기뻐하여 모든 사람에게 굳건한 마음으로 주와 함께 머물러 있으라 권하니

24 바나바는 착한 사람이요 성령과 믿음이 충만한 사람이라 이에 큰 무리가 주께 더하여지더라

25 바나바가 사울을 찾으러 다소에 가서

26 만나매 안디옥에 데리고 와서 둘이 교회에 일 년간 모여 있어 큰 무리를 가르쳤고 제자들이 안디옥에서 비로소 그

리스도인이라 일컬음을 받게 되었더라

27 그 때에 선지자들이 예루살렘에서 안디

옥에 이르니

28 그 중에 아가보라 하는 한 사람이 일어

나 성령으로 말하되 천하에 큰 흉년이

들리라 하더니 글라우디오 때에 그렇게

되니라

29 제자들이 각각 그 힘대로 유대에 사는

형제들에게 부조를 보내기로 작정하고

30 이를 실행하여 바나바와 사울의 손으로

장로들에게 보내니라

야고보의 순교와 베드로의 투옥

12 그 때에 헤롯 왕이 손을 들어 교회 중

에서 몇 사람을 해하려 하여

2 요한의 형제 야고보를 칼로 죽이니

3 유대인들이 이 일을 기뻐하는 것을 보

고 베드로도 잡으려 할새 때는 무교절

기간이라

4 잡으매 옥에 가두어 군인 넷씩인 네 패

에게 맡겨 지키고 유월절 후에 백성 앞

에 끌어 내고자 하더라

5 이에 베드로는 옥에 갇혔고 교회는 그

를 위하여 간절히 하나님께 기도하더라

6 헤롯이 잡아 내려고 하는 그 전날 밤에

베드로가 두 군인 틈에서 두 쇠사슬에

매여 누워 자는데 파수꾼들이 문 밖에

서 옥을 지키더니

7 홀연히 주의 사자가 나타나매 옥중에

광채가 빛나며 또 베드로의 옆구리를

쳐 깨워 이르되 급히 일어나라 하니 쇠

사슬이 그 손에서 벗어지더라

8 천사가 이르되 띠를 띠고 신을 신으라

하거늘 베드로가 그대로 하니 천사가

또 이르되 겉옷을 입고 따라오라 한대

9 베드로가 나와서 따라갈새 천사가 하는

것이 생시인 줄 알지 못하고 환상을 보

는가 하니라

10 이에 첫째와 둘째 파수를 지나 시내로 통한 쇠문에 이르니 문이 저절로 열리는지라 나와서 한 거리를 지나매 천사가 곧 떠나더라

11 이에 베드로가 정신이 들어 이르되 내가 이제야 참으로 주께서 그의 천사를 보내어 나를 헤롯의 손과 유대 백성의 모든 기대에서 벗어나게 하신 줄 알겠노라 하여

12 깨닫고 마가라 하는 요한의 어머니 마리아의 집에 가니 여러 사람이 거기에 모여 기도하고 있더라

13 베드로가 대문을 두드린대 로데라 하는 여자 아이가 영접하러 나왔다가

14 베드로의 음성인 줄 알고 기뻐하여 문을 미처 열지 못하고 달려 들어가 말하되 베드로가 대문 밖에 섰더라 하니

15 그들이 말하되 네가 미쳤다 하나 여자 아이는 힘써 말하되 참말이라 하니 그들이 말하되 그러면 그의 천사라 하더라

16 베드로가 문 두드리기를 그치지 아니하니 그들이 문을 열어 베드로를 보고 놀라는지라

17 베드로가 그들에게 손짓하여 조용하게 하고 주께서 자기를 이끌어 옥에서 나오게 하던 일을 말하고 또 야고보와 형제들에게 이 말을 전하라 하고 떠나 다른 곳으로 가니라

18 날이 새매 군인들은 베드로가 어떻게 되었는지 알지 못하여 적지 않게 소동하니

19 헤롯이 그를 찾아도 보지 못하매 파수꾼들을 심문하고 죽이라 명하니라 헤롯이 유대를 떠나 가이사랴로 내려가서

머무니라

헤롯이 죽다

20 헤롯이 두로와 시돈 사람들을 대단히 노여워하니 그들의 지방이 왕국에서 나는 양식을 먹는 까닭에 한마음으로 그에게 나아와 왕의 침소 맡은 신하 블라스도를 설득하여 화목하기를 청한지라

21 헤롯이 날을 택하여 왕복을 입고 단상에 앉아 백성에게 연설하니

22 백성들이 크게 부르되 이것은 신의 소리요 사람의 소리가 아니라 하거늘

23 헤롯이 영광을 하나님께로 돌리지 아니하므로 주의 사자가 곧 치니 벌레에게 먹혀 죽으니라

24 하나님의 말씀은 흥왕하여 더하더라

25 바나바와 사울이 부조하는 일을 마치고 마가라 하는 요한을 데리고 예루살렘에서 돌아오니라

바나바와 사울을 보내다

13 안디옥 교회에 선지자들과 교사들이 있으니 곧 바나바와 니게르라 하는 시므온과 구레네 사람 루기오와 분봉 왕 헤롯의 젖동생 마나엔과 및 사울이라

2 주를 섬겨 금식할 때에 성령이 이르시되 내가 불러 시키는 일을 위하여 바나바와 사울을 따로 세우라 하시니

3 이에 금식하며 기도하고 두 사람에게 안수하여 보내니라

바나바와 사울이 구브로에서 전도하다

4 두 사람이 성령의 보내심을 받아 실루기아에 내려가 거기서 배 타고 구브로에 가서

5 살라미에 이르러 하나님의 말씀을 유대인의 여러 회당에서 전할새 요한을 수행원으로 두었더라

6 온 섬 가운데로 지나서 바보에 이르러

바예수라 하는 유대인 거짓 선지자인

마술사를 만나니

7 그가 총독 서기오 바울과 함께 있으니

서기오 바울은 지혜 있는 사람이라 바

나바와 사울을 불러 하나님의 말씀을

듣고자 하더라

8 이 마술사 엘루마는 (이 이름을 번역하

면 마술사라) 그들을 대적하여 총독으

로 믿지 못하게 힘쓰니

9 바울이라고 하는 사울이 성령이 충만하

여 그를 주목하고

10 이르되 모든 거짓과 악행이 가득한 자

요 마귀의 자식이요 모든 의의 원수여

주의 바른 길을 굽게 하기를 그치지 아

니하겠느냐

11 보라 이제 주의 손이 네 위에 있으니 네

가 맹인이 되어 얼마 동안 해를 보지 못

하리라 하니 즉시 안개와 어둠이 그를

덮어 인도할 사람을 두루 구하는지라

12 이에 총독이 그렇게 된 것을 보고 믿으

며 주의 가르치심을 놀랍게 여기니라

바울과 바나바가 비시디아 안디옥에서 전도하다

13 바울과 및 동행하는 사람들이 바보에서

배 타고 밤빌리아에 있는 버가에 이르

니 요한은 그들에게서 떠나 예루살렘으

로 돌아가고

14 그들은 버가에서 더 나아가 비시디아

안디옥에 이르러 안식일에 회당에 들어

가 앉으니라

15 율법과 선지자의 글을 읽은 후에 회당

장들이 사람을 보내어 물어 이르되 형

제들아 만일 백성을 권할 말이 있거든

말하라 하니

16 바울이 일어나 손짓하며 말하되 이스라

엘 사람들과 및 하나님을 경외하는 사

람들아 들으라

17 이 이스라엘 백성의 하나님이 우리 조상들을 택하시고 애굽 땅에서 나그네 된 그 백성을 높여 큰 권능으로 인도하여 내사

18 광야에서 약 사십 년간 그들의 소행을 참으시고

19 가나안 땅 일곱 족속을 멸하사 그 땅을 기업으로 주시기까지 약 사백오십 년간이라

20 그 후에 선지자 사무엘 때까지 사사를 주셨더니

21 그 후에 그들이 왕을 구하거늘 하나님이 베냐민 지파 사람 기스의 아들 사울을 사십 년간 주셨다가

22 폐하시고 다윗을 왕으로 세우시고 증언하여 이르시되 내가 이새의 아들 다윗을 만나니 내 마음에 맞는 사람이라 내 뜻을 다 이루리라 하시더니

23 하나님이 약속하신 대로 이 사람의 후손에서 이스라엘을 위하여 구주를 세우셨으니 곧 예수라

24 그가 오시기에 앞서 요한이 먼저 회개의 세례를 이스라엘 모든 백성에게 전파하니라

25 요한이 그 달려갈 길을 마칠 때에 말하되 너희가 나를 누구로 생각하느냐 나는 그리스도가 아니라 내 뒤에 오시는 이가 있으니 나는 그 발의 신발끈을 풀기도 감당하지 못하리라 하였으니

26 형제들아 아브라함의 후손과 너희 중 하나님을 경외하는 사람들아 이 구원의 말씀을 우리에게 보내셨거늘

27 예루살렘에 사는 자들과 그들 관리들이 예수와 및 안식일마다 외우는 바 선지자들의 말을 알지 못하므로 예수를 정죄하여 선지자들의 말을 응하게 하였

도다

28 죽일 죄를 하나도 찾지 못하였으나 빌

라도에게 죽여 달라 하였으니

29 성경에 그를 가리켜 기록한 말씀을 다

웅하게 한 것이라 후에 나무에서 내려

다가 무덤에 두었으나

30 하나님이 죽은 자 가운데서 그를 살리

신지라

31 갈릴리로부터 예루살렘에 함께 올라간

사람들에게 여러 날 보이셨으니 그들이

이제 백성 앞에서 그의 증인이라

32 우리도 조상들에게 주신 약속을 너희에

게 전파하노니

33 곧 하나님이 예수를 일으키사 우리 자

녀들에게 이 약속을 이루게 하셨다 함

이라 시편 둘째 편에 기록한 바와 같이

너는 내 아들이라 오늘 너를 낳았다 하

셨고

34 또 하나님께서 죽은 자 가운데서 그를

일으키사 다시 썩음을 당하지 않게 하

실 것을 가르쳐 이르시되 내가 다윗의

거룩하고 미쁜 은사를 너희에게 주리라

하셨으며

35 또 다른 시편에 일렀으되 주의 거룩한

자로 썩음을 당하지 않게 하시리라 하

셨느니라

36 다윗은 당시에 하나님의 뜻을 따라 섬

기다가 잠들어 그 조상들과 함께 묻혀

썩음을 당하였으되

37 하나님께서 살리신 이는 썩음을 당하지

아니하였나니

38 그러므로 형제들아 너희가 알 것은 이

사람을 힘입어 죄 사함을 너희에게 전

하는 이것이며

39 또 모세의 율법으로 너희가 의롭다 하

심을 얻지 못하던 모든 일에도 이 사람

을 힘입어 믿는 자마다 의롭다 하심을

얻는 이것이라

40 그런즉 너희는 선지자들을 통하여 말씀

하신 것이 너희에게 미칠까 삼가라

41 일렀으되 보라 멸시하는 사람들아 너희

는 놀라고 멸망하라 내가 너희 때를 당

하여 한 일을 행할 것이니 사람이 너희

에게 일러줄지라도 도무지 믿지 못할

일이라 하였느니라 하니라

42 그들이 나갈새 사람들이 청하되 다음

안식일에도 이 말씀을 하라 하더라

43 회당의 모임이 끝난 후에 유대인과 유

대교에 입교한 경건한 사람들이 많이

바울과 바나바를 따르니 두 사도가 더

불어 말하고 항상 하나님의 은혜 가운

데 있으라 권하니라

44 그 다음 안식일에는 온 시민이 거의 다

하나님의 말씀을 듣고자 하여 모이니

45 유대인들이 그 무리를 보고 시기가 가

득하여 바울이 말한 것을 반박하고 비

방하거늘

46 바울과 바나바가 담대히 말하여 이르되

하나님의 말씀을 마땅히 먼저 너희에

게 전할 것이로되 너희가 그것을 버리

고 영생을 얻기에 합당하지 않은 자로

자처하기로 우리가 이방인에게로 향하

노라

47 주께서 이같이 우리에게 명하시되 내가

너를 이방의 빛으로 삼아 너로 땅 끝까

지 구원하게 하리라 하셨느니라 하니

48 이방인들이 듣고 기뻐하여 하나님의 말

씀을 찬송하며 영생을 주시기로 작정된

자는 다 믿더라

49 주의 말씀이 그 지방에 두루 퍼지니라

50 이에 유대인들이 경건한 귀부인들과 그

시내 유력자들을 선동하여 바울과 바나

바를 박해하게 하여 그 지역에서 쫓아

내니

51 두 사람이 그들을 향하여 발의 티끌을

떨어 버리고 이고니온으로 가거늘

52 제자들은 기쁨과 성령이 충만하니라

바울과 바나바가 이고니온에서 전도하다

14 이에 이고니온에서 두 사도가 함께 유

대인의 회당에 들어가 말하니 유대와

헬라의 허다한 무리가 믿더라

2 그러나 순종하지 아니하는 유대인들이

이방인들의 마음을 선동하여 형제들에

게 악감을 품게 하거늘

3 두 사도가 오래 있어 주를 힘입어 담대

히 말하니 주께서 그들의 손으로 표적

과 기사를 행하게 하여 주사 자기 은혜

의 말씀을 증언하시니

4 그 시내의 무리가 나뉘어 유대인을 따

르는 자도 있고 두 사도를 따르는 자도

있는지라

5 이방인과 유대인과 그 관리들이 두 사

도를 모욕하며 돌로 치려고 달려드니

6 그들이 알고 도망하여 루가오니아의

두 성 루스드라와 더베와 그 근방으로

가서

7 거기서 복음을 전하니라

바울과 바나바가 루스드라에서 전도하다

8 루스드라에 발을 쓰지 못하는 한 사람

이 앉아 있는데 나면서 걷지 못하게 되

어 걸어 본 적이 없는 자라

9 바울이 말하는 것을 듣거늘 바울이 주

목하여 구원 받을 만한 믿음이 그에게

있는 것을 보고

10 큰 소리로 이르되 네 발로 바로 일어서

라 하니 그 사람이 일어나 걷는지라

11 무리가 바울이 한 일을 보고 루가오니

아 방언으로 소리 질러 이르되 신들이

사람의 형상으로 우리 가운데 내려오셨

다 하여

12 바나바는 제우스라 하고 바울은 그 중

에 말하는 자이므로 헤르메스라 하더라

13 시외 제우스 신당의 제사장이 소와 화

환들을 가지고 대문 앞에 와서 무리와

함께 제사하고자 하니

14 두 사도 바나바와 바울이 듣고 옷을

찢고 무리 가운데 뛰어 들어가서 소리

질러

15 이르되 여러분이여 어찌하여 이러한 일

을 하느냐 우리도 여러분과 같은 성정

을 가진 사람이라 여러분에게 복음을

전하는 것은 이런 헛된 일을 버리고 천

지와 바다와 그 가운데 만물을 지으시

고 살아 계신 하나님께로 돌아오게 함

이라

16 하나님이 지나간 세대에는 모든 민족

으로 자기들의 길들을 가게 방임하셨

으나

17 그러나 자기를 증언하지 아니하신 것이

아니니 곧 여러분에게 하늘로부터 비를

내리시며 결실기를 주시는 선한 일을

하사 음식과 기쁨으로 여러분의 마음에

만족하게 하셨느니라 하고

18 이렇게 말하여 겨우 무리를 말려 자기

들에게 제사를 못하게 하니라

19 유대인들이 안디옥과 이고니온에서 와

서 무리를 충동하니 그들이 돌로 바울

을 쳐서 죽은 줄로 알고 시외로 끌어

내치니라

20 제자들이 둘러섰을 때에 바울이 일어나

그 성에 들어갔다가 이튿날 바나바와

함께 더베로 가서

21 복음을 그 성에서 전하여 많은 사람을

제자로 삼고 루스드라와 이고니온과 안

디옥으로 돌아가서

22 제자들의 마음을 굳게 하여 이 믿음에

머물러 있으라 권하고 또 우리가 하나

님의 나라에 들어가려면 많은 환난을

겪어야 할 것이라 하고

23 각 교회에서 장로들을 택하여 금식 기

도 하며 그들이 믿는 주께 그들을 위탁

하고

24 비시디아 가운데로 지나서 밤빌리아에

이르러

25 말씀을 버가에서 전하고 앗달리아로 내

려가서

26 거기서 배 타고 안디옥에 이르니 이 곳

은 두 사도가 이룬 그 일을 위하여 전

에 하나님의 은혜에 부탁하던 곳이라

27 그들이 이르러 교회를 모아 하나님이

함께 행하신 모든 일과 이방인들에게

믿음의 문을 여신 것을 보고하고

28 제자들과 함께 오래 있으니라

예루살렘 회의

15 어떤 사람들이 유대로부터 내려와서 형

제들을 가르치되 너희가 모세의 법대로

할례를 받지 아니하면 능히 구원을 받

지 못하리라 하니

2 바울 및 바나바와 그들 사이에 적지 아

니한 다툼과 변론이 일어난지라 형제들

이 이 문제에 대하여 바울과 바나바와

및 그 중의 몇 사람을 예루살렘에 있

는 사도와 장로들에게 보내기로 작정하

니라

3 그들이 교회의 전송을 받고 베니게와

사마리아로 다니며 이방인들이 주께 돌

아온 일을 말하여 형제들을 다 크게 기

쁘게 하더라

4 예루살렘에 이르러 교회와 사도와 장로

들에게 영접을 받고 하나님이 자기들과

함께 계셔 행하신 모든 일을 말하매

5 바리새파 중에 어떤 믿는 사람들이 일

어나 말하되 이방인에게 할례를 행하고

모세의 율법을 지키라 명하는 것이 마

땅하다 하니라

6 사도와 장로들이 이 일을 의논하러 모여

7 많은 변론이 있은 후에 베드로가 일어

나 말하되 형제들아 너희도 알거니와

하나님이 이방인들로 내 입에서 복음의

말씀을 들어 믿게 하시려고 오래 전부

터 너희 가운데서 나를 택하시고

8 또 마음을 아시는 하나님이 우리에게와

같이 그들에게도 성령을 주어 증언하

시고

9 믿음으로 그들의 마음을 깨끗이 하사

그들이나 우리나 차별하지 아니하셨느

니라

10 그런데 지금 너희가 어찌하여 하나님을

시험하여 우리 조상과 우리도 능히 메

지 못하던 멍에를 제자들의 목에 두려

느냐

11 그러나 우리는 그들이 우리와 동일하게

주 예수의 은혜로 구원 받는 줄을 믿노

라 하니라

12 온 무리가 가만히 있어 바나바와 바울

이 하나님께서 자기들로 말미암아 이방

인 중에서 행하신 표적과 기사에 관하

여 말하는 것을 듣더니

13 말을 마치매 야고보가 대답하여 이르되

형제들아 내 말을 들으라

14 하나님이 처음으로 이방인 중에서 자기

이름을 위할 백성을 취하시려고 그들을

돌보신 것을 시므온이 말하였으니

15 선지자들의 말씀이 이와 일치하도다 기

록된 바

16 이 후에 내가 돌아와서 다윗의 무너진

장막을 다시 지으며 또 그 허물어진 것

을 다시 지어 일으키리니

17 이는 그 남은 사람들과 내 이름으로 일

컬음을 받는 모든 이방인들로 주를 찾

게 하려 함이라 하셨으니

18 즉 예로부터 이것을 알게 하시는 주의

말씀이라 함과 같으니라

19 그러므로 내 의견에는 이방인 중에서

하나님께로 돌아오는 자들을 괴롭게 하

지 말고

20 다만 우상의 더러운 것과 음행과 목매

어 죽인 것과 피를 멀리하라고 편지하

는 것이 옳으니

21 이는 예로부터 각 성에서 모세를 전하

는 자가 있어 안식일마다 회당에서 그

글을 읽음이라 하더라

이방인 신자들에게 보내는 편지

22 이에 사도와 장로와 온 교회가 그 중에

서 사람들을 택하여 바울과 바나바와

함께 안디옥으로 보내기를 결정하니 곧

형제 중에 인도자인 바사바라 하는 유

다와 실라더라

23 그 편에 편지를 부쳐 이르되 사도와 장

로 된 형제들은 안디옥과 수리아와 길

리기아에 있는 이방인 형제들에게 문안

하노라

24 들은즉 우리 가운데서 어떤 사람들이

우리의 지시도 없이 나가서 말로 너희

를 괴롭게 하고 마음을 혼란하게 한다

하기로

25-26 사람을 택하여 우리 주 예수 그리스

도의 이름을 위하여 생명을 아끼지 아

니하는 자인 우리가 사랑하는 바나바와

바울과 함께 너희에게 보내기를 만장일

치로 결정하였노라

27 그리하여 유다와 실라를 보내니 그들도

이 일을 말로 전하리라

28 성령과 우리는 이 요긴한 것들 외에는

아무 짐도 너희에게 지우지 아니하는

것이 옳은 줄 알았노니

29 우상의 제물과 피와 목매어 죽인 것과

음행을 멀리할지니라 이에 스스로 삼가

면 잘되리라 평안함을 원하노라 하였

더라

30 그들이 작별하고 안디옥에 내려가 무리

를 모은 후에 편지를 전하니

31 읽고 그 위로한 말을 기뻐하더라

32 유다와 실라도 선지자라 여러 말로 형

제를 권면하여 굳게 하고

33 얼마 있다가 평안히 가라는 전송을 형

제들에게 받고 자기를 보내던 사람들에

게로 돌아가되

34 (없음)

35 바울과 바나바는 안디옥에서 유하며 수

다 한 다른 사람들과 함께 주의 말씀을

가르치며 전파하니라

바울과 바나바가 갈라서다

36 며칠 후에 바울이 바나바더러 말하되

우리가 주의 말씀을 전한 각 성으로 다

시 가서 형제들이 어떠한가 방문하자

하고

37 바나바는 마가라 하는 요한도 데리고

가고자 하나

38 바울은 밤빌리아에서 자기들을 떠나 함

께 일하러 가지 아니한 자를 데리고 가

는 것이 옳지 않다 하여

39 서로 심히 다투어 피차 갈라서니 바나

바는 마가를 데리고 배 타고 구브로로

가고

40 바울은 실라를 택한 후에 형제들에게

주의 은혜에 부탁함을 받고 떠나

41 수리아와 길리기아로 다니며 교회들을

견고하게 하니라

바울이 디모데를 데리고 가다

16 바울이 더베와 루스드라에도 이르매 거

기 디모데라 하는 제자가 있으니 그 어

머니는 믿는 유대 여자요 아버지는 헬

라인이라

2 디모데는 루스드라와 이고니온에 있는

형제들에게 칭찬 받는 자니

3 바울이 그를 데리고 떠나고자 할새 그

지역에 있는 유대인으로 말미암아 그를

데려다가 할례를 행하니 이는 그 사람

들이 그의 아버지는 헬라인인 줄 다 앎

이러라

4 여러 성으로 다녀 갈 때에 예루살렘에

있는 사도와 장로들이 작정한 규례를

그들에게 주어 지키게 하니

5 이에 여러 교회가 믿음이 더 굳건해지

고 수가 날마다 늘어가니라

바울이 환상을 보다

6 성령이 아시아에서 말씀을 전하지 못하

게 하시거늘 그들이 브루기아와 갈라디

아 땅으로 다녀가

7 무시아 앞에 이르러 비두니아로 가고자

애쓰되 예수의 영이 허락하지 아니하시

는지라

8 무시아를 지나 드로아로 내려갔는데

9 밤에 환상이 바울에게 보이니 마게도냐

사람 하나가 서서 그에게 청하여 이르

되 마게도냐로 건너와서 우리를 도우라

하거늘

10 바울이 그 환상을 보았을 때 우리가 곧

마게도냐로 떠나기를 힘쓰니 이는 하나

님이 저 사람들에게 복음을 전하라고

우리를 부르신 줄로 인정함이러라

루디아가 믿다

11 우리가 드로아에서 배로 떠나 사모드라

게로 직행하여 이튿날 네압볼리로 가고

12 거기서 빌립보에 이르니 이는 마게도냐

지방의 첫 성이요 또 로마의 식민지라

이 성에서 수일을 유하다가

13 안식일에 우리가 기도할 곳이 있을까

하여 문 밖 강가에 나가 거기 앉아서

모인 여자들에게 말하는데

14 두아디라 시에 있는 자색 옷감 장사로

서 하나님을 섬기는 루디아라 하는 한

여자가 말을 듣고 있을 때 주께서 그

마음을 열어 바울의 말을 따르게 하신

지라

15 그와 그 집이 다 세례를 받고 우리에게

청하여 이르되 만일 나를 주 믿는 자로

알거든 내 집에 들어와 유하라 하고 강

권하여 머물게 하니라

바울과 실라가 갇히다

16 우리가 기도하는 곳에 가다가 점치는

귀신 들린 여종 하나를 만나니 점으로

그 주인들에게 큰 이익을 주는 자라

17 그가 바울과 우리를 따라와 소리 질러

이르되 이 사람들은 지극히 높은 하나

님의 종으로서 구원의 길을 너희에게

전하는 자라 하며

18 이같이 여러 날을 하는지라 바울이 심

히 괴로워하여 돌이켜 그 귀신에게 이

르되 예수 그리스도의 이름으로 내가

네게 명하노니 그에게서 나오라 하니

귀신이 즉시 나오니라

19 여종의 주인들은 자기 수익의 소망이

끊어진 것을 보고 바울과 실라를 붙잡

아 장터로 관리들에게 끌어 갔다가

20 상관들 앞에 데리고 가서 말하되 이 사

람들이 유대인인데 우리 성을 심히 요

란하게 하여

21 로마 사람인 우리가 받지도 못하고 행

하지도 못할 풍속을 전한다 하거늘

22 무리가 일제히 일어나 고발하니 상관들

이 옷을 찢어 벗기고 매로 치라 하여

23 많이 친 후에 옥에 가두고 간수에게 명

하여 든든히 지키라 하니

24 그가 이러한 명령을 받아 그들을 깊은

옥에 가두고 그 발을 차꼬에 든든히 채

웠더니

25 한밤중에 바울과 실라가 기도하고 하나

님을 찬송하매 죄수들이 듣더라

26 이에 갑자기 큰 지진이 나서 옥터가 움

직이고 문이 곧 다 열리며 모든 사람의

매인 것이 다 벗어진지라

27 간수가 자다가 깨어 옥문들이 열린 것

을 보고 죄수들이 도망한 줄 생각하고

칼을 빼어 자결하려 하거늘

28 바울이 크게 소리 질러 이르되 네 몸

을 상하지 말라 우리가 다 여기 있노라

하니

29 간수가 등불을 달라고 하며 뛰어 들어

가 무서워 떨며 바울과 실라 앞에 엎드

리고

30 그들을 데리고 나가 이르되 선생들이여

내가 어떻게 하여야 구원을 받으리이까

하거늘

31 이르되 주 예수를 믿으라 그리하면 너

와 네 집이 구원을 받으리라 하고

32 주의 말씀을 그 사람과 그 집에 있는

모든 사람에게 전하더라

33 그 밤 그 시각에 간수가 그들을 데려다

가 그 맞은 자리를 씻어 주고 자기와

그 온 가족이 다 세례를 받은 후

34 그들을 데리고 자기 집에 올라가서 음

식을 차려 주고 그와 온 집안이 하나님

을 믿으므로 크게 기뻐하니라

35 날이 새매 상관들이 부하를 보내어 이

사람들을 놓으라 하니

36 간수가 그 말대로 바울에게 말하되 상 관들이 사람을 보내어 너희를 놓으라 하였으니 이제는 나가서 평안히 가라 하거늘

37 바울이 이르되 로마 사람인 우리를 죄 도 정하지 아니하고 공중 앞에서 때리 고 옥에 가두었다가 이제는 가만히 내 보내고자 하느냐 아니라 그들이 친 히 와서 우리를 데리고 나가야 하리라 한대

38 부하들이 이 말을 상관들에게 보고하니 그들이 로마 사람이라 하는 말을 듣고 두려워하여

39 와서 권하여 데리고 나가 그 성에서 떠 나기를 청하니

40 두 사람이 옥에서 나와 루디아의 집에 들어가서 형제들을 만나 보고 위로하고

가니라

바울이 데살로니가에서 전도하다

17 그들이 암비볼리와 아볼로니아로 다녀 가 데살로니가에 이르니 거기 유대인의 회당이 있는지라

2 바울이 자기의 관례대로 그들에게로 들 어가서 세 안식일에 성경을 가지고 강 론하며

3 뜻을 풀어 그리스도가 해를 받고 죽은 자 가운데서 다시 살아나야 할 것을 증 언하고 이르되 내가 너희에게 전하는 이 예수가 곧 그리스도라 하니

4 그 중의 어떤 사람 곧 경건한 헬라인의 큰 무리와 적지 않은 귀부인도 권함을 받고 바울과 실라를 따르나

5 그러나 유대인들은 시기하여 저자의 어 떤 불량한 사람들을 데리고 떼를 지어 성을 소동하게 하여 야손의 집에 침입

하여 그들을 백성에게 끌어내려고 찾았

으나

6 발견하지 못하매 야손과 몇 형제들을

끌고 읍장들 앞에 가서 소리 질러 이르

되 천하를 어지럽게 하던 이 사람들이

여기도 이르매

7 야손이 그들을 맞아 들였도다 이 사람

들이 다 가이사의 명을 거역하여 말하

되 다른 임금 곧 예수라 하는 이가 있

다 하더이다 하니

8 무리와 읍장들이 이 말을 듣고 소동하여

9 야손과 그 나머지 사람들에게 보석금을

받고 놓아 주니라

베뢰아 사람들이 말씀을 받다

10 밤에 형제들이 곧 바울과 실라를 베뢰

아로 보내니 그들이 이르러 유대인의

회당에 들어가니라

11 베뢰아에 있는 사람들은 데살로니가에

있는 사람들보다 더 너그러워서 간절한

마음으로 말씀을 받고 이것이 그러한가

하여 날마다 성경을 상고하므로

12 그 중에 믿는 사람이 많고 또 헬라의

귀부인과 남자가 적지 아니하나

13 데살로니가에 있는 유대인들은 바울이

하나님의 말씀을 베뢰아에서도 전하는

줄을 알고 거기도 가서 무리를 움직여

소동하게 하거늘

14 형제들이 곧 바울을 내보내어 바다까지

가게 하되 실라와 디모데는 아직 거기

머물더라

15 바울을 인도하는 사람들이 그를 데리고

아덴까지 이르러 그에게서 실라와 디모

데를 자기에게로 속히 오게 하라는 명

령을 받고 떠나니라

바울이 아덴에서 전도하다

16 바울이 아덴에서 그들을 기다리다가 그

성에 우상이 가득한 것을 보고 마음에 격분하여

17 회당에서는 유대인과 경건한 사람들과 또 장터에서는 날마다 만나는 사람들과 변론하니

18 어떤 에피쿠로스와 스토아 철학자들도 바울과 쟁론할새 어떤 사람은 이르되 이 말쟁이가 무슨 말을 하고자 하느냐 하고 어떤 사람은 이르되 이방 신들을 전하는 사람인가보다 하니 이는 바울이 예수와 부활을 전하기 때문이러라

19 그를 붙들어 아레오바고로 가며 말하기를 네가 말하는 이 새로운 가르침이 무엇인지 우리가 알 수 있겠느냐

20 네가 어떤 이상한 것을 우리 귀에 들려 주니 그 무슨 뜻인지 알고자 하노라 하니

21 모든 아덴 사람과 거기서 나그네 된 외국인들이 가장 새로운 것을 말하고 듣는 것 이외에는 달리 시간을 쓰지 않음이더라

22 바울이 아레오바고 가운데 서서 말하되 아덴 사람들아 너희를 보니 범사에 종교심이 많도다

23 내가 두루 다니며 너희가 위하는 것들을 보다가 알지 못하는 신에게라고 새긴 단도 보았으니 그런즉 너희가 알지 못하고 위하는 그것을 내가 너희에게 알게 하리라

24 우주와 그 가운데 있는 만물을 지으신 하나님께서는 천지의 주재시니 손으로 지은 전에 계시지 아니하시고

25 또 무엇이 부족한 것처럼 사람의 손으로 섬김을 받으시는 것이 아니니 이는 만민에게 생명과 호흡과 만물을 친히 주시는 이심이라

26 인류의 모든 족속을 한 혈통으로 만드

사 온 땅에 살게 하시고 그들의 연대를

정하시며 거주의 경계를 한정하셨으니

27 이는 사람으로 혹 하나님을 더듬어 찾

아 발견하게 하려 하심이로되 그는 우

리 각 사람에게서 멀리 계시지 아니하

도다

28 우리가 그를 힘입어 살며 기동하며 존

재하느니라 너희 시인 중 어떤 사람들

의 말과 같이 우리가 그의 소생이라

하니

29 이와 같이 하나님의 소생이 되었은즉

하나님을 금이나 은이나 돌에다 사람의

기술과 고안으로 새긴 것들과 같이 여

길 것이 아니니라

30 알지 못하던 시대에는 하나님이 간과하

셨거니와 이제는 어디든지 사람에게 다

명하사 회개하라 하셨으니

31 이는 정하신 사람으로 하여금 천하를

공의로 심판할 날을 작정하시고 이에

그를 죽은 자 가운데서 다시 살리신 것

으로 모든 사람에게 믿을 만한 증거를

주셨음이니라 하니라

32 그들이 죽은 자의 부활을 듣고 어떤 사

람은 조롱도 하고 어떤 사람은 이 일에

대하여 네 말을 다시 듣겠다 하니

33 이에 바울이 그들 가운데서 떠나매

34 몇 사람이 그를 가까이하여 믿으니 그

중에는 아레오바고 관리 디오누시오와

다마리라 하는 여자와 또 다른 사람들

도 있었더라

바울이 고린도에서 전도하다

18 그 후에 바울이 아덴을 떠나 고린도에

이르러

2 아굴라라 하는 본도에서 난 유대인 한

사람을 만나니 글라우디오가 모든 유대

인을 명하여 로마에서 떠나라 한 고로

그가 그 아내 브리스길라와 함께 이달

리야로부터 새로 온지라 바울이 그들에

게 가매

3 생업이 같으므로 함께 살며 일을 하니

그 생업은 천막을 만드는 것이더라

4 안식일마다 바울이 회당에서 강론하고

유대인과 헬라인을 권면하니라

5 실라와 디모데가 마게도냐로부터 내려

오매 바울이 하나님의 말씀에 붙잡혀

유대인들에게 예수는 그리스도라 밝히

증언하니

6 그들이 대적하여 비방하거늘 바울이 옷

을 털면서 이르되 너희 피가 너희 머리

로 돌아갈 것이요 나는 깨끗하니라 이

후에는 이방인에게로 가리라 하고

7 거기서 옮겨 하나님을 경외하는 디도

유스도라 하는 사람의 집에 들어가니

그 집은 회당 옆이라

8 또 회당장 그리스보가 온 집안과 더불

어 주를 믿으며 수많은 고린도 사람도

듣고 믿어 세례를 받더라

9 밤에 주께서 환상 가운데 바울에게 말

씀하시되 두려워하지 말며 침묵하지 말

고 말하라

10 내가 너와 함께 있으매 어떤 사람도 너

를 대적하여 해롭게 할 자가 없을 것이

니 이는 이 성중에 내 백성이 많음이라

하시더라

11 일 년 육 개월을 머물며 그들 가운데서

하나님의 말씀을 가르치니라

12 갈리오가 아가야 총독 되었을 때에 유

대인이 일제히 일어나 바울을 대적하여

법정으로 데리고 가서

13 말하되 이 사람이 율법을 어기면서 하

나님을 경외하라고 사람들을 권한다 하

거늘

14 바울이 입을 열고자 할 때에 갈리오가 유대인들에게 이르되 너희 유대인들아 만일 이것이 무슨 부정한 일이나 불량한 행동이었으면 내가 너희 말을 들어주는 것이 옳거니와

15 만일 문제가 언어와 명칭과 너희 법에 관한 것이면 너희가 스스로 처리하라 나는 이러한 일에 재판장 되기를 원하지 아니하노라 하고

16 그들을 법정에서 쫓아내니

17 모든 사람이 회당장 소스데네를 잡아 법정 앞에서 때리되 갈리오가 이 일을 상관하지 아니하니라

바울이 안디옥으로 내려가다

18 바울은 더 여러 날 머물다가 형제들과 작별하고 배 타고 수리아로 떠나갈새 브리스길라와 아굴라도 함께 하더라 바

울이 일찍이 서원이 있었으므로 겐그레아에서 머리를 깎았더라

19 에베소에 와서 그들을 거기 머물게 하고 자기는 회당에 들어가서 유대인들과 변론하니

20 여러 사람이 더 오래 있기를 청하되 허락하지 아니하고

21 작별하여 이르되 만일 하나님의 뜻이면 너희에게 돌아오리라 하고 배를 타고 에베소를 떠나

22 가이사랴에 상륙하여 올라가 교회의 안부를 물은 후에 안디옥으로 내려가서

23 얼마 있다가 떠나 갈라디아와 브루기아 땅을 차례로 다니며 모든 제자를 굳건하게 하니라

아볼로가 담대히 전도하다

24 알렉산드리아에서 난 아볼로라 하는 유대인이 에베소에 이르니 이 사람은 언

변이 좋고 성경에 능통한 자라

25 그가 일찍이 주의 도를 배워 열심으로

예수에 관한 것을 자세히 말하며 가르

치나 요한의 세례만 알 따름이라

26 그가 회당에서 담대히 말하기 시작하거

늘 브리스길라와 아굴라가 듣고 데려다

가 하나님의 도를 더 정확하게 풀어 이

르더라

27 아볼로가 아가야로 건너가고자 함으로

형제들이 그를 격려하며 제자들에게 편

지를 써 영접하라 하였더니 그가 가매

은혜로 말미암아 믿은 자들에게 많은

유익을 주니

28 이는 성경으로써 예수는 그리스도라고

증언하여 공중 앞에서 힘있게 유대인의

말을 이김이러라

바울이 에베소에서 전도하다

19 아볼로가 고린도에 있을 때에 바울이

윗지방으로 다녀 에베소에 와서 어떤

제자들을 만나

2 이르되 너희가 믿을 때에 성령을 받았

느냐 이르되 아니라 우리는 성령이 계

심도 듣지 못하였노라

3 바울이 이르되 그러면 너희가 무슨 세례

를 받았느냐 대답하되 요한의 세례니라

4 바울이 이르되 요한이 회개의 세례를

베풀며 백성에게 말하되 내 뒤에 오시

는 이를 믿으라 하였으니 이는 곧 예수

라 하거늘

5 그들이 듣고 주 예수의 이름으로 세례

를 받으니

6 바울이 그들에게 안수하매 성령이 그들

에게 임하시므로 방언도 하고 예언도

하니

7 모두 열두 사람쯤 되니라

8 바울이 회당에 들어가 석 달 동안 담대

히 하나님 나라에 관하여 강론하며 권

면하되

9 어떤 사람들은 마음이 굳어 순종하지

않고 무리 앞에서 이 도를 비방하거늘

바울이 그들을 떠나 제자들을 따로 세

우고 두란노 서원에서 날마다 강론하

니라

10 두 해 동안 이같이 하니 아시아에 사는

자는 유대인이나 헬라인이나 다 주의

말씀을 듣더라

11 하나님이 바울의 손으로 놀라운 능력을

행하게 하시니

12 심지어 사람들이 바울의 몸에서 손수건

이나 앞치마를 가져다가 병든 사람에

게 얹으면 그 병이 떠나고 악귀도 나가

더라

13 이에 돌아다니며 마술하는 어떤 유대인

들이 시험삼아 악귀 들린 자들에게 주

예수의 이름을 불러 말하되 내가 바울

이 전파하는 예수를 의지하여 너희에게

명하노라 하더라

14 유대의 한 제사장 스게와의 일곱 아들

도 이 일을 행하더니

15 악귀가 대답하여 이르되 내가 예수도

알고 바울도 알거니와 너희는 누구냐

하며

16 악귀 들린 사람이 그들에게 뛰어올라

눌러 이기니 그들이 상하여 벗은 몸으

로 그 집에서 도망하는지라

17 에베소에 사는 유대인과 헬라인들이 다

이 일을 알고 두려워하며 주 예수의 이

름을 높이고

18 믿은 사람들이 많이 와서 자복하여 행

한 일을 알리며

19 또 마술을 행하던 많은 사람이 그 책을

모아 가지고 와서 모든 사람 앞에서 불

사르니 그 책 값을 계산한즉 은 오만이나 되더라

20 이와 같이 주의 말씀이 힘이 있어 흥왕하여 세력을 얻으니라

에베소에서 일어난 소동

21 이 일이 있은 후에 바울이 마게도냐와 아가야를 거쳐 예루살렘에 가기로 작정하여 이르되 내가 거기 갔다가 후에 로마도 보아야 하리라 하고

22 자기를 돕는 사람 중에서 디모데와 에라스도 두 사람을 마게도냐로 보내고 자기는 아시아에 얼마 동안 더 있으니라

23 그 때쯤 되어 이 도로 말미암아 적지 않은 소동이 있었으니

24 즉 데메드리오라 하는 어떤 은장색이 은으로 아데미의 신상 모형을 만들어 직공들에게 적지 않은 벌이를 하게 하더니

25 그가 그 직공들과 그러한 영업하는 자들을 모아 이르되 여러분도 알거니와 우리의 풍족한 생활이 이 생업에 있는데

26 이 바울이 에베소뿐 아니라 거의 전 아시아를 통하여 수많은 사람을 권유하여 말하되 사람의 손으로 만든 것들은 신이 아니라 하니 이는 그대들도 보고 들은 것이라

27 우리의 이 영업이 천하여질 위험이 있을 뿐 아니라 큰 여신 아데미의 신전도 무시 당하게 되고 온 아시아와 천하가 위하는 그의 위엄도 떨어질까 하노라 하더라

28 그들이 이 말을 듣고 분노가 가득하여 외쳐 이르되 크다 에베소 사람의 아데미여 하니

29 온 시내가 요란하여 바울과 같이 다니는 마게도냐 사람 가이오와 아리스다고

를 붙들어 일제히 연극장으로 달려 들어가는지라

30 바울이 백성 가운데로 들어가고자 하나 제자들이 말리고

31 또 아시아 관리 중에 바울의 친구된 어떤 이들이 그에게 통지하여 연극장에 들어가지 말라 권하더라

32 사람들이 외쳐 어떤 이는 이런 말을, 어떤 이는 저런 말을 하니 모인 무리가 분란하여 태반이나 어찌하여 모였는지 알지 못하더라

33 유대인들이 무리 가운데서 알렉산더를 권하여 앞으로 밀어내니 알렉산더가 손짓하며 백성에게 변명하려 하나

34 그들은 그가 유대인인 줄 알고 다 한 소리로 외쳐 이르되 크다 에베소 사람의 아데미여 하기를 두 시간이나 하더니

35 서기장이 무리를 진정시키고 이르되 에베소 사람들아 에베소 시가 큰 아데미와 제우스에게서 내려온 우상의 신전지기가 된 줄을 누가 알지 못하겠느냐

36 이 일이 그렇지 않다 할 수 없으니 너희가 가만히 있어서 무엇이든지 경솔히 아니하여야 하리라

37 신전의 물건을 도둑질하지도 아니하였고 우리 여신을 비방하지도 아니한 이 사람들을 너희가 붙잡아 왔으니

38 만일 데메드리오와 그와 함께 있는 직공들이 누구에게 고발할 것이 있으면 재판 날도 있고 총독들도 있으니 피차 고소할 것이요

39 만일 그 외에 무엇을 원하면 정식으로 민회에서 결정할지라

40 오늘 아무 까닭도 없는 이 일에 우리가 소요 사건으로 책망 받을 위험이 있고 우리는 이 불법 집회에 관하여 보고할

자료가 없다 하고

41 이에 그 모임을 흩어지게 하니라

바울이 마게도냐와 헬라를 다니다

20 소요가 그치매 바울은 제자들을 불러 권한 후에 작별하고 떠나 마게도냐로 가니라

2 그 지방으로 다녀가며 여러 말로 제자들에게 권하고 헬라에 이르러

3 거기 석 달 동안 있다가 배 타고 수리아로 가고자 할 그 때에 유대인들이 자기를 해하려고 공모하므로 마게도냐를 거쳐 돌아가기로 작정하니

4 아시아까지 함께 가는 자는 베뢰아 사람 부로의 아들 소바더와 데살로니가 사람 아리스다고와 세군도와 더베 사람 가이오와 및 디모데와 아시아 사람 두기고와 드로비모라

5 그들은 먼저 가서 드로아에서 우리를

기다리더라

6 우리는 무교절 후에 빌립보에서 배로 떠나 닷새 만에 드로아에 있는 그들에게 가서 이레를 머무니라

유두고를 살리다

7 그 주간의 첫날에 우리가 떡을 떼려 하여 모였더니 바울이 이튿날 떠나고자 하여 그들에게 강론할새 말을 밤중까지 계속하매

8 우리가 모인 윗다락에 등불을 많이 켰는데

9 유두고라 하는 청년이 창에 걸터 앉아 있다가 깊이 졸더니 바울이 강론하기를 더 오래 하매 졸음을 이기지 못하여 삼층에서 떨어지거늘 일으켜보니 죽었는지라

10 바울이 내려가서 그 위에 엎드려 그 몸을 안고 말하되 떠들지 말라 생명이 그

에게 있다 하고

11 올라가 떡을 떼어 먹고 오랫동안 곧 날

이 새기까지 이야기하고 떠나니라

12 사람들이 살아난 청년을 데리고 가서

적지 않게 위로를 받았더라

드로아에서 밀레도까지 항해하다

13 우리는 앞서 배를 타고 앗소에서 바울

을 태우려고 그리로 가니 이는 바울이

걸어서 가고자 하여 그렇게 정하여 준

것이라

14 바울이 앗소에서 우리를 만나니 우리가

배에 태우고 미둘레네로 가서

15 거기서 떠나 이튿날 기오 앞에 오고 그

이튿날 사모에 들르고 또 그 다음 날

밀레도에 이르니라

16 바울이 아시아에서 지체하지 않기 위하

여 에베소를 지나 배 타고 가기로 작정

하였으니 이는 될 수 있는 대로 오순절

안에 예루살렘에 이르려고 급히 감이

러라

에베소 장로들에게 고별 설교를 하다

17 바울이 밀레도에서 사람을 에베소로 보

내어 교회 장로들을 청하니

18 오매 그들에게 말하되 아시아에 들어온

첫날부터 지금까지 내가 항상 여러분

가운데서 어떻게 행하였는지를 여러분

도 아는 바니

19 곧 모든 겸손과 눈물이며 유대인의 간

계로 말미암아 당한 시험을 참고 주를

섬긴 것과

20 유익한 것은 무엇이든지 공중 앞에서나

각 집에서나 거리낌이 없이 여러분에게

전하여 가르치고

21 유대인과 헬라인들에게 하나님께 대한

회개와 우리 주 예수 그리스도께 대한

믿음을 증언한 것이라

22 보라 이제 나는 성령에 매여 예루살렘

으로 가는데 거기서 무슨 일을 당할는

지 알지 못하노라

23 오직 성령이 각 성에서 내게 증언하여

결박과 환난이 나를 기다린다 하시나

24 내가 달려갈 길과 주 예수께 받은 사명

곧 하나님의 은혜의 복음을 증언하는

일을 마치려 함에는 나의 생명조차 조

금도 귀한 것으로 여기지 아니하노라

25 보라 내가 여러분 중에 왕래하며 하나

님의 나라를 전파하였으나 이제는 여러

분이 다 내 얼굴을 다시 보지 못할 줄

아노라

26 그러므로 오늘 여러분에게 증언하거니

와 모든 사람의 피에 대하여 내가 깨끗

하니

27 이는 내가 꺼리지 않고 하나님의 뜻을

다 여러분에게 전하였음이라

28 여러분은 자기를 위하여 또는 온 양 떼

를 위하여 삼가라 성령이 그들 가운데

여러분을 감독자로 삼고 하나님이 자

기 피로 사신 교회를 보살피게 하셨느

니라

29 내가 떠난 후에 사나운 이리가 여러분

에게 들어와서 그 양 떼를 아끼지 아니

하며

30 또한 여러분 중에서도 제자들을 끌

어 자기를 따르게 하려고 어그러진 말

을 하는 사람들이 일어날 줄을 내가 아

노라

31 그러므로 여러분이 일깨어 내가 삼 년

이나 밤낮 쉬지 않고 눈물로 각 사람을

훈계하던 것을 기억하라

32 지금 내가 여러분을 주와 및 그 은혜의

말씀에 부탁하노니 그 말씀이 여러분을

능히 든든히 세우사 거룩하게 하심을

입은 모든 자 가운데 기업이 있게 하시

리라

33 내가 아무의 은이나 금이나 의복을 탐

하지 아니하였고

34 여러분이 아는 바와 같이 이 손으로 나

와 내 동행들이 쓰는 것을 충당하여

35 범사에 여러분에게 모본을 보여준 바와

같이 수고하여 약한 사람들을 돕고 또

주 예수께서 친히 말씀하신 바 주는 것

이 받는 것보다 복이 있다 하심을 기억

하여야 할지니라

36 이 말을 한 후 무릎을 꿇고 그 모든 사

람들과 함께 기도하니

37 다 크게 울며 바울의 목을 안고 입을

맞추고

38 다시 그 얼굴을 보지 못하리라 한 말로

말미암아 더욱 근심하고 배에까지 그를

전송하니라

바울이 예루살렘으로 가다

21 우리가 그들을 작별하고 배를 타고 바

로 고스로 가서 이튿날 로도에 이르러

거기서부터 바다라로 가서

2 베니게로 건너가는 배를 만나서 타고

가다가

3 구브로를 바라보고 이를 왼편에 두고

수리아로 항해하여 두로에서 상륙하니

거기서 배의 짐을 풀려 함이러라

4 제자들을 찾아 거기서 이레를 머물더니

그 제자들이 성령의 감동으로 바울더러

예루살렘에 들어가지 말라 하더라

5 이 여러 날을 지낸 후 우리가 떠나갈새

그들이 다 그 처자와 함께 성문 밖까지

전송하거늘 우리가 바닷가에서 무릎을

꿇어 기도하고

6 서로 작별한 후 우리는 배에 오르고 그

들은 집으로 돌아가니라

7 두로를 떠나 항해를 다 마치고 돌레마이에 이르러 형제들에게 안부를 묻고 그들과 함께 하루를 있다가

8 이튿날 떠나 가이사랴에 이르러 일곱 집사 중 하나인 전도자 빌립의 집에 들어가서 머무르니라

9 그에게 딸 넷이 있으니 처녀로 예언하는 자라

10 여러 날 머물러 있더니 아가보라 하는 한 선지자가 유대로부터 내려와

11 우리에게 와서 바울의 띠를 가져다가 자기 수족을 잡아매고 말하기를 성령이 말씀하시되 예루살렘에서 유대인들이 이같이 이 띠 임자를 결박하여 이방인의 손에 넘겨 주리라 하거늘

12 우리가 그 말을 듣고 그 곳 사람들과 더불어 바울에게 예루살렘으로 올라가지 말라 권하니

13 바울이 대답하되 여러분이 어찌하여 울어 내 마음을 상하게 하느냐 나는 주 예수의 이름을 위하여 결박 당할 뿐 아니라 예루살렘에서 죽을 것도 각오하였노라 하니

14 그가 권함을 받지 아니하므로 우리가 주의 뜻대로 이루어지이다 하고 그쳤노라

15 이 여러 날 후에 여장을 꾸려 예루살렘으로 올라갈새

16 가이사랴의 몇 제자가 함께 가며 한 오랜 제자 구브로 사람 나손을 데리고 가니 이는 우리가 그의 집에 머물려 함이라

바울이 야고보를 방문하다

17 예루살렘에 이르니 형제들이 우리를 기꺼이 영접하거늘

18 그 이튿날 바울이 우리와 함께 야고보에게로 들어가니 장로들도 다 있더라

19 바울이 문안하고 하나님이 자기의 사역으로 말미암아 이방 가운데서 하신 일을 낱낱이 말하니

20 그들이 듣고 하나님께 영광을 돌리고 바울더러 이르되 형제여 그대도 보는 바에 유대인 중에 믿는 자 수만 명이 있으니 다 율법에 열성을 가진 자라

21 네가 이방에 있는 모든 유대인을 가르치되 모세를 배반하고 아들들에게 할례를 행하지 말고 또 관습을 지키지 말라 한다 함을 그들이 들었도다

22 그러면 어찌할꼬 그들이 필연 그대가 온 것을 들으리니

23 우리가 말하는 이대로 하라 서원한 네 사람이 우리에게 있으니

24 그들을 데리고 함께 결례를 행하고 그들을 위하여 비용을 내어 머리를 깎게 하라 그러면 모든 사람이 그대에 대하여 들은 것이 사실이 아니고 그대도 율법을 지켜 행하는 줄로 알 것이라

25 주를 믿는 이방인에게는 우리가 우상의 제물과 피와 목매어 죽인 것과 음행을 피할 것을 결의하고 편지하였느니라 하니

26 바울이 이 사람들을 데리고 이튿날 그들과 함께 결례를 행하고 성전에 들어가서 각 사람을 위하여 제사 드릴 때까지의 결례 기간이 만기된 것을 신고하니라

바울이 잡히다

27 그 이레가 거의 차매 아시아로부터 온 유대인들이 성전에서 바울을 보고 모든 무리를 충동하여 그를 붙들고

28 외치되 이스라엘 사람들아 도우라 이 사람은 각처에서 우리 백성과 율법과 이 곳을 비방하여 모든 사람을 가르치

는 그 자인데 또 헬라인을 데리고 성전

에 들어가서 이 거룩한 곳을 더럽혔다

하니

29 이는 그들이 전에 에베소 사람 드로비

모가 바울과 함께 시내에 있음을 보고

바울이 그를 성전에 데리고 들어간 줄

로 생각함이러라

30 온 성이 소동하여 백성이 달려와 모여

바울을 잡아 성전 밖으로 끌고 나가니

문들이 곧 닫히더라

31 그들이 그를 죽이려 할 때에 온 예루살

렘이 요란하다는 소문이 군대의 천부장

에게 들리매

32 그가 급히 군인들과 백부장들을 거느리

고 달려 내려가니 그들이 천부장과 군

인들을 보고 바울 치기를 그치는지라

33 이에 천부장이 가까이 가서 바울을 잡

아 두 쇠사슬로 결박하라 명하고 그가

누구이며 그가 무슨 일을 하였느냐 물

으니

34 무리 가운데서 어떤 이는 이런 말로,

어떤 이는 저런 말로 소리 치거늘 천부

장이 소동으로 말미암아 진상을 알 수

없어 그를 영내로 데려가라 명하니라

35 바울이 층대에 이를 때에 무리의 폭행

으로 말미암아 군사들에게 들려가니

36 이는 백성의 무리가 그를 없이하자고

외치며 따라 감이러라

바울이 백성에게 말하다

37 바울을 데리고 영내로 들어가려 할 그

때에 바울이 천부장에게 이르되 내가

당신에게 말할 수 있느냐 이르되 네가

헬라 말을 아느냐

38 그러면 네가 이전에 소요를 일으켜 자

객 사천 명을 거느리고 광야로 가던 애

굽인이 아니냐

39 바울이 이르되 나는 유대인이라 소읍이

아닌 길리기아 다소 시의 시민이니 청

컨대 백성에게 말하기를 허락하라 하니

40 천부장이 허락하거늘 바울이 충대 위에

서서 백성에게 손짓하여 매우 조용히

한 후에 히브리 말로 말하니라

22 부형들아 내가 지금 여러분 앞에서 변

명하는 말을 들으라

바울이 변명하다 (행 9:1-19; 26:12-18)

2 그들이 그가 히브리 말로 말함을 듣고

더욱 조용한지라 이어 이르되

3 나는 유대인으로 길리기아 다소에서 났

고 이 성에서 자라 가말리엘의 문하에

서 우리 조상들의 율법의 엄한 교훈을

받았고 오늘 너희 모든 사람처럼 하나

님께 대하여 열심이 있는 자라

4 내가 이 도를 박해하여 사람을 죽이기

까지 하고 남녀를 결박하여 옥에 넘겼

노니

5 이에 대제사장과 모든 장로들이 내 증

인이라 또 내가 그들에게서 다메섹 형

제들에게 가는 공문을 받아 가지고 거

기 있는 자들도 결박하여 예루살렘으로

끌어다가 형벌 받게 하려고 가더니

6 가는 중 다메섹에 가까이 갔을 때에 오

정쯤 되어 홀연히 하늘로부터 큰 빛이

나를 둘러 비치매

7 내가 땅에 엎드러져 들으니 소리 있어

이르되 사울아 사울아 네가 왜 나를 박

해하느냐 하시거늘

8 내가 대답하되 주님 누구시니이까 하니

이르시되 나는 네가 박해하는 나사렛

예수라 하시더라

9 나와 함께 있는 사람들이 빛은 보면서

도 나에게 말씀하시는 이의 소리는 듣

지 못하더라

10 내가 이르되 주님 무엇을 하리이까 주께서 이르시되 일어나 다메섹으로 들어가라 네가 해야 할 모든 것을 거기서 누가 이르리라 하시거늘

11 나는 그 빛의 광채로 말미암아 볼 수 없게 되었으므로 나와 함께 있는 사람들의 손에 끌려 다메섹에 들어갔노라

12 율법에 따라 경건한 사람으로 거기 사는 모든 유대인들에게 칭찬을 듣는 아나니아라 하는 이가

13 내게 와 곁에 서서 말하되 형제 사울아 다시 보라 하거늘 즉시 그를 쳐다보았노라

14 그가 또 이르되 우리 조상들의 하나님이 너를 택하여 너로 하여금 자기 뜻을 알게 하시며 그 의인을 보게 하시고 그 입에서 나오는 음성을 듣게 하셨으니

15 네가 그를 위하여 모든 사람 앞에서 네가 보고 들은 것에 증인이 되리라

16 이제는 왜 주저하느냐 일어나 주의 이름을 불러 세례를 받고 너의 죄를 씻으라 하더라

17 후에 내가 예루살렘으로 돌아와서 성전에서 기도할 때에 황홀한 중에

18 보매 주께서 내게 말씀하시되 속히 예루살렘에서 나가라 그들은 네가 내게 대하여 증언하는 말을 듣지 아니하리라 하시거늘

19 내가 말하기를 주님 내가 주를 믿는 사람들을 가두고 또 각 회당에서 때리고

20 또 주의 증인 스데반이 피를 흘릴 때에 내가 곁에 서서 찬성하고 그 죽이는 사람들의 옷을 지킨 줄 그들도 아나이다

21 나더러 또 이르시되 떠나가라 내가 너를 멀리 이방인에게로 보내리라 하셨느

니라

22 이 말하는 것까지 그들이 듣다가 소리 질러 이르되 이러한 자는 세상에서 없애 버리자 살려 둘 자가 아니라 하여

23 떠들며 옷을 벗어 던지고 티끌을 공중에 날리니

24 천부장이 바울을 영내로 데려가라 명하고 그들이 무슨 일로 그에 대하여 떠드는지 알고자 하여 채찍질하며 심문하라 한대

25 가죽 줄로 바울을 매니 바울이 곁에 서 있는 백부장더러 이르되 너희가 로마 시민 된 자를 죄도 정하지 아니하고 채찍질할 수 있느냐 하니

26 백부장이 듣고 가서 천부장에게 전하여 이르되 어찌하려 하느냐 이는 로마 시민이라 하니

27 천부장이 와서 바울에게 말하되 네가

로마 시민이냐 내게 말하라 이르되 그러하다

28 천부장이 대답하되 나는 돈을 많이 들여 이 시민권을 얻었노라 바울이 이르되 나는 나면서부터라 하니

29 심문하려던 사람들이 곧 그에게서 물러가고 천부장도 그가 로마 시민인 줄 알고 또 그 결박한 것 때문에 두려워하니라

바울이 공회 앞에서 증언하다

30 이튿날 천부장은 유대인들이 무슨 일로 그를 고발하는지 진상을 알고자 하여 그 결박을 풀고 명하여 제사장들과 온 공회를 모으고 바울을 데리고 내려가서 그들 앞에 세우니라

23 바울이 공회를 주목하여 이르되 여러분 형제들아 오늘까지 나는 범사에 양심을 따라 하나님을 섬겼노라 하거늘

2 대제사장 아나니아가 바울 곁에 서 있는 사람들에게 그 입을 치라 명하니

3 바울이 이르되 회칠한 담이여 하나님이 너를 치시리로다 네가 나를 율법대로 심판한다고 앉아서 율법을 어기고 나를 치라 하느냐 하니

4 곁에 선 사람들이 말하되 하나님의 대제사장을 네가 욕하느냐

5 바울이 이르되 형제들아 나는 그가 대제사장인 줄 알지 못하였노라 기록하였으되 너의 백성의 관리를 비방하지 말라 하였느니라 하더라

6 바울이 그 중 일부는 사두개인이요 다른 일부는 바리새인인 줄 알고 공회에서 외쳐 이르되 여러분 형제들아 나는 바리새인이요 또 바리새인의 아들이라 죽은 자의 소망 곧 부활로 말미암아 내가 심문을 받노라

7 그 말을 한즉 바리새인과 사두개인 사이에 다툼이 생겨 무리가 나누어지니

8 이는 사두개인은 부활도 없고 천사도 없고 영도 없다 하고 바리새인은 다 있다 함이라

9 크게 떠들새 바리새인 편에서 몇 서기관이 일어나 다투어 이르되 우리가 이 사람을 보니 악한 것이 없도다 혹 영이나 혹 천사가 그에게 말하였으면 어찌하겠느냐 하여

10 큰 분쟁이 생기니 천부장은 바울이 그들에게 찢겨질까 하여 군인을 명하여 내려가 무리 가운데서 빼앗아 가지고 영내로 들어가라 하니라

11 그 날 밤에 주께서 바울 곁에 서서 이르시되 담대하라 네가 예루살렘에서 나의 일을 증언한 것 같이 로마에서도 증언하여야 하리라 하시니라

바울을 죽이려는 간계

12 날이 새매 유대인들이 당을 지어 맹세하되 바울을 죽이기 전에는 먹지도 아니하고 마시지도 아니하겠다 하고

13 이같이 동맹한 자가 사십여 명이더라

14 대제사장들과 장로들에게 가서 말하되 우리가 바울을 죽이기 전에는 아무 것도 먹지 않기로 굳게 맹세하였으니

15 이제 너희는 그의 사실을 더 자세히 물어보려는 척하면서 공회와 함께 천부장에게 청하여 바울을 너희에게로 데리고 내려오게 하라 우리는 그가 가까이 오기 전에 죽이기로 준비하였노라 하더니

16 바울의 생질이 그들이 매복하여 있다 함을 듣고 와서 영내에 들어가 바울에게 알린지라

17 바울이 한 백부장을 청하여 이르되 이 청년을 천부장에게로 인도하라 그에게

무슨 할 말이 있다 하니

18 천부장에게로 데리고 가서 이르되 죄수 바울이 나를 불러 이 청년이 당신께 할 말이 있다 하여 데리고 가기를 청하더이다 하매

19 천부장이 그의 손을 잡고 물러가서 조용히 묻되 내게 할 말이 무엇이냐

20 대답하되 유대인들이 공모하기를 그들이 바울에 대하여 더 자세한 것을 묻기 위함이라 하고 내일 그를 데리고 공회로 내려오기를 당신께 청하자 하였으니

21 당신은 그들의 청함을 따르지 마옵소서 그들 중에서 바울을 죽이기 전에는 먹지도 않고 마시지도 않기로 맹세한 자 사십여 명이 그를 죽이려고 숨어서 지금 다 준비하고 당신의 허락만 기다리나이다 하니

22 이에 천부장이 청년을 보내며 경계하되

이 일을 내게 알렸다고 아무에게도 이르지 말라 하고

23 백부장 둘을 불러 이르되 밤 제 삼 시에 가이사랴까지 갈 보병 이백 명과 기병 칠십 명과 창병 이백 명을 준비하라 하고

24 또 바울을 태워 총독 벨릭스에게로 무사히 보내기 위하여 짐승을 준비하라 명하며

25 또 이 아래와 같이 편지하니 일렀으되

26 글라우디오 루시아는 총독 벨릭스 각하께 문안하나이다

27 이 사람이 유대인들에게 잡혀 죽게 된 것을 내가 로마 사람인 줄 들어 알고 군대를 거느리고 가서 구원하여다가

28 유대인들이 무슨 일로 그를 고발하는지 알고자 하여 그들의 공회로 데리고 내려갔더니

29 고발하는 것이 그들의 율법 문제에 관한 것뿐이요 한 가지도 죽이거나 결박할 사유가 없음을 발견하였나이다

30 그러나 이 사람을 해하려는 간계가 있다고 누가 내게 알려 주기로 곧 당신께로 보내며 또 고발하는 사람들도 당신 앞에서 그에 대하여 말하라 하였나이다 하였더라

바울을 벨릭스 총독 앞에 세우다

31 보병이 명을 받은 대로 밤에 바울을 데리고 안디바드리에 이르러

32 이튿날 기병으로 바울을 호송하게 하고 영내로 돌아가니라

33 그들이 가이사랴에 들어가서 편지를 총독에게 드리고 바울을 그 앞에 세우니

34 총독이 읽고 바울더러 어느 영지 사람이냐 물어 길리기아 사람인 줄 알고

35 이르되 너를 고발하는 사람들이 오거든

네 말을 들으리라 하고 헤롯 궁에 그를

지키라 명하니라

바울을 고발하다

24 닷새 후에 대제사장 아나니아가 어떤

장로들과 한 변호사 더둘로와 함께 내

려와서 총독 앞에서 바울을 고발하니라

2 바울을 부르매 더둘로가 고발하여 이

르되

3 벨릭스 각하여 우리가 당신을 힘입어

태평을 누리고 또 이 민족이 당신의 선

견으로 말미암아 여러 가지로 개선된

것을 우리가 어느 모양으로나 어느 곳

에서나 크게 감사하나이다

4 당신을 더 괴롭게 아니하려 하여 우리

가 대강 여짜옵나니 관용하여 들으시기

를 원하나이다

5 우리가 보니 이 사람은 전염병 같은 자

라 천하에 흩어진 유대인을 다 소요하

게 하는 자요 나사렛 이단의 우두머리라

6 그가 또 성전을 더럽게 하려 하므로 우

리가 잡았사오니 (6하반-8상반 없음)

8 당신이 친히 그를 심문하시면 우리가

고발하는 이 모든 일을 아실 수 있나이

다 하니

9 유대인들도 이에 참가하여 이 말이 옳

다 주장하니라

바울이 변명하다

10 총독이 바울에게 머리로 표시하여 말하

라 하니 그가 대답하되 당신이 여러 해

전부터 이 민족의 재판장 된 것을 내가

알고 내 사건에 대하여 기꺼이 변명하

나이다

11 당신이 아실 수 있는 바와 같이 내가

예루살렘에 예배하러 올라간 지 열이틀

밖에 안 되었고

12 그들은 내가 성전에서 누구와 변론하는 것이나 회당 또는 시중에서 무리를 소동하게 하는 것을 보지 못하였으니

13 이제 나를 고발하는 모든 일에 대하여 그들이 능히 당신 앞에 내세울 것이 없나이다

14 그러나 이것을 당신께 고백하리이다 나는 그들이 이단이라 하는 도를 따라 조상의 하나님을 섬기고 율법과 선지자들의 글에 기록된 것을 다 믿으며

15 그들이 기다리는 바 하나님께 향한 소망을 나도 가졌으니 곧 의인과 악인의 부활이 있으리라 함이니이다

16 이것으로 말미암아 나도 하나님과 사람에 대하여 항상 양심에 거리낌이 없기를 힘쓰나이다

17 여러 해 만에 내가 내 민족을 구제할 것과 제물을 가지고 와서

18 드리는 중에 내가 결례를 행하였고 모임도 없고 소동도 없이 성전에 있는 것을 그들이 보았나이다 그러나 아시아로부터 온 어떤 유대인들이 있었으니

19 그들이 만일 나를 반대할 사건이 있으면 마땅히 당신 앞에 와서 고발하였을 것이요

20 그렇지 않으면 이 사람들이 내가 공회 앞에 섰을 때에 무슨 옳지 않은 것을 보았는가 말하라 하소서

21 오직 내가 그들 가운데 서서 외치기를 내가 죽은 자의 부활에 대하여 오늘 너희 앞에 심문을 받는다고 한 이 한 소리만 있을 따름이니이다 하니

22 벨릭스가 이 도에 관한 것을 더 자세히 아는 고로 연기하여 이르되 천부장 루시아가 내려오거든 너희 일을 처결하리라 하고

23 백부장에게 명하여 바울을 지키되 자유

를 주고 그의 친구들이 그를 돌보아 주

는 것을 금하지 말라 하니라

바울이 감옥에 갇혀 지내다

24 수일 후에 벨릭스가 그 아내 유대 여자

드루실라와 함께 와서 바울을 불러 그

리스도 예수 믿는 도를 듣거늘

25 바울이 의와 절제와 장차 오는 심판을

강론하니 벨릭스가 두려워하여 대답하

되 지금은 가라 내가 틈이 있으면 너를

부르리라 하고

26 동시에 또 바울에게서 돈을 받을까 바

라는 고로 더 자주 불러 같이 이야기하

더라

27 이태가 지난 후 보르기오 베스도가 벨

릭스의 소임을 이어받으니 벨릭스가 유

대인의 마음을 얻고자 하여 바울을 구

류하여 두니라

바울이 가이사에게 상소하다

25 베스도가 부임한 지 삼 일 후에 가이

사랴에서 예루살렘으로 올라가니

2 대제사장들과 유대인 중 높은 사람들이

바울을 고소할새

3 베스도의 호의로 바울을 예루살렘으로

옮기기를 청하니 이는 길에 매복하였다

가 그를 죽이고자 함이더라

4 베스도가 대답하여 바울이 가이사랴에

구류된 것과 자기도 멀지 않아 떠나갈

것을 말하고

5 또 이르되 너희 중 유력한 자들은 나와

함께 내려가서 그 사람에게 만일 옳지

아니한 일이 있거든 고발하라 하니라

6 베스도가 그들 가운데서 팔 일 혹은 십

일을 지낸 후 가이사랴로 내려가서 이

튿날 재판 자리에 앉고 바울을 데려오

라 명하니

7 그가 나오매 예루살렘에서 내려온 유대

인들이 둘러서서 여러 가지 중대한 사

건으로 고발하되 능히 증거를 대지 못

한지라

8 바울이 변명하여 이르되 유대인의 율법

이나 성전이나 가이사에게나 내가 도무

지 죄를 범하지 아니하였노라 하니

9 베스도가 유대인의 마음을 얻고자 하여

바울더러 묻되 네가 예루살렘에 올라가

서 이 사건에 대하여 내 앞에서 심문을

받으려느냐

10 바울이 이르되 내가 가이사의 재판 자

리 앞에 섰으니 마땅히 거기서 심문을

받을 것이라 당신도 잘 아시는 바와 같

이 내가 유대인들에게 불의를 행한 일

이 없나이다

11 만일 내가 불의를 행하여 무슨 죽을 죄

를 지었으면 죽기를 사양하지 아니할

것이나 만일 이 사람들이 나를 고발하

는 것이 다 사실이 아니면 아무도 나를

그들에게 내줄 수 없나이다 내가 가이

사께 상소하노라 한대

12 베스도가 배석자들과 상의하고 이르되

네가 가이사에게 상소하였으니 가이사

에게 갈 것이라 하니라

바울이 아그립바 왕과 버니게 앞에 서다

13 수일 후에 아그립바 왕과 버니게가 베

스도에게 문안하러 가이사랴에 와서

14 여러 날을 있더니 베스도가 바울의 일

로 왕에게 고하여 이르되 벨릭스가 한

사람을 구류하여 두었는데

15 내가 예루살렘에 있을 때에 유대인의

대제사장들과 장로들이 그를 고소하여

정죄하기를 청하기에

16 내가 대답하되 무릇 피고가 원고들 앞

에서 고소 사건에 대하여 변명할 기회

가 있기 전에 내주는 것은 로마 사람의

법이 아니라 하였노라

17 그러므로 그들이 나와 함께 여기 오매

내가 지체하지 아니하고 이튿날 재판

자리에 앉아 명하여 그 사람을 데려왔

으나

18 원고들이 서서 내가 짐작하던 것 같은

악행의 혐의는 하나도 제시하지 아니

하고

19 오직 자기들의 종교와 또는 예수라 하

는 이가 죽은 것을 살아 있다고 바울이

주장하는 그 일에 관한 문제로 고발하

는 것뿐이라

20 내가 이 일에 대하여 어떻게 심리할는

지 몰라서 바울에게 묻되 예루살렘에

올라가서 이 일에 심문을 받으려느냐

한즉

21 바울은 황제의 판결을 받도록 자기를

지켜 주기를 호소하므로 내가 그를 가

이사에게 보내기까지 지켜 두라 명하였

노라 하니

22 아그립바가 베스도에게 이르되 나도 이

사람의 말을 듣고자 하노라 베스도가

이르되 내일 들으시리이다 하더라

23 이튿날 아그립바와 버니게가 크게 위엄

을 갖추고 와서 천부장들과 시중의 높

은 사람들과 함께 접견 장소에 들어오

고 베스도의 명으로 바울을 데려오니

24 베스도가 말하되 아그립바 왕과 여기

같이 있는 여러분이여 당신들이 보는

이 사람은 유대의 모든 무리가 크게 외

치되 살려 두지 못할 사람이라고 하여

예루살렘에서와 여기서도 내게 청원하

였으나

25 내가 살피건대 죽일 죄를 범한 일이 없

더이다 그러나 그가 황제에게 상소한

고로 보내기로 결정하였나이다

26 그에 대하여 황제께 확실한 사실을 아

뢸 것이 없으므로 심문한 후 상소할 자

료가 있을까 하여 당신들 앞 특히 아그

립바 왕 당신 앞에 그를 내세웠나이다

27 그 죄목도 밝히지 아니하고 죄수를 보

내는 것이 무리한 일인 줄 아나이다 하

였더라

바울이 변명하다 (행 9:1-19; 22:6-16)

26 아그립바가 바울에게 이르되 너를 위

하여 말하기를 네게 허락하노라 하니

이에 바울이 손을 들어 변명하되

2 아그립바 왕이여 유대인이 고발하는 모

든 일을 오늘 당신 앞에서 변명하게 된

것을 다행히 여기나이다

3 특히 당신이 유대인의 모든 풍속과 문

제를 아심이니이다 그러므로 내 말을

너그러이 들으시기를 바라나이다

4 내가 처음부터 내 민족과 더불어 예루

살렘에서 젊었을 때 생활한 상황을 유

대인이 다 아는 바라

5 일찍부터 나를 알았으니 그들이 증언

하려 하면 내가 우리 종교의 가장 엄한

파를 따라 바리새인의 생활을 하였다고

할 것이라

6 이제도 여기 서서 심문 받는 것은 하나

님이 우리 조상에게 약속하신 것을 바

라는 까닭이니

7 이 약속은 우리 열두 지파가 밤낮으로

간절히 하나님을 받들어 섬김으로 얻기

를 바라는 바인데 아그립바 왕이여 이

소망으로 말미암아 내가 유대인들에게

고소를 당하는 것이니이다

8 당신들은 하나님이 죽은 사람을 살리

심을 어찌하여 못 믿을 것으로 여기나

이까

9 나도 나사렛 예수의 이름을 대적하여 많은 일을 행하여야 될 줄 스스로 생각하고

10 예루살렘에서 이런 일을 행하여 대제사장들에게서 권한을 받아 가지고 많은 성도를 옥에 가두며 또 죽일 때에 내가 찬성 투표를 하였고

11 또 모든 회당에서 여러 번 형벌하여 강제로 모독하는 말을 하게 하고 그들에 대하여 심히 격분하여 외국 성에까지 가서 박해하였고

12 그 일로 대제사장들의 권한과 위임을 받고 다메섹으로 갔나이다

13 왕이여 정오가 되어 길에서 보니 하늘로부터 해보다 더 밝은 빛이 나와 내 동행들을 둘러 비추는지라

14 우리가 다 땅에 엎드러지매 내가 소리를 들으니 히브리 말로 이르되 사울아 사울아 네가 어찌하여 나를 박해하느냐 가시채를 뒷발질하기가 네게 고생이니라

15 내가 대답하되 주님 누구시니이까 주께서 이르시되 나는 네가 박해하는 예수라

16 일어나 너의 발로 서라 내가 네게 나타난 것은 곧 네가 나를 본 일과 장차 내가 네게 나타날 일에 너로 종과 증인을 삼으려 함이니

17 이스라엘과 이방인들에게서 내가 너를 구원하여 그들에게 보내어

18 그 눈을 뜨게 하여 어둠에서 빛으로, 사탄의 권세에서 하나님께로 돌아오게 하고 죄 사함과 나를 믿어 거룩하게 된 무리 가운데서 기업을 얻게 하리라 하더이다

19 아그립바 왕이여 그러므로 하늘에서 보이신 것을 내가 거스르지 아니하고

20 먼저 다메섹과 예루살렘에 있는 사람과 유대 온 땅과 이방인에게까지 회개하고 하나님께로 돌아와서 회개에 합당한 일을 하라 전하므로

21 유대인들이 성전에서 나를 잡아 죽이고자 하였으나

22 하나님의 도우심을 받아 내가 오늘까지 서서 높고 낮은 사람 앞에서 증언하는 것은 선지자들과 모세가 반드시 되리라고 말한 것밖에 없으니

23 곧 그리스도가 고난을 받으실 것과 죽은 자 가운데서 먼저 다시 살아나사 이스라엘과 이방인들에게 빛을 전하시리라 함이니이다 하니라

바울이 아그립바 왕에게 전도하다

24 바울이 이같이 변명하매 베스도가 크게 소리 내어 이르되 바울아 네가 미쳤도다 네 많은 학문이 너를 미치게 한다 하니

25 바울이 이르되 베스도 각하여 내가 미친 것이 아니요 참되고 온전한 말을 하나이다

26 왕께서는 이 일을 아시기로 내가 왕께 담대히 말하노니 이 일에 하나라도 아시지 못함이 없는 줄 믿나이다 이 일은 한쪽 구석에서 행한 것이 아니니이다

27 아그립바 왕이여 선지자를 믿으시나이까 믿으시는 줄 아나이다

28 아그립바가 바울에게 이르되 네가 적은 말로 나를 권하여 그리스도인이 되게 하려 하는도다

29 바울이 이르되 말이 적으나 많으나 당신뿐만 아니라 오늘 내 말을 듣는 모든 사람도 다 이렇게 결박된 것 외에는 나와 같이 되기를 하나님께 원하나이다 하니라

30 왕과 총독과 버니게와 그 함께 앉은 사

람들이 다 일어나서

31 물러가 서로 말하되 이 사람은 사형이나

결박을 당할 만한 행위가 없다 하더라

32 이에 아그립바가 베스도에게 이르되 이

사람이 만일 가이사에게 상소하지 아니

하였더라면 석방될 수 있을 뻔하였다

하니라

바울이 로마로 압송되다

27 우리가 배를 타고 이달리야에 가기로

작정되매 바울과 다른 죄수 몇 사람을

아구스도대의 백부장 율리오란 사람에

게 맡기니

2 아시아 해변 각처로 가려 하는 아드라

뭇데노 배에 우리가 올라 항해할새 마

게도냐의 데살로니가 사람 아리스다고

도 함께 하니라

3 이튿날 시돈에 대니 율리오가 바울을

친절히 대하여 친구들에게 가서 대접

받기를 허락하더니

4 또 거기서 우리가 떠나가다가 맞바람을

피하여 구브로 해안을 의지하고 항해

하여

5 길리기아와 밤빌리아 바다를 건너 루기

아의 무라 시에 이르러

6 거기서 백부장이 이달리야로 가려 하는

알렉산드리아 배를 만나 우리를 오르게

하니

7 배가 더디 가 여러 날 만에 간신히 니

도 맞은편에 이르러 풍세가 더 허락하

지 아니하므로 살모네 앞을 지나 그레

데 해안을 바람막이로 항해하여

8 간신히 그 연안을 지나 미항이라는 곳

에 이르니 라새아 시에서 가깝더라

9 여러 날이 걸려 금식하는 절기가 이미

지났으므로 항해하기가 위태한지라 바

울이 그들을 권하여

10 말하되 여러분이여 내가 보니 이번 항

해가 하물과 배만 아니라 우리 생명에

도 타격과 많은 손해를 끼치리라 하되

11 백부장이 선장과 선주의 말을 바울의

말보다 더 믿더라

12 그 항구가 겨울을 지내기에 불편하므로

거기서 떠나 아무쪼록 뵈닉스에 가서

겨울을 지내자 하는 자가 더 많으니 뵈

닉스는 그레데 항구라 한쪽은 서남을,

한쪽은 서북을 향하였더라

13 남풍이 순하게 불매 그들이 뜻을 이룬

줄 알고 닻을 감아 그레데 해변을 끼고

항해하더니

14 얼마 안 되어 섬 가운데로부터 유라굴

로라는 광풍이 크게 일어나니

15 배가 밀려 바람을 맞추어 갈 수 없어

가는 대로 두고 쫓겨가다가

16 가우다라는 작은 섬 아래로 지나 간신

히 거루를 잡아

17 끌어 올리고 줄을 가지고 선체를 둘러

감고 스르디스에 걸릴까 두려워하여 연

장을 내리고 그냥 쫓겨가더니

18 우리가 풍랑으로 심히 애쓰다가 이튿날

사공들이 짐을 바다에 풀어 버리고

19 사흘째 되는 날에 배의 기구를 그들의

손으로 내버리니라

20 여러 날 동안 해도 별도 보이지 아니하

고 큰 풍랑이 그대로 있으매 구원의 여

망마저 없어졌더라

21 여러 사람이 오래 먹지 못하였으매 바

울이 가운데 서서 말하되 여러분이여

내 말을 듣고 그레데에서 떠나지 아니

하여 이 타격과 손상을 면하였더라면

좋을 뻔하였느니라

22 내가 너희를 권하노니 이제는 안심하라

너희 중 아무도 생명에는 아무런 손상이 없겠고 오직 배뿐이리라

23 내가 속한 바 곧 내가 섬기는 하나님의 사자가 어제 밤에 내 곁에 서서 말하되

24 바울아 두려워하지 말라 네가 가이사 앞에 서야 하겠고 또 하나님께서 너와 함께 항해하는 자를 다 네게 주셨다 하였으니

25 그러므로 여러분이여 안심하라 나는 내게 말씀하신 그대로 되리라고 하나님을 믿노라

26 그런즉 우리가 반드시 한 섬에 걸리리라 하더라

풍랑으로 배가 깨어지다

27 열나흘째 되는 날 밤에 우리가 아드리아 바다에서 이리 저리 쫓겨가다가 자정쯤 되어 사공들이 어느 육지에 가까워지는 줄을 짐작하고

28 물을 재어 보니 스무 길이 되고 조금 가다가 다시 재니 열다섯 길이라

29 암초에 걸릴까 하여 고물로 닻 넷을 내리고 날이 새기를 고대하니라

30 사공들이 도망하고자 하여 이물에서 닻을 내리는 체하고 거룻배를 바다에 내려 놓거늘

31 바울이 백부장과 군인들에게 이르되 이 사람들이 배에 있지 아니하면 너희가 구원을 얻지 못하리라 하니

32 이에 군인들이 거룻줄을 끊어 떼어 버리니라

33 날이 새어 가매 바울이 여러 사람에게 음식 먹기를 권하여 이르되 너희가 기다리고 기다리며 먹지 못하고 주린 지가 오늘까지 열나흘인즉

34 음식 먹기를 권하노니 이것이 너희의 구원을 위하는 것이요 너희 중 머리카

92

락 하나도 잃을 자가 없으리라 하고

35 떡을 가져다가 모든 사람 앞에서 하나

님께 축사하고 떼어 먹기를 시작하매

36 그들도 다 안심하고 받아 먹으니

37 배에 있는 우리의 수는 전부 이백칠십

육 명이더라

38 배부르게 먹고 밀을 바다에 버려 배를

가볍게 하였더니

39 날이 새매 어느 땅인지 알지 못하나 경

사진 해안으로 된 항만이 눈에 띄거늘

배를 거기에 들여다 댈 수 있는가 의논

한 후

40 닻을 끊어 바다에 버리는 동시에 키를

풀어 늦추고 돛을 달고 바람에 맞추어

해안을 향하여 들어가다가

41 두 물이 합하여 흐르는 곳을 만나 배를

걸매 이물은 부딪쳐 움직일 수 없이 붙

고 고물은 큰 물결에 깨어져 가니

42 군인들은 죄수가 헤엄쳐서 도망할까 하

여 그들을 죽이는 것이 좋다 하였으나

43 백부장이 바울을 구원하려 하여 그들의

뜻을 막고 헤엄칠 줄 아는 사람들을 명

하여 물에 뛰어내려 먼저 육지에 나가

게 하고

44 그 남은 사람들은 널조각 혹은 배 물건

에 의지하여 나가게 하니 마침내 사람

들이 다 상륙하여 구조되니라

멜리데 섬에 오르다

28 우리가 구조된 후에 안즉 그 섬은 멜

리데라 하더라

2 비가 오고 날이 차매 원주민들이 우리

에게 특별한 동정을 하여 불을 피워 우

리를 다 영접하더라

3 바울이 나무 한 묶음을 거두어 불에 넣

으니 뜨거움으로 말미암아 독사가 나와

그 손을 물고 있는지라

4 원주민들이 이 짐승이 그 손에 매달려

있음을 보고 서로 말하되 진실로 이 사

람은 살인한 자로다 바다에서는 구조를

받았으나 공의가 그를 살지 못하게 함

이로다 하더니

5 바울이 그 짐승을 불에 떨어 버리매 조

금도 상함이 없더라

6 그들은 그가 붓든지 혹은 갑자기 쓰러

져 죽을 줄로 기다렸다가 오래 기다려

도 그에게 아무 이상이 없음을 보고 돌

이켜 생각하여 말하되 그를 신이라 하

더라

7 이 섬에서 가장 높은 사람 보블리오라

하는 이가 그 근처에 토지가 있는지라

그가 우리를 영접하여 사흘이나 친절히

머물게 하더니

8 보블리오의 부친이 열병과 이질에 걸려

누워 있거늘 바울이 들어가서 기도하고

그에게 안수하여 낫게 하매

9 이러므로 섬 가운데 다른 병든 사람들

이 와서 고침을 받고

10 후한 예로 우리를 대접하고 떠날 때에

우리 쓸 것을 배에 실었더라

바울이 로마로 가다

11 석 달 후에 우리가 그 섬에서 겨울을

난 알렉산드리아 배를 타고 떠나니 그

배의 머리 장식은 디오스구로라

12 수라구사에 대고 사흘을 있다가

13 거기서 둘러가서 레기온에 이르러 하루

를 지낸 후 남풍이 일어나므로 이튿날

보디올에 이르러

14 거기서 형제들을 만나 그들의 청함을

받아 이레를 함께 머무니라 그래서 우

리는 이와 같이 로마로 가니라

15 그 곳 형제들이 우리 소식을 듣고 압비

오 광장과 트레스 타베르네까지 맞으

94

러 오니 바울이 그들을 보고 하나님께

감사하고 담대한 마음을 얻으니라

바울이 로마에서 전도하다

16 우리가 로마에 들어가니 바울에게는 자

기를 지키는 한 군인과 함께 따로 있게

허락하더라

17 사흘 후에 바울이 유대인 중 높은 사람

들을 청하여 그들이 모인 후에 이르되

여러분 형제들아 내가 이스라엘 백성이

나 우리 조상의 관습을 배척한 일이 없

는데 예루살렘에서 로마인의 손에 죄수

로 내준 바 되었으니

18 로마인은 나를 심문하여 죽일 죄목이

없으므로 석방하려 하였으나

19 유대인들이 반대하기로 내가 마지 못하

여 가이사에게 상소함이요 내 민족을

고발하려는 것이 아니니라

20 이러므로 너희를 보고 함께 이야기하려

고 청하였으니 이스라엘의 소망으로 말

미암아 내가 이 쇠사슬에 매인 바 되었

노라

21 그들이 이르되 우리가 유대에서 네게

대한 편지도 받은 일이 없고 또 형제

중 누가 와서 네게 대하여 좋지 못한

것을 전하든지 이야기한 일도 없느니라

22 이에 우리가 너의 사상이 어떠한가 듣고

자 하니 이 파에 대하여는 어디서든지

반대를 받는 줄 알기 때문이라 하더라

23 그들이 날짜를 정하고 그가 유숙하는

집에 많이 오니 바울이 아침부터 저녁

까지 강론하여 하나님의 나라를 증언하

고 모세의 율법과 선지자의 말을 가지

고 예수에 대하여 권하더라

24 그 말을 믿는 사람도 있고 믿지 아니하

는 사람도 있어

25 서로 맞지 아니하여 흩어질 때에 바울

이 한 말로 이르되 성령이 선지자 이사

야를 통하여 너희 조상들에게 말씀하신

것이 옳도다

26 일렀으되 이 백성에게 가서 말하기를

너희가 듣기는 들어도 도무지 깨닫지

못하며 보기는 보아도 도무지 알지 못

하는도다

27 이 백성들의 마음이 우둔하여져서 그

귀로는 둔하게 듣고 그 눈은 감았으니

이는 눈으로 보고 귀로 듣고 마음으로

깨달아 돌아오면 내가 고쳐 줄까 함이

라 하였으니

28 그런즉 하나님의 이 구원이 이방인에게

로 보내어진 줄 알라 그들은 그것을 들

으리라 하더라

29 (없음)

30 바울이 온 이태를 자기 셋집에 머물면

서 자기에게 오는 사람을 다 영접하고

31 하나님의 나라를 전파하며 주 예수 그

리스도에 관한 모든 것을 담대하게 거

침없이 가르치더라

로마서

인사

1 예수 그리스도의 종 바울은 사도로 부르심을 받아 하나님의 복음을 위하여 택정함을 입었으니

2 이 복음은 하나님이 선지자들을 통하여 그의 아들에 관하여 성경에 미리 약속하신 것이라

3 그의 아들에 관하여 말하면 육신으로는 다윗의 혈통에서 나셨고

4 성결의 영으로는 죽은 자들 가운데서 부활하사 능력으로 하나님의 아들로 선포되셨으니 곧 우리 주 예수 그리스도시니라

5 그로 말미암아 우리가 은혜와 사도의 직분을 받아 그의 이름을 위하여 모든 이방인 중에서 믿어 순종하게 하나니

6 너희도 그들 중에서 예수 그리스도의 것으로 부르심을 받은 자니라

7 로마에서 하나님의 사랑하심을 받고 성도로 부르심을 받은 모든 자에게 하나님 우리 아버지와 주 예수 그리스도로부터 은혜와 평강이 있기를 원하노라

바울의 로마 방문 계획

8 먼저 내가 예수 그리스도로 말미암아 너희 모든 사람에 관하여 내 하나님께 감사함은 너희 믿음이 온 세상에 전파됨이로다

9 내가 그의 아들의 복음 안에서 내 심령으로 섬기는 하나님이 나의 증인이 되시거니와 항상 내 기도에 쉬지 않고 너희를 말하며

10 어떻게 하든지 이제 하나님의 뜻 안에서 너희에게로 나아갈 좋은 길 얻기를 구하노라

11 내가 너희 보기를 간절히 원하는 것은 어떤 신령한 은사를 너희에게 나누어

주어 너희를 견고하게 하려 함이니

12 이는 곧 내가 너희 가운데서 너희와 나의 믿음으로 말미암아 피차 안위함을 얻으려 함이라

13 형제들아 내가 여러 번 너희에게 가고자 한 것을 너희가 모르기를 원하지 아니하노니 이는 너희 중에서도 다른 이방인 중에서와 같이 열매를 맺게 하려 함이로되 지금까지 길이 막혔도다

14 헬라인이나 야만인이나 지혜 있는 자나 어리석은 자에게 다 내가 빚진 자라

15 그러므로 나는 할 수 있는 대로 로마에 있는 너희에게도 복음 전하기를 원하노라

16 내가 복음을 부끄러워하지 아니하노니 이 복음은 모든 믿는 자에게 구원을 주시는 하나님의 능력이 됨이라 먼저는 유대인에게요 그리고 헬라인에게로다

17 복음에는 하나님의 의가 나타나서 믿음으로 믿음에 이르게 하나니 기록된 바 오직 의인은 믿음으로 말미암아 살리라 함과 같으니라

모든 경건하지 않음과 불의

18 하나님의 진노가 불의로 진리를 막는 사람들의 모든 경건하지 않음과 불의에 대하여 하늘로부터 나타나나니

19 이는 하나님을 알 만한 것이 그들 속에 보임이라 하나님께서 이를 그들에게 보이셨느니라

20 창세로부터 그의 보이지 아니하는 것들 곧 그의 영원하신 능력과 신성이 그가 만드신 만물에 분명히 보여 알려졌나니 그러므로 그들이 핑계하지 못할지니라

21 하나님을 알되 하나님을 영화롭게도 아니하며 감사하지도 아니하고 오히려 그 생각이 허망하여지며 미련한 마음이 어

두워졌나니

22 스스로 지혜 있다 하나 어리석게 되어

23 썩어지지 아니하는 하나님의 영광을 썩

어질 사람과 새와 짐승과 기어다니는

동물 모양의 우상으로 바꾸었느니라

24 그러므로 하나님께서 그들을 마음의 정

욕대로 더러움에 내버려 두사 그들의

몸을 서로 욕되게 하게 하셨으니

25 이는 그들이 하나님의 진리를 거짓 것

으로 바꾸어 피조물을 조물주보다 더

경배하고 섬김이라 주는 곧 영원히 찬

송할 이시로다 아멘

26 이 때문에 하나님께서 그들을 부끄러운

욕심에 내버려 두셨으니 곧 그들의 여

자들도 순리대로 쓸 것을 바꾸어 역리

로 쓰며

27 그와 같이 남자들도 순리대로 여자 쓰

기를 버리고 서로 향하여 음욕이 불 일

듯 하매 남자가 남자와 더불어 부끄러

운 일을 행하여 그들의 그릇됨에 상당

한 보응을 그들 자신이 받았느니라

28 또한 그들이 마음에 하나님 두기를 싫

어하매 하나님께서 그들을 그 상실한

마음대로 내버려 두사 합당하지 못한

일을 하게 하셨으니

29 곧 모든 불의, 추악, 탐욕, 악의가 가득

한 자요 시기, 살인, 분쟁, 사기, 악독

이 가득한 자요 수군수군하는 자요

30 비방하는 자요 하나님께서 미워하시는

자요 능욕하는 자요 교만한 자요 자랑

하는 자요 악을 도모하는 자요 부모를

거역하는 자요

31 우매한 자요 배약하는 자요 무정한 자

요 무자비한 자라

32 그들이 이같은 일을 행하는 자는 사형

에 해당한다고 하나님께서 정하심을 알

고도 자기들만 행할 뿐 아니라 또한 그

런 일을 행하는 자들을 옳다 하느니라

하나님의 심판

2 그러므로 남을 판단하는 사람아, 누구

를 막론하고 네가 핑계하지 못할 것은

남을 판단하는 것으로 네가 너를 정죄

함이니 판단하는 네가 같은 일을 행함

이니라

2 이런 일을 행하는 자에게 하나님의 심

판이 진리대로 되는 줄 우리가 아노라

3 이런 일을 행하는 자를 판단하고도 같

은 일을 행하는 사람아, 네가 하나님의

심판을 피할 줄로 생각하느냐

4 혹 네가 하나님의 인자하심이 너를 인

도하여 회개하게 하심을 알지 못하여

그의 인자하심과 용납하심과 길이 참으

심이 풍성함을 멸시하느냐

5 다만 네 고집과 회개하지 아니한 마음

을 따라 진노의 날 곧 하나님의 의로우

신 심판이 나타나는 그 날에 임할 진노

를 네게 쌓는도다

6 하나님께서 각 사람에게 그 행한 대로

보응하시되

7 참고 선을 행하여 영광과 존귀와 썩지

아니함을 구하는 자에게는 영생으로 하

시고

8 오직 당을 지어 진리를 따르지 아니하

고 불의를 따르는 자에게는 진노와 분

노로 하시리라

9 악을 행하는 각 사람의 영에는 환난과

곤고가 있으리니 먼저는 유대인에게요

그리고 헬라인에게며

10 선을 행하는 각 사람에게는 영광과 존

귀와 평강이 있으리니 먼저는 유대인에

게요 그리고 헬라인에게라

11 이는 하나님께서 외모로 사람을 취하지

아니하심이라

12 무릇 율법 없이 범죄한 자는 또한 율법 없이 망하고 무릇 율법이 있고 범죄한 자는 율법으로 말미암아 심판을 받으리라

13 하나님 앞에서는 율법을 듣는 자가 의인이 아니요 오직 율법을 행하는 자라야 의롭다 하심을 얻으리니

14 (율법 없는 이방인이 본성으로 율법의 일을 행할 때에는 이 사람은 율법이 없어도 자기가 자기에게 율법이 되나니

15 이런 이들은 그 양심이 증거가 되어 그 생각들이 서로 혹은 고발하며 혹은 변명하여 그 마음에 새긴 율법의 행위를 나타내느니라)

16 곧 나의 복음에 이른 바와 같이 하나님이 예수 그리스도로 말미암아 사람들의 은밀한 것을 심판하시는 그 날이라

유대인과 율법

17 유대인이라 불리는 네가 율법을 의지하며 하나님을 자랑하며

18 율법의 교훈을 받아 하나님의 뜻을 알고 지극히 선한 것을 분간하며

19 맹인의 길을 인도하는 자요 어둠에 있는 자의 빛이요

20 율법에 있는 지식과 진리의 모본을 가진 자로서 어리석은 자의 교사요 어린 아이의 선생이라고 스스로 믿으니

21 그러면 다른 사람을 가르치는 네가 네 자신은 가르치지 아니하느냐 도둑질하지 말라 선포하는 네가 도둑질하느냐

22 간음하지 말라 말하는 네가 간음하느냐 우상을 가증히 여기는 네가 신전 물건을 도둑질하느냐

23 율법을 자랑하는 네가 율법을 범함으로 하나님을 욕되게 하느냐

24 기록된 바와 같이 하나님의 이름이 너희 때문에 이방인 중에서 모독을 받는도다

25 네가 율법을 행하면 할례가 유익하나 만일 율법을 범하면 네 할례는 무할례가 되느니라

26 그런즉 무할례자가 율법의 규례를 지키면 그 무할례를 할례와 같이 여길 것이 아니냐

27 또한 본래 무할례자가 율법을 온전히 지키면 율법 조문과 할례를 가지고 율법을 범하는 너를 정죄하지 아니하겠느냐

28 무릇 표면적 유대인이 유대인이 아니요 표면적 육신의 할례가 할례가 아니니라

29 오직 이면적 유대인이 유대인이며 할례는 마음에 할지니 영에 있고 율법 조문에 있지 아니한 것이라 그 칭찬이 사람에게서가 아니요 다만 하나님에게서니라

3 그런즉 유대인의 나음이 무엇이며 할례의 유익이 무엇이냐

2 범사에 많으니 우선은 그들이 하나님의 말씀을 맡았음이니라

3 어떤 자들이 믿지 아니하였으면 어찌하리요 그 믿지 아니함이 하나님의 미쁘심을 폐하겠느냐

4 그럴 수 없느니라 사람은 다 거짓되되 오직 하나님은 참되시다 할지어다 기록된 바 주께서 주의 말씀에 의롭다 함을 얻으시고 판단 받으실 때에 이기려 하심이라 함과 같으니라

5 그러나 우리 불의가 하나님의 의를 드러나게 하면 무슨 말 하리요 [내가 사람의 말하는 대로 말하노니] 진노를 내리시는 하나님이 불의하시냐

6 결코 그렇지 아니하니라 만일 그러하면

하나님께서 어찌 세상을 심판하시리요

7 그러나 나의 거짓말로 하나님의 참되심

이 더 풍성하여 그의 영광이 되었다면

어찌 내가 죄인처럼 심판을 받으리요

8 또는 그러면 선을 이루기 위하여 악을

행하자 하지 않겠느냐 어떤 이들이 이

렇게 비방하여 우리가 이런 말을 한다

고 하니 그들은 정죄 받는 것이 마땅하

니라

다 죄 아래에 있다

9 그러면 어떠하냐 우리는 나으냐 결코

아니라 유대인이나 헬라인이나 다 죄

아래에 있다고 우리가 이미 선언하였느

니라

10 기록된 바 의인은 없나니 하나도 없으며

11 깨닫는 자도 없고 하나님을 찾는 자도

없고

12 다 치우쳐 함께 무익하게 되고 선을 행

하는 자는 없나니 하나도 없도다

13 그들의 목구멍은 열린 무덤이요 그 혀

로는 속임을 일삼으며 그 입술에는 독

사의 독이 있고

14 그 입에는 저주와 악독이 가득하고

15 그 발은 피 흘리는 데 빠른지라

16 파멸과 고생이 그 길에 있어

17 평강의 길을 알지 못하였고

18 그들의 눈 앞에 하나님을 두려워함이

없느니라 함과 같으니라

하나님의 의

19 우리가 알거니와 무릇 율법이 말하는

바는 율법 아래에 있는 자들에게 말하

는 것이니 이는 모든 입을 막고 온 세

상으로 하나님의 심판 아래에 있게 하

려 함이라

20 그러므로 율법의 행위로 그의 앞에 의

롭다 하심을 얻을 육체가 없나니 율법

으로는 죄를 깨달음이니라

21 이제는 율법 외에 하나님의 한 의가 나

타났으니 율법과 선지자들에게 증거를

받은 것이라

22 곧 예수 그리스도를 믿음으로 말미암아

모든 믿는 자에게 미치는 하나님의 의

니 차별이 없느니라

23 모든 사람이 죄를 범하였으매 하나님의

영광에 이르지 못하더니

24 그리스도 예수 안에 있는 속량으로 말

미암아 하나님의 은혜로 값 없이 의롭

다 하심을 얻은 자 되었느니라

25 이 예수를 하나님이 그의 피로써 믿음

으로 말미암는 화목제물로 세우셨으니

이는 하나님께서 길이 참으시는 중에

전에 지은 죄를 간과하심으로 자기의

의로우심을 나타내려 하심이니

26 곧 이 때에 자기의 의로우심을 나타내

사 자기도 의로우시며 또한 예수 믿는

자를 의롭다 하려 하심이라

27 그런즉 자랑할 데가 어디냐 있을 수가

없느니라 무슨 법으로냐 행위로냐 아니

라 오직 믿음의 법으로니라

28 그러므로 사람이 의롭다 하심을 얻는

것은 율법의 행위에 있지 않고 믿음으

로 되는 줄 우리가 인정하노라

29 하나님은 다만 유대인의 하나님이시냐

또한 이방인의 하나님은 아니시냐 진실

로 이방인의 하나님도 되시느니라

30 할례자도 믿음으로 말미암아 또한 무할

례자도 믿음으로 말미암아 의롭다 하실

하나님은 한 분이시니라

31 그런즉 우리가 믿음으로 말미암아 율법

을 파기하느냐 그럴 수 없느니라 도리

어 율법을 굳게 세우느니라

아브라함의 믿음과 그로 말미암은 언약

4 그런즉 육신으로 우리 조상인 아브라함이 무엇을 얻었다 하리요

2 만일 아브라함이 행위로써 의롭다 하심을 받았으면 자랑할 것이 있으려니와 하나님 앞에서는 없느니라

3 성경이 무엇을 말하느냐 아브라함이 하나님을 믿으매 그것이 그에게 의로 여겨진 바 되었느니라

4 일하는 자에게는 그 삯이 은혜로 여겨지지 아니하고 보수로 여겨지거니와

5 일을 아니할지라도 경건하지 아니한 자를 의롭다 하시는 이를 믿는 자에게는 그의 믿음을 의로 여기시나니

6 일한 것이 없이 하나님께 의로 여기심을 받는 사람의 복에 대하여 다윗이 말한 바

7 불법이 사함을 받고 죄가 가리어짐을 받는 사람들은 복이 있고

8 주께서 그 죄를 인정하지 아니하실 사람은 복이 있도다 함과 같으니라

9 그런즉 이 복이 할례자에게냐 혹은 무할례자에게도냐 무릇 우리가 말하기를 아브라함에게는 그 믿음이 의로 여겨졌다 하노라

10 그런즉 그것이 어떻게 여겨졌느냐 할례시냐 무할례시냐 할례시가 아니요 무할례시니라

11 그가 할례의 표를 받은 것은 무할례시에 믿음으로 된 의를 인친 것이니 이는 무할례자로서 믿는 모든 자의 조상이 되어 그들도 의로 여기심을 얻게 하려 하심이라

12 또한 할례자의 조상이 되었나니 곧 할례 받을 자에게뿐 아니라 우리 조상 아브라함이 무할례시에 가졌던 믿음의 자

취를 따르는 자들에게도 그러하니라

13 아브라함이나 그 후손에게 세상의 상속

자가 되리라고 하신 언약은 율법으로

말미암은 것이 아니요 오직 믿음의 의

로 말미암은 것이니라

14 만일 율법에 속한 자들이 상속자이면

믿음은 헛것이 되고 약속은 파기되었느

니라

15 율법은 진노를 이루게 하나니 율법이

없는 곳에는 범법도 없느니라

16 그러므로 상속자가 되는 그것이 은혜에

속하기 위하여 믿음으로 되나니 이는

그 약속을 그 모든 후손에게 굳게 하려

하심이라 율법에 속한 자에게뿐만 아

니라 아브라함의 믿음에 속한 자에게도

그러하니 아브라함은 우리 모든 사람의

조상이라

17 기록된 바 내가 너를 많은 민족의 조상

으로 세웠다 하심과 같으니 그가 믿은

바 하나님은 죽은 자를 살리시며 없는

것을 있는 것으로 부르시는 이시니라

18 아브라함이 바랄 수 없는 중에 바라고

믿었으니 이는 네 후손이 이같으리라

하신 말씀대로 많은 민족의 조상이 되

게 하려 하심이라

19 그가 백 세나 되어 자기 몸이 죽은 것

같고 사라의 태가 죽은 것 같음을 알고

도 믿음이 약하여지지 아니하고

20 믿음이 없어 하나님의 약속을 의심하지

않고 믿음으로 견고하여져서 하나님께

영광을 돌리며

21 약속하신 그것을 또한 능히 이루실 줄

을 확신하였으니

22 그러므로 그것이 그에게 의로 여겨졌느

니라

23 그에게 의로 여겨졌다 기록된 것은 아

브라함만 위한 것이 아니요

24 의로 여기심을 받을 우리도 위함이니

곧 예수 우리 주를 죽은 자 가운데서

살리신 이를 믿는 자니라

25 예수는 우리가 범죄한 것 때문에 내줌

이 되고 또한 우리를 의롭다 하시기 위

하여 살아나셨느니라

의롭다 하심을 받은 사람의 삶

5 그러므로 우리가 믿음으로 의롭다 하심

을 받았으니 우리 주 예수 그리스도로

말미암아 하나님과 화평을 누리자

2 또한 그로 말미암아 우리가 믿음으로

서 있는 이 은혜에 들어감을 얻었으

며 하나님의 영광을 바라고 즐거워하느

니라

3 다만 이뿐 아니라 우리가 환난 중에도

즐거워하나니 이는 환난은 인내를,

4 인내는 연단을, 연단은 소망을 이루는

줄 앎이로다

5 소망이 우리를 부끄럽게 하지 아니함은

우리에게 주신 성령으로 말미암아 하

나님의 사랑이 우리 마음에 부은 바 됨

이니

6 우리가 아직 연약할 때에 기약대로 그

리스도께서 경건하지 않은 자를 위하여

죽으셨도다

7 의인을 위하여 죽는 자가 쉽지 않고 선

인을 위하여 용감히 죽는 자가 혹 있거

니와

8 우리가 아직 죄인 되었을 때에 그리스

도께서 우리를 위하여 죽으심으로 하나

님께서 우리에 대한 자기의 사랑을 확

증하셨느니라

9 그러면 이제 우리가 그의 피로 말미암

아 의롭다 하심을 받았으니 더욱 그로

말미암아 진노하심에서 구원을 받을 것

이니

10 곧 우리가 원수 되었을 때에 그의 아들의 죽으심으로 말미암아 하나님과 화목하게 되었은즉 화목하게 된 자로서는 더욱 그의 살아나심으로 말미암아 구원을 받을 것이니라

11 그뿐 아니라 이제 우리로 화목하게 하신 우리 주 예수 그리스도로 말미암아 하나님 안에서 또한 즐거워하느니라

아담과 그리스도

12 그러므로 한 사람으로 말미암아 죄가 세상에 들어오고 죄로 말미암아 사망이 들어왔나니 이와 같이 모든 사람이 죄를 지었으므로 사망이 모든 사람에게 이르렀느니라

13 죄가 율법 있기 전에도 세상에 있었으나 율법이 없었을 때에는 죄를 죄로 여기지 아니하였느니라

14 그러나 아담으로부터 모세까지 아담의 범죄와 같은 죄를 짓지 아니한 자들까지도 사망이 왕 노릇 하였나니 아담은 오실 자의 모형이라

15 그러나 이 은사는 그 범죄와 같지 아니하니 곧 한 사람의 범죄를 인하여 많은 사람이 죽었은즉 더욱 하나님의 은혜와 또한 한 사람 예수 그리스도의 은혜로 말미암은 선물은 많은 사람에게 넘쳤느니라

16 또 이 선물은 범죄한 한 사람으로 말미암은 것과 같지 아니하니 심판은 한 사람으로 말미암아 정죄에 이르렀으나 은사는 많은 범죄로 말미암아 의롭다 하심에 이름이니라

17 한 사람의 범죄로 말미암아 사망이 그 한 사람을 통하여 왕 노릇 하였은즉 더욱 은혜와 의의 선물을 넘치게 받는 자

들은 한 분 예수 그리스도를 통하여 생

명 안에서 왕 노릇 하리로다

18 그런즉 한 범죄로 많은 사람이 정죄에

이른 것 같이 한 의로운 행위로 말미암

아 많은 사람이 의롭다 하심을 받아 생

명에 이르렀느니라

19 한 사람이 순종하지 아니함으로 많은

사람이 죄인 된 것 같이 한 사람이 순

종하심으로 많은 사람이 의인이 되리라

20 율법이 들어온 것은 범죄를 더하게 하

려 함이라 그러나 죄가 더한 곳에 은혜

가 더욱 넘쳤나니

21 이는 죄가 사망 안에서 왕 노릇 한 것

같이 은혜도 또한 의로 말미암아 왕 노

릇 하여 우리 주 예수 그리스도로 말미

암아 영생에 이르게 하려 함이라

그리스도와 함께 죽고 함께 산다

6 그런즉 우리가 무슨 말을 하리요 은혜

를 더하게 하려고 죄에 거하겠느냐

2 그럴 수 없느니라 죄에 대하여 죽은 우

리가 어찌 그 가운데 더 살리요

3 무릇 그리스도 예수와 합하여 세례를

받은 우리는 그의 죽으심과 합하여 세

례를 받은 줄을 알지 못하느냐

4 그러므로 우리가 그의 죽으심과 합하여

세례를 받음으로 그와 함께 장사되었나

니 이는 아버지의 영광으로 말미암아

그리스도를 죽은 자 가운데서 살리심과

같이 우리로 또한 새 생명 가운데서 행

하게 하려 함이라

5 만일 우리가 그의 죽으심과 같은 모양

으로 연합한 자가 되었으면 또한 그의

부활과 같은 모양으로 연합한 자도 되

리라

6 우리가 알거니와 우리의 옛 사람이 예

수와 함께 십자가에 못 박힌 것은 죄의

몸이 죽어 다시는 우리가 죄에게 종 노

릇 하지 아니하려 함이니

7 이는 죽은 자가 죄에서 벗어나 의롭다

하심을 얻었음이라

8 만일 우리가 그리스도와 함께 죽었으면

또한 그와 함께 살 줄을 믿노니

9 이는 그리스도께서 죽은 자 가운데서

살아나셨으매 다시 죽지 아니하시고 사

망이 다시 그를 주장하지 못할 줄을 앎

이로라

10 그가 죽으심은 죄에 대하여 단번에 죽

으심이요 그가 살아 계심은 하나님께

대하여 살아 계심이니

11 이와 같이 너희도 너희 자신을 죄에 대

하여는 죽은 자요 그리스도 예수 안에

서 하나님께 대하여는 살아 있는 자로

여길지어다

12 그러므로 너희는 죄가 너희 죽을 몸을

지배하지 못하게 하여 몸의 사욕에 순

종하지 말고

13 또한 너희 지체를 불의의 무기로 죄에

게 내주지 말고 오직 너희 자신을 죽은

자 가운데서 다시 살아난 자 같이 하나

님께 드리며 너희 지체를 의의 무기로

하나님께 드리라

14 죄가 너희를 주장하지 못하리니 이는

너희가 법 아래에 있지 아니하고 은혜

아래에 있음이라

의의 종

15 그런즉 어찌하리요 우리가 법 아래에

있지 아니하고 은혜 아래에 있으니 죄

를 지으리요 그럴 수 없느니라

16 너희 자신을 종으로 내주어 누구에게

순종하든지 그 순종함을 받는 자의 종

이 되는 줄을 너희가 알지 못하느냐 혹

은 죄의 종으로 사망에 이르고 혹은 순

111

종의 종으로 의에 이르느니라

17 하나님께 감사하리로다 너희가 본래 죄

의 종이더니 너희에게 전하여 준 바 교

훈의 본을 마음으로 순종하여

18 죄로부터 해방되어 의에게 종이 되었느

니라

19 너희 육신이 연약하므로 내가 사람의

예대로 말하노니 전에 너희가 너희 지

체를 부정과 불법에 내주어 불법에 이

른 것 같이 이제는 너희 지체를 의에게

종으로 내주어 거룩함에 이르라

20 너희가 죄의 종이 되었을 때에는 의에

대하여 자유로웠느니라

21 너희가 그 때에 무슨 열매를 얻었느냐

이제는 너희가 그 일을 부끄러워하나니

이는 그 마지막이 사망임이라

22 그러나 이제는 너희가 죄로부터 해방되

고 하나님께 종이 되어 거룩함에 이르

는 열매를 맺었으니 그 마지막은 영생

이라

23 죄의 삯은 사망이요 하나님의 은사는

그리스도 예수 우리 주 안에 있는 영생

이니라

혼인 관계로 비유한 율법과 죄

7 형제들아 내가 법 아는 자들에게 말하

노니 너희는 그 법이 사람이 살 동안만

그를 주관하는 줄 알지 못하느냐

2 남편 있는 여인이 그 남편 생전에는 법

으로 그에게 매인 바 되나 만일 그 남편

이 죽으면 남편의 법에서 벗어나느니라

3 그러므로 만일 그 남편 생전에 다른 남

자에게 가면 음녀라 그러나 만일 남편

이 죽으면 그 법에서 자유롭게 되나니

다른 남자에게 갈지라도 음녀가 되지

아니하느니라

4 그러므로 내 형제들아 너희도 그리스도

의 몸으로 말미암아 율법에 대하여 죽

임을 당하였으니 이는 다른 이 곧 죽은

자 가운데서 살아나신 이에게 가서 우

리가 하나님을 위하여 열매를 맺게 하

려 함이라

5 우리가 육신에 있을 때에는 율법으로

말미암는 죄의 정욕이 우리 지체 중에

역사하여 우리로 사망을 위하여 열매를

맺게 하였더니

6 이제는 우리가 얽매였던 것에 대하여

죽었으므로 율법에서 벗어났으니 이러

므로 우리가 영의 새로운 것으로 섬길

것이요 율법 조문의 묵은 것으로 아니

할지니라

7 그런즉 우리가 무슨 말을 하리요 율법

이 죄냐 그럴 수 없느니라 율법으로 말

미암지 않고는 내가 죄를 알지 못하였

으니 곧 율법이 탐내지 말라 하지 아니

하였더라면 내가 탐심을 알지 못하였으

리라

8 그러나 죄가 기회를 타서 계명으로 말

미암아 내 속에서 온갖 탐심을 이루었

나니 이는 율법이 없으면 죄가 죽은 것

임이라

9 전에 율법을 깨닫지 못했을 때에는 내

가 살았더니 계명이 이르매 죄는 살아

나고 나는 죽었도다

10 생명에 이르게 할 그 계명이 내게 대하

여 도리어 사망에 이르게 하는 것이 되

었도다

11 죄가 기회를 타서 계명으로 말미암아

나를 속이고 그것으로 나를 죽였는지라

12 이로 보건대 율법은 거룩하고 계명도

거룩하고 의로우며 선하도다

13 그런즉 선한 것이 내게 사망이 되었느

냐 그럴 수 없느니라 오직 죄가 죄로

드러나기 위하여 선한 그것으로 말미암아 나를 죽게 만들었으니 이는 계명으로 말미암아 죄로 심히 죄 되게 하려 함이라

14 우리가 율법은 신령한 줄 알거니와 나는 육신에 속하여 죄 아래에 팔렸도다

15 내가 행하는 것을 내가 알지 못하노니 곧 내가 원하는 것은 행하지 아니하고 도리어 미워하는 것을 행함이라

16 만일 내가 원하지 아니하는 그것을 행하면 내가 이로써 율법이 선한 것을 시인하노니

17 이제는 그것을 행하는 자가 내가 아니요 내 속에 거하는 죄니라

18 내 속 곧 내 육신에 선한 것이 거하지 아니하는 줄을 아노니 원함은 내게 있으나 선을 행하는 것은 없노라

19 내가 원하는 바 선은 행하지 아니하고 도리어 원하지 아니하는 바 악을 행하는도다

20 만일 내가 원하지 아니하는 그것을 하면 이를 행하는 자는 내가 아니요 내 속에 거하는 죄니라

21 그러므로 내가 한 법을 깨달았노니 곧 선을 행하기 원하는 나에게 악이 함께 있는 것이로다

22 내 속사람으로는 하나님의 법을 즐거워하되

23 내 지체 속에서 한 다른 법이 내 마음의 법과 싸워 내 지체 속에 있는 죄의 법으로 나를 사로잡는 것을 보는도다

24 오호라 나는 곤고한 사람이로다 이 사망의 몸에서 누가 나를 건져내랴

25 우리 주 예수 그리스도로 말미암아 하나님께 감사하리로다 그런즉 내 자신이 마음으로는 하나님의 법을 육신으로는

죄의 법을 섬기노라

생명의 성령의 법

8 그러므로 이제 그리스도 예수 안에 있는 자에게는 결코 정죄함이 없나니

2 이는 그리스도 예수 안에 있는 생명의 성령의 법이 죄와 사망의 법에서 너를 해방하였음이라

3 율법이 육신으로 말미암아 연약하여 할 수 없는 그것을 하나님은 하시나니 곧 죄로 말미암아 자기 아들을 죄 있는 육신의 모양으로 보내어 육신에 죄를 정하사

4 육신을 따르지 않고 그 영을 따라 행하는 우리에게 율법의 요구가 이루어지게 하려 하심이니라

5 육신을 따르는 자는 육신의 일을, 영을 따르는 자는 영의 일을 생각하나니

6 육신의 생각은 사망이요 영의 생각은

생명과 평안이니라

7 육신의 생각은 하나님과 원수가 되나니 이는 하나님의 법에 굴복하지 아니할 뿐 아니라 할 수도 없음이라

8 육신에 있는 자들은 하나님을 기쁘시게 할 수 없느니라

9 만일 너희 속에 하나님의 영이 거하시면 너희가 육신에 있지 아니하고 영에 있나니 누구든지 그리스도의 영이 없으면 그리스도의 사람이 아니라

10 또 그리스도께서 너희 안에 계시면 몸은 죄로 말미암아 죽은 것이나 영은 의로 말미암아 살아 있는 것이니라

11 예수를 죽은 자 가운데서 살리신 이의 영이 너희 안에 거하시면 그리스도 예수를 죽은 자 가운데서 살리신 이가 너희 안에 거하시는 그의 영으로 말미암아 너희 죽을 몸도 살리시리라

12 그러므로 형제들아 우리가 빚진 자로되 육신에게 져서 육신대로 살 것이 아니니라

13 너희가 육신대로 살면 반드시 죽을 것이로되 영으로써 몸의 행실을 죽이면 살리니

14 무릇 하나님의 영으로 인도함을 받는 사람은 곧 하나님의 아들이라

15 너희는 다시 무서워하는 종의 영을 받지 아니하고 양자의 영을 받았으므로 우리가 아빠 아버지라고 부르짖느니라

16 성령이 친히 우리의 영과 더불어 우리가 하나님의 자녀인 것을 증언하시나니

17 자녀이면 또한 상속자 곧 하나님의 상속자요 그리스도와 함께 한 상속자니 우리가 그와 함께 영광을 받기 위하여 고난도 함께 받아야 할 것이니라

모든 피조물이 구원을 고대하다

18 생각하건대 현재의 고난은 장차 우리에게 나타날 영광과 비교할 수 없도다

19 피조물이 고대하는 바는 하나님의 아들들이 나타나는 것이니

20 피조물이 허무한 데 굴복하는 것은 자기 뜻이 아니요 오직 굴복하게 하시는 이로 말미암음이라

21 그 바라는 것은 피조물도 썩어짐의 종노릇 한 데서 해방되어 하나님의 자녀들의 영광의 자유에 이르는 것이니라

22 피조물이 다 이제까지 함께 탄식하며 함께 고통을 겪고 있는 것을 우리가 아느니라

23 그뿐 아니라 또한 우리 곧 성령의 처음 익은 열매를 받은 우리까지도 속으로 탄식하여 양자 될 것 곧 우리 몸의 속량을 기다리느니라

24 우리가 소망으로 구원을 얻었으매 보이는 소망이 소망이 아니니 보는 것을 누가 바라리요

25 만일 우리가 보지 못하는 것을 바라면 참음으로 기다릴지니라

26 이와 같이 성령도 우리의 연약함을 도우시나니 우리는 마땅히 기도할 바를 알지 못하나 오직 성령이 말할 수 없는 탄식으로 우리를 위하여 친히 간구하시느니라

27 마음을 살피시는 이가 성령의 생각을 아시나니 이는 성령이 하나님의 뜻대로 성도를 위하여 간구하심이니라

28 우리가 알거니와 하나님을 사랑하는 자 곧 그의 뜻대로 부르심을 입은 자들에게는 모든 것이 합력하여 선을 이루느니라

29 하나님이 미리 아신 자들을 또한 그 아들의 형상을 본받게 하기 위하여 미리 정하셨으니 이는 그로 많은 형제 중에서 맏아들이 되게 하려 하심이니라

30 또 미리 정하신 그들을 또한 부르시고 부르신 그들을 또한 의롭다 하시고 의롭다 하신 그들을 또한 영화롭게 하셨느니라

그리스도의 사랑 하나님의 사랑

31 그런즉 이 일에 대하여 우리가 무슨 말 하리요 만일 하나님이 우리를 위하시면 누가 우리를 대적하리요

32 자기 아들을 아끼지 아니하시고 우리 모든 사람을 위하여 내주신 이가 어찌 그 아들과 함께 모든 것을 우리에게 주시지 아니하겠느냐

33 누가 능히 하나님께서 택하신 자들을 고발하리요 의롭다 하신 이는 하나님이시니

34 누가 정죄하리요 죽으실 뿐 아니라 다시 살아나신 이는 그리스도 예수시니 그는 하나님 우편에 계신 자요 우리를 위하여 간구하시는 자시니라

35 누가 우리를 그리스도의 사랑에서 끊으리요 환난이나 곤고나 박해나 기근이나 적신이나 위험이나 칼이랴

36 기록된 바 우리가 종일 주를 위하여 죽임을 당하게 되며 도살 당할 양 같이 여김을 받았나이다 함과 같으니라

37 그러나 이 모든 일에 우리를 사랑하시는 이로 말미암아 우리가 넉넉히 이기느니라

38 내가 확신하노니 사망이나 생명이나 천사들이나 권세자들이나 현재 일이나 장래 일이나 능력이나

39 높음이나 깊음이나 다른 어떤 피조물이라도 우리를 우리 주 그리스도 예수 안에 있는 하나님의 사랑에서 끊을 수 없으리라

약속의 자녀 약속의 말씀

9 1-2 내가 그리스도 안에서 참말을 하고 거짓말을 아니하노라 나에게 큰 근심이 있는 것과 마음에 그치지 않는 고통이 있는 것을 내 양심이 성령 안에서 나와 더불어 증언하노니

3 나의 형제 곧 골육의 친척을 위하여 내 자신이 저주를 받아 그리스도에게서 끊어질지라도 원하는 바로라

4 그들은 이스라엘 사람이라 그들에게는 양자 됨과 영광과 언약들과 율법을 세우신 것과 예배와 약속들이 있고

5 조상들도 그들의 것이요 육신으로 하면 그리스도가 그들에게서 나셨으니 그는 만물 위에 계셔서 세세에 찬양을 받으실 하나님이시니라 아멘

6 그러나 하나님의 말씀이 폐하여진 것 같지 않도다 이스라엘에게서 난 그들이 다 이스라엘이 아니요

7 또한 아브라함의 씨가 다 그의 자녀가 아니라 오직 이삭으로부터 난 자라야 네 씨라 불리리라 하셨으니

8 곧 육신의 자녀가 하나님의 자녀가 아니요 오직 약속의 자녀가 씨로 여기심을 받느니라

9 약속의 말씀은 이것이니 명년 이 때에 내가 이르리니 사라에게 아들이 있으리라 하심이라

10 그뿐 아니라 또한 리브가가 우리 조상 이삭 한 사람으로 말미암아 임신하였는데

11 그 자식들이 아직 나지도 아니하고 무슨 선이나 악을 행하지 아니한 때에 택하심을 따라 되는 하나님의 뜻이 행위

로 말미암지 않고 오직 부르시는 이로 말미암아 서게 하려 하사

12 리브가에게 이르시되 큰 자가 어린 자를 섬기리라 하셨나니

13 기록된 바 내가 야곱은 사랑하고 에서는 미워하였다 하심과 같으니라

14 그런즉 우리가 무슨 말을 하리요 하나님께 불의가 있느냐 그럴 수 없느니라

15 모세에게 이르시되 내가 긍휼히 여길 자를 긍휼히 여기고 불쌍히 여길 자를 불쌍히 여기리라 하셨으니

16 그런즉 원하는 자로 말미암음도 아니요 달음박질하는 자로 말미암음도 아니요 오직 긍휼히 여기시는 하나님으로 말미암음이니라

17 성경이 바로에게 이르시되 내가 이 일을 위하여 너를 세웠으니 곧 너로 말미암아 내 능력을 보이고 내 이름이 온

땅에 전파되게 하려 함이라 하셨으니

18 그런즉 하나님께서 하고자 하시는 자를 긍휼히 여기시고 하고자 하시는 자를 완악하게 하시느니라

하나님의 진노와 긍휼

19 혹 네가 내게 말하기를 그러면 하나님이 어찌하여 허물하시느냐 누가 그 뜻을 대적하느냐 하리니

20 이 사람아 네가 누구이기에 감히 하나님께 반문하느냐 지음을 받은 물건이 지은 자에게 어찌 나를 이같이 만들었느냐 말하겠느냐

21 토기장이가 진흙 한 덩이로 하나는 귀히 쓸 그릇을, 하나는 천히 쓸 그릇을 만들 권한이 없느냐

22 만일 하나님이 그의 진노를 보이시고 그의 능력을 알게 하고자 하사 멸하기로 준비된 진노의 그릇을 오래 참으심

으로 관용하시고

23 또한 영광 받기로 예비하신 바 긍휼의 그릇에 대하여 그 영광의 풍성함을 알게 하고자 하셨을지라도 무슨 말을 하리요

24 이 그릇은 우리니 곧 유대인 중에서뿐 아니라 이방인 중에서도 부르신 자니라

25 호세아의 글에도 이르기를 내가 내 백성 아닌 자를 내 백성이라, 사랑하지 아니한 자를 사랑한 자라 부르리라

26 너희는 내 백성이 아니라 한 그 곳에서 그들이 살아 계신 하나님의 아들이라 일컬음을 받으리라 함과 같으니라

27 또 이사야가 이스라엘에 관하여 외치되 이스라엘 자손들의 수가 비록 바다의 모래 같을지라도 남은 자만 구원을 받으리니

28 주께서 땅 위에서 그 말씀을 이루고 속

히 시행하시리라 하셨느니라

29 또한 이사야가 미리 말한 바 만일 만군의 주께서 우리에게 씨를 남겨 두지 아니하셨더라면 우리가 소돔과 같이 되고 고모라와 같았으리로다 함과 같으니라

믿음에서 난 의

30 그런즉 우리가 무슨 말을 하리요 의를 따르지 아니한 이방인들이 의를 얻었으니 곧 믿음에서 난 의요

31 의의 법을 따라간 이스라엘은 율법에 이르지 못하였으니

32 어찌 그러하냐 이는 그들이 믿음을 의지하지 않고 행위를 의지함이라 부딪칠 돌에 부딪쳤느니라

33 기록된 바 보라 내가 걸림돌과 거치는 바위를 시온에 두노니 그를 믿는 자는 부끄러움을 당하지 아니하리라 함과 같으니라

10 형제들아 내 마음에 원하는 바와 하나님께 구하는 바는 이스라엘을 위함이니 곧 그들로 구원을 받게 함이라

2 내가 증언하노니 그들이 하나님께 열심이 있으나 올바른 지식을 따른 것이 아니니라

3 하나님의 의를 모르고 자기 의를 세우려고 힘써 하나님의 의에 복종하지 아니하였느니라

4 그리스도는 모든 믿는 자에게 의를 이루기 위하여 율법의 마침이 되시니라

5 모세가 기록하되 율법으로 말미암는 의를 행하는 사람은 그 의로 살리라 하였거니와

6 믿음으로 말미암는 의는 이같이 말하되 네 마음에 누가 하늘에 올라가겠느냐 하지 말라 하니 올라가겠느냐 함은 그

리스도를 모셔 내리려는 것이요

7 혹은 누가 무저갱에 내려가겠느냐 하지
말라 하니 내려가겠느냐 함은 그리스도
를 죽은 자 가운데서 모셔 올리려는 것
이라

8 그러면 무엇을 말하느냐 말씀이 네게
가까워 네 입에 있으며 네 마음에 있다
하였으니 곧 우리가 전파하는 믿음의
말씀이라

9 네가 만일 네 입으로 예수를 주로 시인
하며 또 하나님께서 그를 죽은 자 가운
데서 살리신 것을 네 마음에 믿으면 구
원을 받으리라

10 사람이 마음으로 믿어 의에 이르고 입
으로 시인하여 구원에 이르느니라

11 성경에 이르되 누구든지 그를 믿는 자
는 부끄러움을 당하지 아니하리라 하니

12 유대인이나 헬라인이나 차별이 없음이

라 한 분이신 주께서 모든 사람의 주가
되사 그를 부르는 모든 사람에게 부요
하시도다

13 누구든지 주의 이름을 부르는 자는 구
원을 받으리라

14 그런즉 그들이 믿지 아니하는 이를 어
찌 부르리요 듣지도 못한 이를 어찌 믿
으리요 전파하는 자가 없이 어찌 들으
리요

15 보내심을 받지 아니하였으면 어찌 전파
하리요 기록된 바 아름답도다 좋은 소
식을 전하는 자들의 발이여 함과 같으
니라

믿음과 들음과 그리스도의 말씀

16 그러나 그들이 다 복음을 순종하지 아
니하였도다 이사야가 이르되 주여 우
리가 전한 것을 누가 믿었나이까 하였
으니

17 그러므로 믿음은 들음에서 나며 들음은 그리스도의 말씀으로 말미암았느니라

18 그러나 내가 말하노니 그들이 듣지 아니하였느냐 그렇지 아니하니 그 소리가 온 땅에 퍼졌고 그 말씀이 땅 끝까지 이르렀도다 하였느니라

19 그러나 내가 말하노니 이스라엘이 알지 못하였느냐 먼저 모세가 이르되 내가 백성 아닌 자로써 너희를 시기하게 하며 미련한 백성으로써 너희를 노엽게 하리라 하였고

20 이사야는 매우 담대하여 내가 나를 찾지 아니한 자들에게 찾은 바 되고 내게 묻지 아니한 자들에게 나타났노라 말하였고

21 이스라엘에 대하여 이르되 순종하지 아니하고 거슬러 말하는 백성에게 내가 종일 내 손을 벌렸노라 하였느니라

이스라엘의 남은 자

11 그러므로 내가 말하노니 하나님이 자기 백성을 버리셨느냐 그럴 수 없느니라 나도 이스라엘인이요 아브라함의 씨에서 난 자요 베냐민 지파라

2 하나님이 그 미리 아신 자기 백성을 버리지 아니하셨나니 너희가 성경이 엘리야를 가리켜 말한 것을 알지 못하느냐 그가 이스라엘을 하나님께 고발하되

3 주여 그들이 주의 선지자들을 죽였으며 주의 제단들을 헐어 버렸고 나만 남았는데 내 목숨도 찾나이다 하니

4 그에게 하신 대답이 무엇이냐 내가 나를 위하여 바알에게 무릎을 꿇지 아니한 사람 칠천 명을 남겨 두었다 하셨으니

5 그런즉 이와 같이 지금도 은혜로 택하심을 따라 남은 자가 있느니라

6 만일 은혜로 된 것이면 행위로 말미암지 않음이니 그렇지 않으면 은혜가 은혜 되지 못하느니라

7 그런즉 어떠하냐 이스라엘이 구하는 그것을 얻지 못하고 오직 택하심을 입은 자가 얻었고 그 남은 자들은 우둔하여졌느니라

8 기록된 바 하나님이 오늘까지 그들에게 혼미한 심령과 보지 못할 눈과 듣지 못할 귀를 주셨다 함과 같으니라

9 또 다윗이 이르되 그들의 밥상이 올무와 덫과 거치는 것과 보응이 되게 하시옵고

10 그들의 눈은 흐려 보지 못하고 그들의 등은 항상 굽게 하옵소서 하였느니라

11 그러므로 내가 말하노니 그들이 넘어지기까지 실족하였느냐 그럴 수 없느니라 그들이 넘어짐으로 구원이 이방인에게 이르러 이스라엘로 시기나게 함이니라

12 그들의 넘어짐이 세상의 풍성함이 되며 그들의 실패가 이방인의 풍성함이 되거든 하물며 그들의 충만함이리요

이방인의 구원

13 내가 이방인인 너희에게 말하노라 내가 이방인의 사도인 만큼 내 직분을 영광스럽게 여기노니

14 이는 혹 내 골육을 아무쪼록 시기하게 하여 그들 중에서 얼마를 구원하려 함이라

15 그들을 버리는 것이 세상의 화목이 되거든 그 받아들이는 것이 죽은 자 가운데서 살아나는 것이 아니면 무엇이리요

16 제사하는 처음 익은 곡식 가루가 거룩한즉 떡덩이도 그러하고 뿌리가 거룩한즉 가지도 그러하니라

17 또한 가지 얼마가 꺾이었는데 돌감람나

무인 네가 그들 중에 접붙임이 되어 참

감람나무 뿌리의 진액을 함께 받는 자

가 되었은즉

18 그 가지들을 향하여 자랑하지 말라 자

랑할지라도 네가 뿌리를 보전하는 것이

아니요 뿌리가 너를 보전하는 것이니라

19 그러면 네 말이 가지들이 꺾인 것은 나

로 접붙임을 받게 하려 함이라 하리니

20 옳도다 그들은 믿지 아니하므로 꺾이고

너는 믿으므로 섰느니라 높은 마음을

품지 말고 도리어 두려워하라

21 하나님이 원 가지들도 아끼지 아니하셨

은즉 너도 아끼지 아니하시리라

22 그러므로 하나님의 인자하심과 준엄하

심을 보라 넘어지는 자들에게는 준엄하

심이 있으니 너희가 만일 하나님의 인

자하심에 머물러 있으면 그 인자가 너

희에게 있으리라 그렇지 않으면 너도

찍히는 바 되리라

23 그들도 믿지 아니하는 데 머무르지 아

니하면 접붙임을 받으리니 이는 그들을

접붙이실 능력이 하나님께 있음이라

24 네가 원 돌감람나무에서 찍힘을 받고

본성을 거슬러 좋은 감람나무에 접붙임

을 받았으니 원 가지인 이 사람들이야

얼마나 더 자기 감람나무에 접붙이심을

받으랴

이스라엘의 구원

25 형제들아 너희가 스스로 지혜 있다 하

면서 이 신비를 너희가 모르기를 내가

원하지 아니하노니 이 신비는 이방인의

충만한 수가 들어오기까지 이스라엘의

더러는 우둔하게 된 것이라

26 그리하여 온 이스라엘이 구원을 받으리

라 기록된 바 구원자가 시온에서 오사

야곱에게서 경건하지 않은 것을 돌이키

시겠고

27 내가 그들의 죄를 없이 할 때에 그들에게 이루어질 내 언약이 이것이라 함과 같으니라

28 복음으로 하면 그들이 너희로 말미암아 원수 된 자요 택하심으로 하면 조상들로 말미암아 사랑을 입은 자라

29 하나님의 은사와 부르심에는 후회하심이 없느니라

30 너희가 전에는 하나님께 순종하지 아니하더니 이스라엘이 순종하지 아니함으로 이제 긍휼을 입었는지라

31 이와 같이 이 사람들이 순종하지 아니하니 이는 너희에게 베푸시는 긍휼로 이제 그들도 긍휼을 얻게 하려 하심이라

32 하나님이 모든 사람을 순종하지 아니하는 가운데 가두어 두심은 모든 사람에게 긍휼을 베풀려 하심이로다

33 깊도다 하나님의 지혜와 지식의 풍성함이여, 그의 판단은 헤아리지 못할 것이며 그의 길은 찾지 못할 것이로다

34 누가 주의 마음을 알았느냐 누가 그의 모사가 되었느냐

35 누가 주께 먼저 드려서 갚으심을 받겠느냐

36 이는 만물이 주에게서 나오고 주로 말미암고 주에게로 돌아감이라 그에게 영광이 세세에 있을지어다 아멘

하나님의 뜻을 분별하는 새 생활

12 그러므로 형제들아 내가 하나님의 모든 자비하심으로 너희를 권하노니 너희 몸을 하나님이 기뻐하시는 거룩한 산 제물로 드리라 이는 너희가 드릴 영적 예배니라

2 너희는 이 세대를 본받지 말고 오직 마

음을 새롭게 함으로 변화를 받아 하나

님의 선하시고 기뻐하시고 온전하신 뜻

이 무엇인지 분별하도록 하라

3 내게 주신 은혜로 말미암아 너희 각 사

람에게 말하노니 마땅히 생각할 그 이

상의 생각을 품지 말고 오직 하나님께

서 각 사람에게 나누어 주신 믿음의 분

량대로 지혜롭게 생각하라

4 우리가 한 몸에 많은 지체를 가졌으나

모든 지체가 같은 기능을 가진 것이 아

니니

5 이와 같이 우리 많은 사람이 그리스도

안에서 한 몸이 되어 서로 지체가 되었

느니라

6 우리에게 주신 은혜대로 받은 은사가

각각 다르니 혹 예언이면 믿음의 분수

대로,

7 혹 섬기는 일이면 섬기는 일로, 혹 가르

치는 자면 가르치는 일로,

8 혹 위로하는 자면 위로하는 일로, 구제

하는 자는 성실함으로, 다스리는 자는

부지런함으로, 긍휼을 베푸는 자는 즐

거움으로 할 것이니라

9 사랑에는 거짓이 없나니 악을 미워하고

선에 속하라

10 형제를 사랑하여 서로 우애하고 존경하

기를 서로 먼저 하며

11 부지런하여 게으르지 말고 열심을 품고

주를 섬기라

12 소망 중에 즐거워하며 환난 중에 참으

며 기도에 항상 힘쓰며

13 성도들의 쓸 것을 공급하며 손 대접하

기를 힘쓰라

그리스도인의 생활

14 너희를 박해하는 자를 축복하라 축복하

고 저주하지 말라

15 즐거워하는 자들과 함께 즐거워하고 우
는 자들과 함께 울라

16 서로 마음을 같이하며 높은 데 마음을
두지 말고 도리어 낮은 데 처하며 스스
로 지혜 있는 체 하지 말라

17 아무에게도 악을 악으로 갚지 말고 모
든 사람 앞에서 선한 일을 도모하라

18 할 수 있거든 너희로서는 모든 사람과
더불어 화목하라

19 내 사랑하는 자들아 너희가 친히 원수
를 갚지 말고 하나님의 진노하심에 맡
기라 기록되었으되 원수 갚는 것이 내
게 있으니 내가 갚으리라고 주께서 말
씀하시니라

20 네 원수가 주리거든 먹이고 목마르거든
마시게 하라 그리함으로 네가 숯불을
그 머리에 쌓아 놓으리라

21 악에게 지지 말고 선으로 악을 이기라

그리스도인과 세상 권세

13 각 사람은 위에 있는 권세들에게 복종
하라 권세는 하나님으로부터 나지 않음
이 없나니 모든 권세는 다 하나님께서
정하신 바라

2 그러므로 권세를 거스르는 자는 하나님
의 명을 거스름이니 거스르는 자들은
심판을 자취하리라

3 다스리는 자들은 선한 일에 대하여 두
려움이 되지 않고 악한 일에 대하여 되
나니 네가 권세를 두려워하지 아니하려
느냐 선을 행하라 그리하면 그에게 칭
찬을 받으리라

4 그는 하나님의 사역자가 되어 네게 선
을 베푸는 자니라 그러나 네가 악을 행
하거든 두려워하라 그가 공연히 칼을
가지지 아니하였으니 곧 하나님의 사역
자가 되어 악을 행하는 자에게 진노하

심을 따라 보응하는 자니라

5 그러므로 복종하지 아니할 수 없으니

진노 때문에 할 것이 아니라 양심을 따

라 할 것이라

6 너희가 조세를 바치는 것도 이로 말미

암음이라 그들이 하나님의 일꾼이 되어

바로 이 일에 항상 힘쓰느니라

7 모든 자에게 줄 것을 주되 조세를 받을

자에게 조세를 바치고 관세를 받을 자

에게 관세를 바치고 두려워할 자를 두

려워하며 존경할 자를 존경하라

사랑은 율법의 완성

8 피차 사랑의 빚 외에는 아무에게든지

아무 빚도 지지 말라 남을 사랑하는 자

는 율법을 다 이루었느니라

9 간음하지 말라, 살인하지 말라, 도둑질

하지 말라, 탐내지 말라 한 것과 그 외

에 다른 계명이 있을지라도 네 이웃을

네 자신과 같이 사랑하라 하신 그 말씀

가운데 다 들었느니라

10 사랑은 이웃에게 악을 행하지 아니하

나니 그러므로 사랑은 율법의 완성이

니라

구원의 때가 가까워졌다

11 또한 너희가 이 시기를 알거니와 자다

가 깰 때가 벌써 되었으니 이는 이제

우리의 구원이 처음 믿을 때보다 가까

웠음이라

12 밤이 깊고 낮이 가까웠으니 그러므로

우리가 어둠의 일을 벗고 빛의 갑옷을

입자

13 낮에와 같이 단정히 행하고 방탕하거나

술 취하지 말며 음란하거나 호색하지

말며 다투거나 시기하지 말고

14 오직 주 예수 그리스도로 옷 입고 정욕

을 위하여 육신의 일을 도모하지 말라

형제를 비판하지 말라

14 믿음이 연약한 자를 너희가 받되 그의 의견을 비판하지 말라

2 어떤 사람은 모든 것을 먹을 만한 믿음이 있고 믿음이 연약한 자는 채소만 먹느니라

3 먹는 자는 먹지 않는 자를 업신여기지 말고 먹지 않는 자는 먹는 자를 비판하지 말라 이는 하나님이 그를 받으셨음이라

4 남의 하인을 비판하는 너는 누구냐 그가 서 있는 것이나 넘어지는 것이 자기 주인에게 있으매 그가 세움을 받으리니 이는 그를 세우시는 권능이 주께 있음이라

5 어떤 사람은 이 날을 저 날보다 낫게 여기고 어떤 사람은 모든 날을 같게 여기나니 각각 자기 마음으로 확정할지니라

6 날을 중히 여기는 자도 주를 위하여 중히 여기고 먹는 자도 주를 위하여 먹으니 이는 하나님께 감사함이요 먹지 않는 자도 주를 위하여 먹지 아니하며 하나님께 감사하느니라

7 우리 중에 누구든지 자기를 위하여 사는 자가 없고 자기를 위하여 죽는 자도 없도다

8 우리가 살아도 주를 위하여 살고 죽어도 주를 위하여 죽나니 그러므로 사나 죽으나 우리가 주의 것이로다

9 이를 위하여 그리스도께서 죽었다가 다시 살아나셨으니 곧 죽은 자와 산 자의 주가 되려 하심이라

10 네가 어찌하여 네 형제를 비판하느냐 어찌하여 네 형제를 업신여기느냐 우리가 다 하나님의 심판대 앞에 서리라

11 기록되었으되 주께서 이르시되 내가 살

았노니 모든 무릎이 내게 꿇을 것이요

모든 혀가 하나님께 자백하리라 하였느

니라

12 이러므로 우리 각 사람이 자기 일을 하

나님께 직고하리라

형제로 거리끼게 하지 말라

13 그런즉 우리가 다시는 서로 비판하지

말고 도리어 부딪칠 것이나 거칠 것을

형제 앞에 두지 아니하도록 주의하라

14 내가 주 예수 안에서 알고 확신하노니

무엇이든지 스스로 속된 것이 없으되

다만 속되게 여기는 그 사람에게는 속

되니라

15 만일 음식으로 말미암아 네 형제가 근

심하게 되면 이는 네가 사랑으로 행하

지 아니함이라 그리스도께서 대신하여

죽으신 형제를 네 음식으로 망하게 하

지 말라

16 그러므로 너희의 선한 것이 비방을 받

지 않게 하라

17 하나님의 나라는 먹는 것과 마시는 것

이 아니요 오직 성령 안에 있는 의와

평강과 희락이라

18 이로써 그리스도를 섬기는 자는 하나님

을 기쁘시게 하며 사람에게도 칭찬을

받느니라

19 그러므로 우리가 화평의 일과 서로 덕

을 세우는 일을 힘쓰나니

20 음식으로 말미암아 하나님의 사업을 무

너지게 하지 말라 만물이 다 깨끗하되

거리낌으로 먹는 사람에게는 악한 것

이라

21 고기도 먹지 아니하고 포도주도 마시지

아니하고 무엇이든지 네 형제로 거리끼

게 하는 일을 아니함이 아름다우니라

22 네게 있는 믿음을 하나님 앞에서 스스로 가지고 있으라 자기가 옳다 하는 바로 자기를 정죄하지 아니하는 자는 복이 있도다

23 의심하고 먹는 자는 정죄되었나니 이는 믿음을 따라 하지 아니하였기 때문이라 믿음을 따라 하지 아니하는 것은 다 죄니라

선을 이루고 덕을 세우라

15 믿음이 강한 우리는 마땅히 믿음이 약한 자의 약점을 담당하고 자기를 기쁘게 하지 아니할 것이라

2 우리 각 사람이 이웃을 기쁘게 하되 선을 이루고 덕을 세우도록 할지니라

3 그리스도께서도 자기를 기쁘게 하지 아니하셨나니 기록된 바 주를 비방하는 자들의 비방이 내게 미쳤나이다 함과 같으니라

4 무엇이든지 전에 기록된 바는 우리의 교훈을 위하여 기록된 것이니 우리로 하여금 인내로 또는 성경의 위로로 소망을 가지게 함이니라

5 이제 인내와 위로의 하나님이 너희로 그리스도 예수를 본받아 서로 뜻이 같게 하여 주사

6 한마음과 한 입으로 하나님 곧 우리 주 예수 그리스도의 아버지께 영광을 돌리게 하려 하노라

7 그러므로 그리스도께서 우리를 받아 하나님께 영광을 돌리심과 같이 너희도 서로 받으라

8 내가 말하노니 그리스도께서 하나님의 진실하심을 위하여 할례의 추종자가 되셨으니 이는 조상들에게 주신 약속들을 견고하게 하시고

9 이방인들도 그 긍휼하심으로 말미암아

하나님께 영광을 돌리게 하려 하심이라

기록된 바 그러므로 내가 열방 중에서

주께 감사하고 주의 이름을 찬송하리로

다 함과 같으니라

10 또 이르되 열방들아 주의 백성과 함께

즐거워하라 하였으며

11 또 모든 열방들아 주를 찬양하며 모든

백성들아 그를 찬송하라 하였으며

12 또 이사야가 이르되 이새의 뿌리 곧 열

방을 다스리기 위하여 일어나시는 이가

있으리니 열방이 그에게 소망을 두리라

하였느니라

13 소망의 하나님이 모든 기쁨과 평강을

믿음 안에서 너희에게 충만하게 하사

성령의 능력으로 소망이 넘치게 하시기

를 원하노라

하나님의 복음의 제사장 직분

14 내 형제들아 너희가 스스로 선함이 가

득하고 모든 지식이 차서 능히 서로 권

하는 자임을 나도 확신하노라

15 그러나 내가 너희로 다시 생각나게 하

려고 하나님께서 내게 주신 은혜로 말

미암아 더욱 담대히 대략 너희에게 썼

노니

16 이 은혜는 곧 나로 이방인을 위하여 그

리스도 예수의 일꾼이 되어 하나님의

복음의 제사장 직분을 하게 하사 이방

인을 제물로 드리는 것이 성령 안에서

거룩하게 되어 받으실 만하게 하려 하

심이라

17 그러므로 내가 그리스도 예수 안에서

하나님의 일에 대하여 자랑하는 것이

있거니와

18 그리스도께서 이방인들을 순종하게 하

기 위하여 나를 통하여 역사하신 것 외

에는 내가 감히 말하지 아니하노라 그

일은 말과 행위로

19 표적과 기사의 능력으로 성령의 능력으로 이루어졌으며 그리하여 내가 예루살렘으로부터 두루 행하여 일루리곤까지 그리스도의 복음을 편만하게 전하였노라

20 또 내가 그리스도의 이름을 부르는 곳에는 복음을 전하지 않기를 힘썼노니 이는 남의 터 위에 건축하지 아니하려 함이라

21 기록된 바 주의 소식을 받지 못한 자들이 볼 것이요 듣지 못한 자들이 깨달으리라 함과 같으니라

바울의 로마 방문 계획

22 그러므로 또한 내가 너희에게 가려 하던 것이 여러 번 막혔더니

23 이제는 이 지방에 일할 곳이 없고 또 여러 해 전부터 언제든지 서바나로 갈

때에 너희에게 가기를 바라고 있었으니

24 이는 지나가는 길에 너희를 보고 먼저 너희와 사귐으로 얼마간 기쁨을 가진 후에 너희가 그리로 보내주기를 바람이라

25 그러나 이제는 내가 성도를 섬기는 일로 예루살렘에 가노니

26 이는 마게도냐와 아가야 사람들이 예루살렘 성도 중 가난한 자들을 위하여 기쁘게 얼마를 연보하였음이라

27 저희가 기뻐서 하였거니와 또한 저희는 그들에게 빚진 자니 만일 이방인들이 그들의 영적인 것을 나눠 가졌으면 육적인 것으로 그들을 섬기는 것이 마땅하니라

28 그러므로 내가 이 일을 마치고 이 열매를 그들에게 확증한 후에 너희에게 들렀다가 서바나로 가리라

29 내가 너희에게 나아갈 때에 그리스도의 충만한 복을 가지고 갈 줄을 아노라

30 형제들아 내가 우리 주 예수 그리스도와 성령의 사랑으로 말미암아 너희를 권하노니 너희 기도에 나와 힘을 같이 하여 나를 위하여 하나님께 빌어

31 나로 유대에서 순종하지 아니하는 자들로부터 건짐을 받게 하고 또 예루살렘에 대하여 내가 섬기는 일을 성도들이 받을 만하게 하고

32 나로 하나님의 뜻을 따라 기쁨으로 너희에게 나아가 너희와 함께 편히 쉬게 하라

33 평강의 하나님께서 너희 모든 사람과 함께 계실지어다 아멘

인사

16 내가 겐그레아 교회의 일꾼으로 있는 우리 자매 뵈뵈를 너희에게 추천하노니

2 너희는 주 안에서 성도들의 합당한 예절로 그를 영접하고 무엇이든지 그에게 소용되는 바를 도와 줄지니 이는 그가 여러 사람과 나의 보호자가 되었음이라

3 너희는 그리스도 예수 안에서 나의 동역자들인 브리스가와 아굴라에게 문안하라

4 그들은 내 목숨을 위하여 자기들의 목까지도 내놓았나니 나뿐 아니라 이방인의 모든 교회도 그들에게 감사하느니라

5 또 저의 집에 있는 교회에도 문안하라 내가 사랑하는 에배네도에게 문안하라 그는 아시아에서 그리스도께 처음 맺은 열매니라

6 너희를 위하여 많이 수고한 마리아에게 문안하라

7 내 친척이요 나와 함께 갇혔던 안드로니고와 유니아에게 문안하라 그들은 사

도들에게 존중히 여겨지고 또한 나보다

먼저 그리스도 안에 있는 자라

8 또 주 안에서 내 사랑하는 암블리아에

게 문안하라

9 그리스도 안에서 우리의 동역자인 우르

바노와 나의 사랑하는 스다구에게 문안

하라

10 그리스도 안에서 인정함을 받은 아벨레

에게 문안하라 아리스도불로의 권속에

게 문안하라

11 내 친척 헤로디온에게 문안하라 나깃수

의 가족 중 주 안에 있는 자들에게 문

안하라

12 주 안에서 수고한 드루배나와 드루보사

에게 문안하라 주 안에서 많이 수고하

고 사랑하는 버시에게 문안하라

13 주 안에서 택하심을 입은 루포와 그의

어머니에게 문안하라 그의 어머니는 곧

내 어머니니라

14 아순그리도와 블레곤과 허메와 바드로

바와 허마와 및 그들과 함께 있는 형제

들에게 문안하라

15 빌롤로고와 율리아와 또 네레오와 그의

자매와 올름바와 그들과 함께 있는 모

든 성도에게 문안하라

16 너희가 거룩하게 입맞춤으로 서로 문안

하라 그리스도의 모든 교회가 다 너희

에게 문안하느니라

17 형제들아 내가 너희를 권하노니 너희가

배운 교훈을 거슬러 분쟁을 일으키거나

거치게 하는 자들을 살피고 그들에게서

떠나라

18 이같은 자들은 우리 주 그리스도를 섬

기지 아니하고 다만 자기들의 배만 섬

기나니 교활한 말과 아첨하는 말로 순

진한 자들의 마음을 미혹하느니라

19 너희의 순종함이 모든 사람에게 들리는지라 그러므로 내가 너희로 말미암아 기뻐하노니 너희가 선한 데 지혜롭고 악한 데 미련하기를 원하노라

20 평강의 하나님께서 속히 사탄을 너희 발 아래에서 상하게 하시리라 우리 주 예수의 은혜가 너희에게 있을지어다

문안과 찬양

21 나의 동역자 디모데와 나의 친척 누기오와 야손과 소시바더가 너희에게 문안하느니라

22 이 편지를 기록하는 나 더디오도 주 안에서 너희에게 문안하노라

23 나와 온 교회를 돌보아 주는 가이오도 너희에게 문안하고 이 성의 재무관 에라스도와 형제 구아도도 너희에게 문안하느니라

24 (없음)

25 나의 복음과 예수 그리스도를 전파함은 영세 전부터 감추어졌다가

26 이제는 나타내신 바 되었으며 영원하신 하나님의 명을 따라 선지자들의 글로 말미암아 모든 민족이 믿어 순종하게 하시려고 알게 하신 바 그 신비의 계시를 따라 된 것이니 이 복음으로 너희를 능히 견고하게 하실

27 지혜로우신 하나님께 예수 그리스도로 말미암아 영광이 세세무궁하도록 있을지어다 아멘

고린도전서

인사와 감사

1 하나님의 뜻을 따라 그리스도 예수의 사도로 부르심을 받은 바울과 형제 소스데네는

2 고린도에 있는 하나님의 교회 곧 그리스도 예수 안에서 거룩하여지고 성도라 부르심을 받은 자들과 또 각처에서 우리의 주 곧 그들과 우리의 주 되신 예수 그리스도의 이름을 부르는 모든 자들에게

3 하나님 우리 아버지와 주 예수 그리스도로부터 은혜와 평강이 있기를 원하노라

4 그리스도 예수 안에서 너희에게 주신 하나님의 은혜로 말미암아 내가 너희를 위하여 항상 하나님께 감사하노니

5 이는 너희가 그 안에서 모든 일 곧 모든 언변과 모든 지식에 풍족하므로

6 그리스도의 증거가 너희 중에 견고하게 되어

7 너희가 모든 은사에 부족함이 없이 우리 주 예수 그리스도의 나타나심을 기다림이라

8 주께서 너희를 우리 주 예수 그리스도의 날에 책망할 것이 없는 자로 끝까지 견고하게 하시리라

9 너희를 불러 그의 아들 예수 그리스도 우리 주와 더불어 교제하게 하시는 하나님은 미쁘시도다

고린도 교회의 분쟁

10 형제들아 내가 우리 주 예수 그리스도의 이름으로 너희를 권하노니 모두가 같은 말을 하고 너희 가운데 분쟁이 없이 같은 마음과 같은 뜻으로 온전히 합하라

11 내 형제들아 글로에의 집 편으로 너희

에 대한 말이 내게 들리니 곧 너희 가

운데 분쟁이 있다는 것이라

12 내가 이것을 말하거니와 너희가 각각

이르되 나는 바울에게, 나는 아볼로에

게, 나는 게바에게, 나는 그리스도에게

속한 자라 한다는 것이니

13 그리스도께서 어찌 나뉘었느냐 바울이

너희를 위하여 십자가에 못 박혔으며

바울의 이름으로 너희가 세례를 받았

느냐

14 나는 그리스보와 가이오 외에는 너희

중 아무에게도 내가 세례를 베풀지 아

니한 것을 감사하노니

15 이는 아무도 나의 이름으로 세례를 받

았다 말하지 못하게 하려 함이라

16 내가 또한 스데바나 집 사람에게 세례

를 베풀었고 그 외에는 다른 누구에게

세례를 베풀었는지 알지 못하노라

17 그리스도께서 나를 보내심은 세례를 베

풀게 하려 하심이 아니요 오직 복음을

전하게 하려 하심이로되 말의 지혜로

하지 아니함은 그리스도의 십자가가 헛

되지 않게 하려 함이라

하나님의 능력과 지혜이신 그리스도

18 십자가의 도가 멸망하는 자들에게는 미

련한 것이요 구원을 받는 우리에게는

하나님의 능력이라

19 기록된 바 내가 지혜 있는 자들의 지혜

를 멸하고 총명한 자들의 총명을 폐하

리라 하였으니

20 지혜 있는 자가 어디 있느냐 선비가 어

디 있느냐 이 세대에 변론가가 어디 있

느냐 하나님께서 이 세상의 지혜를 미

련하게 하신 것이 아니냐

21 하나님의 지혜에 있어서는 이 세상이

자기 지혜로 하나님을 알지 못하므로

하나님께서 전도의 미련한 것으로 믿는 자들을 구원하시기를 기뻐하셨도다

22 유대인은 표적을 구하고 헬라인은 지혜를 찾으나

23 우리는 십자가에 못 박힌 그리스도를 전하니 유대인에게는 거리끼는 것이요 이방인에게는 미련한 것이로되

24 오직 부르심을 받은 자들에게는 유대인이나 헬라인이나 그리스도는 하나님의 능력이요 하나님의 지혜니라

25 하나님의 어리석음이 사람보다 지혜롭고 하나님의 약하심이 사람보다 강하니라

26 형제들아 너희를 부르심을 보라 육체를 따라 지혜로운 자가 많지 아니하며 능한 자가 많지 아니하며 문벌 좋은 자가 많지 아니하도다

27 그러나 하나님께서 세상의 미련한 것들을 택하사 지혜 있는 자들을 부끄럽게 하려 하시고 세상의 약한 것들을 택하사 강한 것들을 부끄럽게 하려 하시며

28 하나님께서 세상의 천한 것들과 멸시 받는 것들과 없는 것들을 택하사 있는 것들을 폐하려 하시나니

29 이는 아무 육체도 하나님 앞에서 자랑하지 못하게 하려 하심이라

30 너희는 하나님으로부터 나서 그리스도 예수 안에 있고 예수는 하나님으로부터 나와서 우리에게 지혜와 의로움과 거룩함과 구원함이 되셨으니

31 기록된 바 자랑하는 자는 주 안에서 자랑하라 함과 같게 하려 함이라

십자가에 못 박히신 그리스도

2 형제들아 내가 너희에게 나아가 하나님의 증거를 전할 때에 말과 지혜의 아름다운 것으로 아니하였나니

2 내가 너희 중에서 예수 그리스도와 그가 십자가에 못 박히신 것 외에는 아무 것도 알지 아니하기로 작정하였음이라

3 내가 너희 가운데 거할 때에 약하고 두려워하고 심히 떨었노라

4 내 말과 내 전도함이 설득력 있는 지혜의 말로 하지 아니하고 다만 성령의 나타나심과 능력으로 하여

5 너희 믿음이 사람의 지혜에 있지 아니하고 다만 하나님의 능력에 있게 하려 하였노라

성령으로 보이셨다

6 그러나 우리가 온전한 자들 중에서는 지혜를 말하노니 이는 이 세상의 지혜가 아니요 또 이 세상에서 없어질 통치자들의 지혜도 아니요

7 오직 은밀한 가운데 있는 하나님의 지혜를 말하는 것으로서 곧 감추어졌던 것인데 하나님이 우리의 영광을 위하여 만세 전에 미리 정하신 것이라

8 이 지혜는 이 세대의 통치자들이 한 사람도 알지 못하였나니 만일 알았더라면 영광의 주를 십자가에 못 박지 아니하였으리라

9 기록된 바 하나님이 자기를 사랑하는 자들을 위하여 예비하신 모든 것은 눈으로 보지 못하고 귀로 듣지 못하고 사람의 마음으로 생각하지도 못하였다 함과 같으니라

10 오직 하나님이 성령으로 이것을 우리에게 보이셨으니 성령은 모든 것 곧 하나님의 깊은 것까지도 통달하시느니라

11 사람의 일을 사람의 속에 있는 영 외에 누가 알리요 이와 같이 하나님의 일도 하나님의 영 외에는 아무도 알지 못하느니라

12 우리가 세상의 영을 받지 아니하고 오직 하나님으로부터 온 영을 받았으니 이는 우리로 하여금 하나님께서 우리에게 은혜로 주신 것들을 알게 하려 하심이라

13 우리가 이것을 말하거니와 사람의 지혜가 가르친 말로 아니하고 오직 성령께서 가르치신 것으로 하니 영적인 일은 영적인 것으로 분별하느니라

14 육에 속한 사람은 하나님의 성령의 일들을 받지 아니하나니 이는 그것들이 그에게는 어리석게 보임이요, 또 그는 그것들을 알 수도 없나니 그러한 일은 영적으로 분별되기 때문이라

15 신령한 자는 모든 것을 판단하나 자기는 아무에게도 판단을 받지 아니하느니라

16 누가 주의 마음을 알아서 주를 가르치겠느냐 그러나 우리가 그리스도의 마음을 가졌느니라

하나님의 동역자들

3 형제들아 내가 신령한 자들을 대함과 같이 너희에게 말할 수 없어서 육신에 속한 자 곧 그리스도 안에서 어린 아이들을 대함과 같이 하노라

2 내가 너희를 젖으로 먹이고 밥으로 아니하였노니 이는 너희가 감당하지 못하였음이거니와 지금도 못하리라

3 너희는 아직도 육신에 속한 자로다 너희 가운데 시기와 분쟁이 있으니 어찌 육신에 속하여 사람을 따라 행함이 아니리요

4 어떤 이는 말하되 나는 바울에게라 하고 다른 이는 나는 아볼로에게라 하니 너희가 육의 사람이 아니리요

5 그런즉 아볼로는 무엇이며 바울은 무엇

이냐 그들은 주께서 각각 주신 대로 너

희로 하여금 믿게 한 사역자들이니라

6 나는 심었고 아볼로는 물을 주었으되

오직 하나님께서 자라나게 하셨나니

7 그런즉 심는 이나 물 주는 이는 아무

것도 아니로되 오직 자라게 하시는 이

는 하나님뿐이니라

8 심는 이와 물 주는 이는 한가지이나 각

각 자기가 일한 대로 자기의 상을 받으

리라

9 우리는 하나님의 동역자들이요 너희는

하나님의 밭이요 하나님의 집이니라

10 내게 주신 하나님의 은혜를 따라 내가

지혜로운 건축자와 같이 터를 닦아 두

매 다른 이가 그 위에 세우나 그러나

각각 어떻게 그 위에 세울까를 조심할

지니라

11 이 닦아 둔 것 외에 능히 다른 터를 닦

아 둘 자가 없으니 이 터는 곧 예수 그

리스도라

12 만일 누구든지 금이나 은이나 보석이나

나무나 풀이나 짚으로 이 터 위에 세

우면

13 각 사람의 공적이 나타날 터인데 그 날

이 공적을 밝히리니 이는 불로 나타내

고 그 불이 각 사람의 공적이 어떠한

것을 시험할 것임이라

14 만일 누구든지 그 위에 세운 공적이 그

대로 있으면 상을 받고

15 누구든지 그 공적이 불타면 해를 받으

리니 그러나 자신은 구원을 받되 불 가

운데서 받은 것 같으리라

16 너희는 너희가 하나님의 성전인 것과

하나님의 성령이 너희 안에 계시는 것

을 알지 못하느냐

17 누구든지 하나님의 성전을 더럽히면 하

나님이 그 사람을 멸하시리라 하나님의

성전은 거룩하니 너희도 그러하니라

18 아무도 자신을 속이지 말라 너희 중에

누구든지 이 세상에서 지혜 있는 줄로

생각하거든 어리석은 자가 되라 그리하

여야 지혜로운 자가 되리라

19 이 세상 지혜는 하나님께 어리석은 것

이니 기록된 바 하나님은 지혜 있는 자

들로 하여금 자기 꾀에 빠지게 하시는

이라 하였고

20 또 주께서 지혜 있는 자들의 생각을 헛

것으로 아신다 하셨느니라

21 그런즉 누구든지 사람을 자랑하지 말라

만물이 다 너희 것임이라

22 바울이나 아볼로나 게바나 세계나 생명

이나 사망이나 지금 것이나 장래 것이

나 다 너희의 것이요

23 너희는 그리스도의 것이요 그리스도는

하나님의 것이니라

그리스도의 일꾼

4 사람이 마땅히 우리를 그리스도의 일꾼

이요 하나님의 비밀을 맡은 자로 여길

지어다

2 그리고 맡은 자들에게 구할 것은 충성

이니라

3 너희에게나 다른 사람에게나 판단 받는

것이 내게는 매우 작은 일이라 나도 나

를 판단하지 아니하노니

4 내가 자책할 아무 것도 깨닫지 못하나

이로 말미암아 의롭다 함을 얻지 못하노

라 다만 나를 심판하실 이는 주시니라

5 그러므로 때가 이르기 전 곧 주께서 오

시기까지 아무 것도 판단하지 말라 그

가 어둠에 감추인 것들을 드러내고 마음

의 뜻을 나타내시리니 그 때에 각 사람

에게 하나님으로부터 칭찬이 있으리라

6 형제들아 내가 너희를 위하여 이 일에 나와 아볼로를 들어서 본을 보였으니 이는 너희로 하여금 기록된 말씀 밖으로 넘어가지 말라 한 것을 우리에게서 배워 서로 대적하여 교만한 마음을 가지지 말게 하려 함이라

7 누가 너를 남달리 구별하였느냐 네게 있는 것 중에 받지 아니한 것이 무엇이냐 네가 받았은즉 어찌하여 받지 아니한 것 같이 자랑하느냐

8 너희가 이미 배 부르며 이미 풍성하며 우리 없이도 왕이 되었도다 우리가 너희와 함께 왕 노릇 하기 위하여 참으로 너희가 왕이 되기를 원하노라

9 내가 생각하건대 하나님이 사도인 우리를 죽이기로 작정된 자 같이 끄트머리에 두셨으매 우리는 세계 곧 천사와 사람에게 구경거리가 되었노라

10 우리는 그리스도 때문에 어리석으나 너희는 그리스도 안에서 지혜롭고 우리는 약하나 너희는 강하고 너희는 존귀하나 우리는 비천하여

11 바로 이 시각까지 우리가 주리고 목마르며 헐벗고 매맞으며 정처가 없고

12 또 수고하여 친히 손으로 일을 하며 모욕을 당한즉 축복하고 박해를 받은즉 참고

13 비방을 받은즉 권면하니 우리가 지금까지 세상의 더러운 것과 만물의 찌꺼기 같이 되었도다

14 내가 너희를 부끄럽게 하려고 이것을 쓰는 것이 아니라 오직 너희를 내 사랑하는 자녀 같이 권하려 하는 것이라

15 그리스도 안에서 일만 스승이 있으되 아버지는 많지 아니하니 그리스도 예수 안에서 내가 복음으로써 너희를 낳았음

이라

16 그러므로 내가 너희에게 권하노니 너희

는 나를 본받는 자가 되라

17 이로 말미암아 내가 주 안에서 내 사랑

하고 신실한 아들 디모데를 너희에게

보내었으니 그가 너희로 하여금 그리스

도 예수 안에서 나의 행사 곧 내가 각

처 각 교회에서 가르치는 것을 생각나

게 하리라

18 어떤 이들은 내가 너희에게 나아가지

아니할 것 같이 스스로 교만하여졌으나

19 주께서 허락하시면 내가 너희에게 속히

나아가서 교만한 자들의 말이 아니라

오직 그 능력을 알아보겠으니

20 하나님의 나라는 말에 있지 아니하고

오직 능력에 있음이라

21 너희가 무엇을 원하느냐 내가 매를 가

지고 너희에게 나아가랴 사랑과 온유한

마음으로 나아가랴

음행한 자를 판단하다

5 너희 중에 심지어 음행이 있다 함을 들

으니 그런 음행은 이방인 중에서도 없

는 것이라 누가 그 아버지의 아내를 취

하였다 하는도다

2 그리하고도 너희가 오히려 교만하여져

서 어찌하여 통한히 여기지 아니하고

그 일 행한 자를 너희 중에서 쫓아내지

아니하였느냐

3 내가 실로 몸으로는 떠나 있으나 영으

로는 함께 있어서 거기 있는 것 같이

이런 일 행한 자를 이미 판단하였노라

4 주 예수의 이름으로 너희가 내 영과 함

께 모여서 우리 주 예수의 능력으로

5 이런 자를 사탄에게 내주었으니 이는

육신은 멸하고 영은 주 예수의 날에 구

원을 받게 하려 함이라

6 너희가 자랑하는 것이 옳지 아니하도다 적은 누룩이 온 덩어리에 퍼지는 것을 알지 못하느냐

7 너희는 누룩 없는 자인데 새 덩어리가 되기 위하여 묵은 누룩을 내버리라 우리의 유월절 양 곧 그리스도께서 희생되셨느니라

8 이러므로 우리가 명절을 지키되 묵은 누룩으로도 말고 악하고 악의에 찬 누룩으로도 말고 누룩이 없이 오직 순전함과 진실함의 떡으로 하자

9 내가 너희에게 쓴 편지에 음행하는 자들을 사귀지 말라 하였거니와

10 이 말은 이 세상의 음행하는 자들이나 탐하는 자들이나 속여 빼앗는 자들이나 우상 숭배하는 자들을 도무지 사귀지 말라 하는 것이 아니니 만일 그리하려면 너희가 세상 밖으로 나가야 할 것이라

11 이제 내가 너희에게 쓴 것은 만일 어떤 형제라 일컫는 자가 음행하거나 탐욕을 부리거나 우상 숭배를 하거나 모욕하거나 술 취하거나 속여 빼앗거든 사귀지도 말고 그런 자와는 함께 먹지도 말라 함이라

12 밖에 있는 사람들을 판단하는 것이야 내게 무슨 상관이 있으리요마는 교회 안에 있는 사람들이야 너희가 판단하지 아니하랴

13 밖에 있는 사람들은 하나님이 심판하시려니와 이 악한 사람은 너희 중에서 내쫓으라

세상 법정에 송사하지 말라

6 너희 중에 누가 다른 이와 더불어 다툼이 있는데 구태여 불의한 자들 앞에서 고발하고 성도 앞에서 하지 아니하느냐

2 성도가 세상을 판단할 것을 너희가 알

지 못하느냐 세상도 너희에게 판단을

받겠거든 지극히 작은 일 판단하기를

감당하지 못하겠느냐

3 우리가 천사를 판단할 것을 너희가 알

지 못하느냐 그러하거든 하물며 세상

일이랴

4 그런즉 너희가 세상 사건이 있을 때에

교회에서 경히 여김을 받는 자들을 세

우느냐

5 내가 너희를 부끄럽게 하려 하여 이 말

을 하노니 너희 가운데 그 형제간의 일

을 판단할 만한 지혜 있는 자가 이같이

하나도 없느냐

6 형제가 형제와 더불어 고발할 뿐더러

믿지 아니하는 자들 앞에서 하느냐

7 너희가 피차 고발함으로 너희 가운데

이미 뚜렷한 허물이 있나니 차라리 불

의를 당하는 것이 낫지 아니하며 차라

리 속는 것이 낫지 아니하냐

8 너희는 불의를 행하고 속이는구나 그는

너희 형제로다

9 불의한 자가 하나님의 나라를 유업으로

받지 못할 줄을 알지 못하느냐 미혹을

받지 말라 음행하는 자나 우상 숭배하

는 자나 간음하는 자나 탐색하는 자나

남색하는 자나

10 도적이나 탐욕을 부리는 자나 술 취하

는 자나 모욕하는 자나 속여 빼앗는 자

들은 하나님의 나라를 유업으로 받지

못하리라

11 너희 중에 이와 같은 자들이 있더니 주

예수 그리스도의 이름과 우리 하나님의

성령 안에서 씻음과 거룩함과 의롭다

하심을 받았느니라

몸으로 하나님께 영광을 돌리라

12 모든 것이 내게 가하나 다 유익한 것이

아니요 모든 것이 내게 가하나 내가 무

엇에든지 얽매이지 아니하리라

13 음식은 배를 위하여 있고 배는 음식을

위하여 있으나 하나님은 이것 저것을

다 폐하시리라 몸은 음란을 위하여 있

지 않고 오직 주를 위하여 있으며 주는

몸을 위하여 계시느니라

14 하나님이 주를 다시 살리셨고 또한 그

의 권능으로 우리를 다시 살리시리라

15 너희 몸이 그리스도의 지체인 줄을 알

지 못하느냐 내가 그리스도의 지체를

가지고 창녀의 지체를 만들겠느냐 결코

그럴 수 없느니라

16 창녀와 합하는 자는 그와 한 몸인 줄을

알지 못하느냐 일렀으되 둘이 한 육체

가 된다 하셨나니

17 주와 합하는 자는 한 영이니라

18 음행을 피하라 사람이 범하는 죄마다

몸 밖에 있거니와 음행하는 자는 자기

몸에 죄를 범하느니라

19 너희 몸은 너희가 하나님께로부터 받은

바 너희 가운데 계신 성령의 전인 줄을

알지 못하느냐 너희는 너희 자신의 것

이 아니라

20 값으로 산 것이 되었으니 그런즉 너희

몸으로 하나님께 영광을 돌리라

결혼에 대하여 이르다

7 너희가 쓴 문제에 대하여 말하면 남자

가 여자를 가까이 아니함이 좋으나

2 음행을 피하기 위하여 남자마다 자기 아

내를 두고 여자마다 자기 남편을 두라

3 남편은 그 아내에 대한 의무를 다하고

아내도 그 남편에게 그렇게 할지라

4 아내는 자기 몸을 주장하지 못하고 오

직 그 남편이 하며 남편도 그와 같이

자기 몸을 주장하지 못하고 오직 그 아

내가 하나니

5 서로 분방하지 말라 다만 기도할 틈을 얻기 위하여 합의상 얼마 동안은 하되 다시 합하라 이는 너희가 절제 못함으로 말미암아 사탄이 너희를 시험하지 못하게 하려 함이라

6 그러나 내가 이 말을 함은 허락이요 명령은 아니니라

7 나는 모든 사람이 나와 같기를 원하노라 그러나 각각 하나님께 받은 자기의 은사가 있으니 이 사람은 이러하고 저 사람은 저러하니라

8 내가 결혼하지 아니한 자들과 과부들에게 이르노니 나와 같이 그냥 지내는 것이 좋으니라

9 만일 절제할 수 없거든 결혼하라 정욕이 불 같이 타는 것보다 결혼하는 것이 나으니라

10 결혼한 자들에게 내가 명하노니 (명하는 자는 내가 아니요 주시라) 여자는 남편에게서 갈라서지 말고

11 (만일 갈라섰으면 그대로 지내든지 다시 그 남편과 화합하든지 하라) 남편도 아내를 버리지 말라

12 그 나머지 사람들에게 내가 말하노니 (이는 주의 명령이 아니라) 만일 어떤 형제에게 믿지 아니하는 아내가 있어 남편과 함께 살기를 좋아하거든 그를 버리지 말며

13 어떤 여자에게 믿지 아니하는 남편이 있어 아내와 함께 살기를 좋아하거든 그 남편을 버리지 말라

14 믿지 아니하는 남편이 아내로 말미암아 거룩하게 되고 믿지 아니하는 아내가 남편으로 말미암아 거룩하게 되나니 그렇지 아니하면 너희 자녀도 깨끗하지

못하니라 그러나 이제 거룩하니라

15 혹 믿지 아니하는 자가 갈리거든 갈리

게 하라 형제나 자매나 이런 일에 구애

될 것이 없느니라 그러나 하나님은 화

평 중에서 너희를 부르셨느니라

16 아내 된 자여 네가 남편을 구원할는지

어찌 알 수 있으며 남편 된 자여 네가

네 아내를 구원할는지 어찌 알 수 있으

리요

17 오직 주께서 각 사람에게 나눠 주신 대

로 하나님이 각 사람을 부르신 그대로

행하라 내가 모든 교회에서 이와 같이

명하노라

18 할례자로서 부르심을 받은 자가 있느냐

무할례자가 되지 말며 무할례자로 부

르심을 받은 자가 있느냐 할례를 받지

말라

19 할례 받는 것도 아무 것도 아니요 할례

받지 아니하는 것도 아무 것도 아니로

되 오직 하나님의 계명을 지킬 따름이

니라

20 각 사람은 부르심을 받은 그 부르심 그

대로 지내라

21 네가 종으로 있을 때에 부르심을 받았

느냐 염려하지 말라 그러나 네가 자유

롭게 될 수 있거든 그것을 이용하라

22 주 안에서 부르심을 받은 자는 종이라

도 주께 속한 자유인이요 또 그와 같이

자유인으로 있을 때에 부르심을 받은

자는 그리스도의 종이니라

23 너희는 값으로 사신 것이니 사람들의

종이 되지 말라

24 형제들아 너희는 각각 부르심을 받은

그대로 하나님과 함께 거하라

처녀와 과부에게 주는 권면

25 처녀에 대하여는 내가 주께 받은 계명

이 없으되 주의 자비하심을 받아서 충성

스러운 자가 된 내가 의견을 말하노니

26 내 생각에는 이것이 좋으니 곧 임박한

환난으로 말미암아 사람이 그냥 지내는

것이 좋으니라

27 네가 아내에게 매였느냐 놓이기를 구하

지 말며 아내에게서 놓였느냐 아내를

구하지 말라

28 그러나 장가 가도 죄 짓는 것이 아니요

처녀가 시집 가도 죄 짓는 것이 아니로

되 이런 이들은 육신에 고난이 있으리

니 나는 너희를 아끼노라

29 형제들아 내가 이 말을 하노니 그 때가

단축하여진 고로 이 후부터 아내 있는

자들은 없는 자 같이 하며

30 우는 자들은 울지 않는 자 같이 하며

기쁜 자들은 기쁘지 않은 자 같이 하며

매매하는 자들은 없는 자 같이 하며

31 세상 물건을 쓰는 자들은 다 쓰지 못하

는 자 같이 하라 이 세상의 외형은 지

나감이니라

32 너희가 염려 없기를 원하노라 장가 가

지 않은 자는 주의 일을 염려하여 어찌

하여야 주를 기쁘시게 할까 하되

33 장가 간 자는 세상 일을 염려하여 어찌

하여야 아내를 기쁘게 할까 하여

34 마음이 갈라지며 시집 가지 않은 자와

처녀는 주의 일을 염려하여 몸과 영을

다 거룩하게 하려 하되 시집 간 자는

세상 일을 염려하여 어찌하여야 남편을

기쁘게 할까 하느니라

35 내가 이것을 말함은 너희의 유익을 위

함이요 너희에게 올무를 놓으려 함이

아니니 오직 너희로 하여금 이치에 합

당하게 하여 흐트러짐이 없이 주를 섬

기게 하려 함이라

36 그러므로 만일 누가 자기의 약혼녀에 대한 행동이 합당하지 못한 줄로 생각할 때에 그 약혼녀의 혼기도 지나고 그같이 할 필요가 있거든 원하는 대로 하라 그것은 죄 짓는 것이 아니니 그들로 결혼하게 하라

37 그러나 그가 마음을 정하고 또 부득이한 일도 없고 자기 뜻대로 할 권리가 있어서 그 약혼녀를 그대로 두기로 하여도 잘하는 것이니라

38 그러므로 결혼하는 자도 잘하거니와 결혼하지 아니하는 자는 더 잘하는 것이니라

39 아내는 그 남편이 살아 있는 동안에 매여 있다가 남편이 죽으면 자유로워 자기 뜻대로 시집 갈 것이나 주 안에서만 할 것이니라

40 그러나 내 뜻에는 그냥 지내는 것이 더

욱 복이 있으리로다 나도 또한 하나님의 영을 받은 줄로 생각하노라

우상에게 바친 제물

8 우상의 제물에 대하여는 우리가 다 지식이 있는 줄을 아나 지식은 교만하게 하며 사랑은 덕을 세우나니

2 만일 누구든지 무엇을 아는 줄로 생각하면 아직도 마땅히 알 것을 알지 못하는 것이요

3 또 누구든지 하나님을 사랑하면 그 사람은 하나님도 알아 주시느니라

4 그러므로 우상의 제물을 먹는 일에 대하여는 우리가 우상은 세상에 아무 것도 아니며 또한 하나님은 한 분밖에 없는 줄 아노라

5 비록 하늘에나 땅에나 신이라 불리는 자가 있어 많은 신과 많은 주가 있으나

6 그러나 우리에게는 한 하나님 곧 아버

지가 계시니 만물이 그에게서 났고 우리도 그를 위하여 있고 또한 한 주 예수 그리스도께서 계시니 만물이 그로 말미암고 우리도 그로 말미암아 있느니라

7 그러나 이 지식은 모든 사람에게 있는 것은 아니므로 어떤 이들은 지금까지 우상에 대한 습관이 있어 우상의 제물로 알고 먹는 고로 그들의 양심이 약하여지고 더러워지느니라

8 음식은 우리를 하나님 앞에 내세우지 못하나니 우리가 먹지 않는다고 해서 더 못사는 것도 아니고 먹는다고 해서 더 잘사는 것도 아니니라

9 그런즉 너희의 자유가 믿음이 약한 자들에게 걸려 넘어지게 하는 것이 되지 않도록 조심하라

10 지식 있는 네가 우상의 집에 앉아 먹는 것을 누구든지 보면 그 믿음이 약한 자들의 양심이 담력을 얻어 우상의 제물을 먹게 되지 않겠느냐

11 그러면 네 지식으로 그 믿음이 약한 자가 멸망하나니 그는 그리스도께서 위하여 죽으신 형제라

12 이같이 너희가 형제에게 죄를 지어 그 약한 양심을 상하게 하는 것이 곧 그리스도에게 죄를 짓는 것이니라

13 그러므로 만일 음식이 내 형제를 실족하게 한다면 나는 영원히 고기를 먹지 아니하여 내 형제를 실족하지 않게 하리라

사도의 권리

9 내가 자유인이 아니냐 사도가 아니냐 예수 우리 주를 보지 못하였느냐 주 안에서 행한 나의 일이 너희가 아니냐

2 다른 사람들에게는 내가 사도가 아닐

지라도 너희에게는 사도이니 나의 사도

됨을 주 안에서 인친 것이 너희라

3 나를 비판하는 자들에게 변명할 것이

이것이니

4 우리가 먹고 마실 권리가 없겠느냐

5 우리가 다른 사도들과 주의 형제들과

게바와 같이 믿음의 자매 된 아내를 데

리고 다닐 권리가 없겠느냐

6 어찌 나와 바나바만 일하지 아니할 권

리가 없겠느냐

7 누가 자기 비용으로 군 복무를 하겠느

냐 누가 포도를 심고 그 열매를 먹지

않겠느냐 누가 양 떼를 기르고 그 양

떼의 젖을 먹지 않겠느냐

8 내가 사람의 예대로 이것을 말하느냐

율법도 이것을 말하지 아니하느냐

9 모세의 율법에 곡식을 밟아 떠는 소에

게 망을 씌우지 말라 기록하였으니 하

나님께서 어찌 소들을 위하여 염려하심

이냐

10 오로지 우리를 위하여 말씀하심이 아니

냐 과연 우리를 위하여 기록된 것이니

밭 가는 자는 소망을 가지고 갈며 곡식

떠는 자는 함께 얻을 소망을 가지고 떠

는 것이라

11 우리가 너희에게 신령한 것을 뿌렸은즉

너희의 육적인 것을 거두기로 과하다

하겠느냐

12 다른 이들도 너희에게 이런 권리를 가

졌거든 하물며 우리일까보냐 그러나 우

리가 이 권리를 쓰지 아니하고 범사에

참는 것은 그리스도의 복음에 아무 장

애가 없게 하려 함이로다

13 성전의 일을 하는 이들은 성전에서 나

는 것을 먹으며 제단에서 섬기는 이들

은 제단과 함께 나누는 것을 너희가 알

지 못하느냐

14 이와 같이 주께서도 복음 전하는 자들
이 복음으로 말미암아 살리라 명하셨느
니라

15 그러나 내가 이것을 하나도 쓰지 아니
하였고 또 이 말을 쓰는 것은 내게 이
같이 하여 달라는 것이 아니라 내가 차
라리 죽을지언정 누구든지 내 자랑하는
것을 헛된 데로 돌리지 못하게 하리라

16 내가 복음을 전할지라도 자랑할 것이
없음은 내가 부득불 할 일임이라 만일
복음을 전하지 아니하면 내게 화가 있
을 것이로다

17 내가 내 자의로 이것을 행하면 상을 얻
으려니와 내가 자의로 아니한다 할지라
도 나는 사명을 받았노라

18 그런즉 내 상이 무엇이냐 내가 복음을
전할 때에 값없이 전하고 복음으로 말

미암아 내게 있는 권리를 다 쓰지 아니
하는 이것이로다

19 내가 모든 사람에게서 자유로우나 스스
로 모든 사람에게 종이 된 것은 더 많
은 사람을 얻고자 함이라

20 유대인들에게 내가 유대인과 같이 된
것은 유대인들을 얻고자 함이요 율법
아래에 있는 자들에게는 내가 율법 아
래에 있지 아니하나 율법 아래에 있는
자 같이 된 것은 율법 아래에 있는 자
들을 얻고자 함이요

21 율법 없는 자에게는 내가 하나님께는
율법 없는 자가 아니요 도리어 그리스
도의 율법 아래에 있는 자이나 율법 없
는 자와 같이 된 것은 율법 없는 자들
을 얻고자 함이라

22 약한 자들에게 내가 약한 자와 같이 된
것은 약한 자들을 얻고자 함이요 내가

여러 사람에게 여러 모습이 된 것은 아

무쪼록 몇 사람이라도 구원하고자 함

이니

23 내가 복음을 위하여 모든 것을 행함은

복음에 참여하고자 함이라

24 운동장에서 달음질하는 자들이 다 달릴

지라도 오직 상을 받는 사람은 한 사람

인 줄을 너희가 알지 못하느냐 너희도

상을 받도록 이와 같이 달음질하라

25 이기기를 다투는 자마다 모든 일에 절

제하나니 그들은 썩을 승리자의 관을

얻고자 하되 우리는 썩지 아니할 것을

얻고자 하노라

26 그러므로 나는 달음질하기를 향방 없는

것 같이 아니하고 싸우기를 허공을 치

는 것 같이 아니하며

27 내가 내 몸을 쳐 복종하게 함은 내가

남에게 전파한 후에 자신이 도리어 버

림을 당할까 두려워함이로다

우상 숭배하는 일을 피하라

10 형제들아 나는 너희가 알지 못하기를

원하지 아니하노니 우리 조상들이 다

구름 아래에 있고 바다 가운데로 지

나며

2 모세에게 속하여 다 구름과 바다에서

세례를 받고

3 다 같은 신령한 음식을 먹으며

4 다 같은 신령한 음료를 마셨으니 이는

그들을 따르는 신령한 반석으로부터 마

셨으매 그 반석은 곧 그리스도시라

5 그러나 그들의 다수를 하나님이 기뻐하

지 아니하셨으므로 그들이 광야에서 멸

망을 받았느니라

6 이러한 일은 우리의 본보기가 되어 우

리로 하여금 그들이 악을 즐겨 한 것

같이 즐겨 하는 자가 되지 않게 하려

함이니

7 그들 가운데 어떤 사람들과 같이 너희는 우상 숭배하는 자가 되지 말라 기록된 바 백성이 앉아서 먹고 마시며 일어나서 뛰논다 함과 같으니라

8 그들 중의 어떤 사람들이 음행하다가 하루에 이만 삼천 명이 죽었나니 우리는 그들과 같이 음행하지 말자

9 그들 가운데 어떤 사람들이 주를 시험하다가 뱀에게 멸망하였나니 우리는 그들과 같이 시험하지 말자

10 그들 가운데 어떤 사람들이 원망하다가 멸망시키는 자에게 멸망하였나니 너희는 그들과 같이 원망하지 말라

11 그들에게 일어난 이런 일은 본보기가 되고 또한 말세를 만난 우리를 깨우치기 위하여 기록되었느니라

12 그런즉 선 줄로 생각하는 자는 넘어질

까 조심하라

13 사람이 감당할 시험 밖에는 너희가 당한 것이 없나니 오직 하나님은 미쁘사 너희가 감당하지 못할 시험 당함을 허락하지 아니하시고 시험 당할 즈음에 또한 피할 길을 내사 너희로 능히 감당하게 하시느니라

14 그런즉 내 사랑하는 자들아 우상 숭배하는 일을 피하라

15 나는 지혜 있는 자들에게 말함과 같이 하노니 너희는 내가 이르는 말을 스스로 판단하라

16 우리가 축복하는 바 축복의 잔은 그리스도의 피에 참여함이 아니며 우리가 떼는 떡은 그리스도의 몸에 참여함이 아니냐

17 떡이 하나요 많은 우리가 한 몸이니 이는 우리가 다 한 떡에 참여함이라

18 육신을 따라 난 이스라엘을 보라 제물

을 먹는 자들이 제단에 참여하는 자들

이 아니냐

19 그런즉 내가 무엇을 말하느냐 우상의

제물은 무엇이며 우상은 무엇이냐

20 무릇 이방인이 제사하는 것은 귀신에

게 하는 것이요 하나님께 제사하는 것

이 아니니 나는 너희가 귀신과 교제하

는 자가 되기를 원하지 아니하노라

21 너희가 주의 잔과 귀신의 잔을 겸하여

마시지 못하고 주의 식탁과 귀신의 식

탁에 겸하여 참여하지 못하리라

22 그러면 우리가 주를 노여워하시게 하겠

느냐 우리가 주보다 강한 자냐

다 하나님의 영광을 위하여 하라

23 모든 것이 가하나 모든 것이 유익한 것

은 아니요 모든 것이 가하나 모든 것이

덕을 세우는 것은 아니니

24 누구든지 자기의 유익을 구하지 말고

남의 유익을 구하라

25 무릇 시장에서 파는 것은 양심을 위하

여 묻지 말고 먹으라

26 이는 땅과 거기 충만한 것이 주의 것임

이라

27 불신자 중 누가 너희를 청할 때에 너희

가 가고자 하거든 너희 앞에 차려 놓은

것은 무엇이든지 양심을 위하여 묻지

말고 먹으라

28 누가 너희에게 이것이 제물이라 말하거

든 알게 한 자와 그 양심을 위하여 먹

지 말라

29 내가 말한 양심은 너희의 것이 아니요

남의 것이니 어찌하여 내 자유가 남의

양심으로 말미암아 판단을 받으리요

30 만일 내가 감사함으로 참여하면 어찌하

여 내가 감사하는 것에 대하여 비방을

받으리요

31 그런즉 너희가 먹든지 마시든지 무엇을 하든지 다 하나님의 영광을 위하여 하라

32 유대인에게나 헬라인에게나 하나님의 교회에나 거치는 자가 되지 말고

33 나와 같이 모든 일에 모든 사람을 기쁘게 하여 자신의 유익을 구하지 아니하고 많은 사람의 유익을 구하여 그들로 구원을 받게 하라

11 내가 그리스도를 본받는 자가 된 것 같이 너희는 나를 본받는 자가 되라

여자가 머리를 가리는 것

2 너희가 모든 일에 나를 기억하고 또 내가 너희에게 전하여 준 대로 그 전통을 너희가 지키므로 너희를 칭찬하노라

3 그러나 나는 너희가 알기를 원하노니 각 남자의 머리는 그리스도요 여자의 머리는 남자요 그리스도의 머리는 하나님이시라

4 무릇 남자로서 머리에 무엇을 쓰고 기도나 예언을 하는 자는 그 머리를 욕되게 하는 것이요

5 무릇 여자로서 머리에 쓴 것을 벗고 기도나 예언을 하는 자는 그 머리를 욕되게 하는 것이니 이는 머리를 민 것과 다름이 없음이라

6 만일 여자가 머리를 가리지 않거든 깎을 것이요 만일 깎거나 미는 것이 여자에게 부끄러움이 되거든 가릴지니라

7 남자는 하나님의 형상과 영광이니 그 머리를 마땅히 가리지 않거니와 여자는 남자의 영광이니라

8 남자가 여자에게서 난 것이 아니요 여자가 남자에게서 났으며

9 또 남자가 여자를 위하여 지음을 받지

아니하고 여자가 남자를 위하여 지음을

받은 것이니

10 그러므로 여자는 천사들로 말미암아 권

세 아래에 있는 표를 그 머리 위에 둘

지니라

11 그러나 주 안에는 남자 없이 여자만 있

지 않고 여자 없이 남자만 있지 아니하

니라

12 이는 여자가 남자에게서 난 것 같이 남

자도 여자로 말미암아 났음이라 그리고

모든 것은 하나님에게서 났느니라

13 너희는 스스로 판단하라 여자가 머리를

가리지 않고 하나님께 기도하는 것이

마땅하냐

14 만일 남자에게 긴 머리가 있으면 자기

에게 부끄러움이 되는 것을 본성이 너

희에게 가르치지 아니하느냐

15 만일 여자가 긴 머리가 있으면 자기에

게 영광이 되나니 긴 머리는 가리는 것

을 대신하여 주셨기 때문이니라

16 논쟁하려는 생각을 가진 자가 있을지라

도 우리에게나 하나님의 모든 교회에는

이런 관례가 없느니라

성만찬의 제정 (마 26:26-29; 막 14:22-25; 눅 22:14-20)

17 내가 명하는 이 일에 너희를 칭찬하지

아니하나니 이는 너희의 모임이 유익이

못되고 도리어 해로움이라

18 먼저 너희가 교회에 모일 때에 너희 중

에 분쟁이 있다 함을 듣고 어느 정도

믿거니와

19 너희 중에 파당이 있어야 너희 중에 옳

다 인정함을 받은 자들이 나타나게 되

리라

20 그런즉 너희가 함께 모여서 주의 만찬

을 먹을 수 없으니

21 이는 먹을 때에 각각 자기의 만찬을 먼

저 갖다 먹으므로 어떤 사람은 시장하

고 어떤 사람은 취함이라

22 너희가 먹고 마실 집이 없느냐 너희가

하나님의 교회를 업신여기고 빈궁한 자

들을 부끄럽게 하느냐 내가 너희에게

무슨 말을 하랴 너희를 칭찬하랴 이것

으로 칭찬하지 않노라

23 내가 너희에게 전한 것은 주께 받은 것

이니 곧 주 예수께서 잡히시던 밤에 떡

을 가지사

24 축사하시고 떼어 이르시되 이것은 너희

를 위하는 내 몸이니 이것을 행하여 나

를 기념하라 하시고

25 식후에 또한 그와 같이 잔을 가지시고

이르시되 이 잔은 내 피로 세운 새 언

약이니 이것을 행하여 마실 때마다 나

를 기념하라 하셨으니

26 너희가 이 떡을 먹으며 이 잔을 마실

때마다 주의 죽으심을 그가 오실 때까

지 전하는 것이니라

27 그러므로 누구든지 주의 떡이나 잔을

합당하지 않게 먹고 마시는 자는 주의

몸과 피에 대하여 죄를 짓는 것이니라

28 사람이 자기를 살피고 그 후에야 이 떡

을 먹고 이 잔을 마실지니

29 주의 몸을 분별하지 못하고 먹고 마시

는 자는 자기의 죄를 먹고 마시는 것이

니라

30 그러므로 너희 중에 약한 자와 병든 자

가 많고 잠자는 자도 적지 아니하니

31 우리가 우리를 살폈으면 판단을 받지

아니하려니와

32 우리가 판단을 받는 것은 주께 징계를

받는 것이니 이는 우리로 세상과 함께

정죄함을 받지 않게 하려 하심이라

33 그런즉 내 형제들아 먹으러 모일 때에

서로 기다리라

34 만일 누구든지 시장하거든 집에서 먹을 지니 이는 너희의 모임이 판단 받는 모임이 되지 않게 하려 함이라 그밖의 일들은 내가 언제든지 갈 때에 바로잡으리라

성령의 은사

12 형제들아 신령한 것에 대하여 나는 너희가 알지 못하기를 원하지 아니하노니

2 너희도 알거니와 너희가 이방인으로 있을 때에 말 못하는 우상에게로 끄는 그대로 끌려 갔느니라

3 그러므로 내가 너희에게 알리노니 하나님의 영으로 말하는 자는 누구든지 예수를 저주할 자라 하지 아니하고 또 성령으로 아니하고는 누구든지 예수를 주시라 할 수 없느니라

4 은사는 여러 가지나 성령은 같고

5 직분은 여러 가지나 주는 같으며

6 또 사역은 여러 가지나 모든 것을 모든 사람 가운데서 이루시는 하나님은 같으니

7 각 사람에게 성령을 나타내심은 유익하게 하려 하심이라

8 어떤 사람에게는 성령으로 말미암아 지혜의 말씀을, 어떤 사람에게는 같은 성령을 따라 지식의 말씀을,

9 다른 사람에게는 같은 성령으로 믿음을, 어떤 사람에게는 한 성령으로 병 고치는 은사를,

10 어떤 사람에게는 능력 행함을, 어떤 사람에게는 예언함을, 어떤 사람에게는 영들 분별함을, 다른 사람에게는 각종 방언 말함을, 어떤 사람에게는 방언들 통역함을 주시나니

11 이 모든 일은 같은 한 성령이 행하사

그의 뜻대로 각 사람에게 나누어 주시는 것이니라

하나의 몸과 많은 지체

12 몸은 하나인데 많은 지체가 있고 몸의 지체가 많으나 한 몸임과 같이 그리스도도 그러하니라

13 우리가 유대인이나 헬라인이나 종이나 자유인이나 다 한 성령으로 세례를 받아 한 몸이 되었고 또 다 한 성령을 마시게 하셨느니라

14 몸은 한 지체뿐만 아니요 여럿이니

15 만일 발이 이르되 나는 손이 아니니 몸에 붙지 아니하였다 할지라도 이로써 몸에 붙지 아니한 것이 아니요

16 또 귀가 이르되 나는 눈이 아니니 몸에 붙지 아니하였다 할지라도 이로써 몸에 붙지 아니한 것이 아니니

17 만일 온 몸이 눈이면 듣는 곳은 어디며 온 몸이 듣는 곳이면 냄새 맡는 곳은 어디냐

18 그러나 이제 하나님이 그 원하시는 대로 지체를 각각 몸에 두셨으니

19 만일 다 한 지체뿐이면 몸은 어디냐

20 이제 지체는 많으나 몸은 하나라

21 눈이 손더러 내가 너를 쓸 데가 없다 하거나 또한 머리가 발더러 내가 너를 쓸 데가 없다 하지 못하리라

22 그뿐 아니라 더 약하게 보이는 몸의 지체가 도리어 요긴하고

23 우리가 몸의 덜 귀히 여기는 그것들을 더욱 귀한 것들로 입혀 주며 우리의 아름답지 못한 지체는 더욱 아름다운 것을 얻느니라 그런즉

24 우리의 아름다운 지체는 그럴 필요가 없느니라 오직 하나님이 몸을 고르게 하여 부족한 지체에게 귀중함을 더하사

25 몸 가운데서 분쟁이 없고 오직 여러 지체가 서로 같이 돌보게 하셨느니라

26 만일 한 지체가 고통을 받으면 모든 지체가 함께 고통을 받고 한 지체가 영광을 얻으면 모든 지체가 함께 즐거워하느니라

27 너희는 그리스도의 몸이요 지체의 각 부분이라

28 하나님이 교회 중에 몇을 세우셨으니 첫째는 사도요 둘째는 선지자요 셋째는 교사요 그 다음은 능력을 행하는 자요 그 다음은 병 고치는 은사와 서로 돕는 것과 다스리는 것과 각종 방언을 말하는 것이라

29 다 사도이겠느냐 다 선지자이겠느냐 다 교사이겠느냐 다 능력을 행하는 자이겠느냐

30 다 병 고치는 은사를 가진 자이겠느냐 다 방언을 말하는 자이겠느냐 다 통역하는 자이겠느냐

31 너희는 더욱 큰 은사를 사모하라 내가 또한 가장 좋은 길을 너희에게 보이리라

사랑

13 내가 사람의 방언과 천사의 말을 할지라도 사랑이 없으면 소리 나는 구리와 울리는 꽹과리가 되고

2 내가 예언하는 능력이 있어 모든 비밀과 모든 지식을 알고 또 산을 옮길 만한 모든 믿음이 있을지라도 사랑이 없으면 내가 아무 것도 아니요

3 내가 내게 있는 모든 것으로 구제하고 또 내 몸을 불사르게 내줄지라도 사랑이 없으면 내게 아무 유익이 없느니라

4 사랑은 오래 참고 사랑은 온유하며 시기하지 아니하며 사랑은 자랑하지 아니하며 교만하지 아니하며

5 무례히 행하지 아니하며 자기의 유익을 구하지 아니하며 성내지 아니하며 악한 것을 생각하지 아니하며

6 불의를 기뻐하지 아니하며 진리와 함께 기뻐하고

7 모든 것을 참으며 모든 것을 믿으며 모든 것을 바라며 모든 것을 견디느니라

8 사랑은 언제까지나 떨어지지 아니하되 예언도 폐하고 방언도 그치고 지식도 폐하리라

9 우리는 부분적으로 알고 부분적으로 예언하니

10 온전한 것이 올 때에는 부분적으로 하던 것이 폐하리라

11 내가 어렸을 때에는 말하는 것이 어린 아이와 같고 깨닫는 것이 어린 아이와 같고 생각하는 것이 어린 아이와 같다가 장성한 사람이 되어서는 어린 아이의 일을 버렸노라

12 우리가 지금은 거울로 보는 것 같이 희미하나 그 때에는 얼굴과 얼굴을 대하여 볼 것이요 지금은 내가 부분적으로 아나 그 때에는 주께서 나를 아신 것 같이 내가 온전히 알리라

13 그런즉 믿음, 소망, 사랑, 이 세 가지는 항상 있을 것인데 그 중의 제일은 사랑이라

방언과 예언

14 사랑을 추구하며 신령한 것들을 사모하되 특별히 예언을 하려고 하라

2 방언을 말하는 자는 사람에게 하지 아니하고 하나님께 하나니 이는 알아 듣는 자가 없고 영으로 비밀을 말함이라

3 그러나 예언하는 자는 사람에게 말하여 덕을 세우며 권면하며 위로하는 것이요

4 방언을 말하는 자는 자기의 덕을 세

우고 예언하는 자는 교회의 덕을 세우

나니

5 나는 너희가 다 방언 말하기를 원하나

특별히 예언하기를 원하노라 만일 방언

을 말하는 자가 통역하여 교회의 덕을

세우지 아니하면 예언하는 자만 못하

니라

6 그런즉 형제들아 내가 너희에게 나아가

서 방언으로 말하고 계시나 지식이나

예언이나 가르치는 것으로 말하지 아니

하면 너희에게 무엇이 유익하리요

7 혹 피리나 거문고와 같이 생명 없는 것

이 소리를 낼 때에 그 음의 분별을 나

타내지 아니하면 피리 부는 것인지 거

문고 타는 것인지 어찌 알게 되리요

8 만일 나팔이 분명하지 못한 소리를 내

면 누가 전투를 준비하리요

9 이와 같이 너희도 혀로써 알아 듣기 쉬

운 말을 하지 아니하면 그 말하는 것을

어찌 알리요 이는 허공에다 말하는 것

이라

10 이같이 세상에 소리의 종류가 많으나

뜻 없는 소리는 없나니

11 그러므로 내가 그 소리의 뜻을 알지 못

하면 내가 말하는 자에게 외국인이 되

고 말하는 자도 내게 외국인이 되리니

12 그러므로 너희도 영적인 것을 사모하는

자인즉 교회의 덕을 세우기 위하여 그

것이 풍성하기를 구하라

13 그러므로 방언을 말하는 자는 통역하기

를 기도할지니

14 내가 만일 방언으로 기도하면 나의 영

이 기도하거니와 나의 마음은 열매를

맺지 못하리라

15 그러면 어떻게 할까 내가 영으로 기도

하고 또 마음으로 기도하며 내가 영으

로 찬송하고 또 마음으로 찬송하리라

16 그렇지 아니하면 네가 영으로 축복할

때에 알지 못하는 처지에 있는 자가 네

가 무슨 말을 하는지 알지 못하고 네

감사에 어찌 아멘 하리요

17 너는 감사를 잘하였으나 그러나 다른

사람은 덕 세움을 받지 못하리라

18 내가 너희 모든 사람보다 방언을 더 말

하므로 하나님께 감사하노라

19 그러나 교회에서 내가 남을 가르치기

위하여 깨달은 마음으로 다섯 마디 말

을 하는 것이 일만 마디 방언으로 말하

는 것보다 나으니라

20 형제들아 지혜에는 아이가 되지 말고

악에는 어린 아이가 되라 지혜에는 장

성한 사람이 되라

21 율법에 기록된 바 주께서 이르시되 내

가 다른 방언을 말하는 자와 다른 입술

로 이 백성에게 말할지라도 그들이 여

전히 듣지 아니하리라 하였으니

22 그러므로 방언은 믿는 자들을 위하지

아니하고 믿지 아니하는 자들을 위하는

표적이나 예언은 믿지 아니하는 자들을

위하지 않고 믿는 자들을 위함이니라

23 그러므로 온 교회가 함께 모여 다 방언

으로 말하면 알지 못하는 자들이나 믿

지 아니하는 자들이 들어와서 너희를

미쳤다 하지 아니하겠느냐

24 그러나 다 예언을 하면 믿지 아니하는

자들이나 알지 못하는 자들이 들어와서

모든 사람에게 책망을 들으며 모든 사

람에게 판단을 받고

25 그 마음의 숨은 일들이 드러나게 되므

로 엎드리어 하나님께 경배하며 하나님

이 참으로 너희 가운데 계신다 전파하

리라

차례를 따라 하라

26 그런즉 형제들아 어찌할까 너희가 모

일 때에 각각 찬송시도 있으며 가르치

는 말씀도 있으며 계시도 있으며 방언

도 있으며 통역함도 있나니 모든 것을

덕을 세우기 위하여 하라

27 만일 누가 방언으로 말하거든 두 사람

이나 많아야 세 사람이 차례를 따라 하

고 한 사람이 통역할 것이요

28 만일 통역하는 자가 없으면 교회에서는

잠잠하고 자기와 하나님께 말할 것이요

29 예언하는 자는 둘이나 셋이나 말하고

다른 이들은 분별할 것이요

30 만일 곁에 앉아 있는 다른 이에게 계

시가 있으면 먼저 하던 자는 잠잠할지

니라

31 너희는 다 모든 사람으로 배우게 하고

모든 사람으로 권면을 받게 하기 위하

여 하나씩 하나씩 예언할 수 있느니라

32 예언하는 자들의 영은 예언하는 자들에

게 제재를 받나니

33 하나님은 무질서의 하나님이 아니시요

오직 화평의 하나님이시니라 모든 성도

가 교회에서 함과 같이

34 여자는 교회에서 잠잠하라 그들에게는

말하는 것을 허락함이 없나니 율법에

이른 것 같이 오직 복종할 것이요

35 만일 무엇을 배우려거든 집에서 자기

남편에게 물을지니 여자가 교회에서 말

하는 것은 부끄러운 것이라

36 하나님의 말씀이 너희로부터 난 것이냐

또는 너희에게만 임한 것이냐

37 만일 누구든지 자기를 선지자나 혹은

신령한 자로 생각하거든 내가 너희에게

편지하는 이 글이 주의 명령인 줄 알라

38 만일 누구든지 알지 못하면 그는 알지

못한 자니라

39 그런즉 내 형제들아 예언하기를 사모하

며 방언 말하기를 금하지 말라

40 모든 것을 품위 있게 하고 질서 있게

하라

그리스도의 부활

15 형제들아 내가 너희에게 전한 복음을

너희에게 알게 하노니 이는 너희가 받

은 것이요 또 그 가운데 선 것이라

2 너희가 만일 내가 전한 그 말을 굳게

지키고 헛되이 믿지 아니하였으면 그로

말미암아 구원을 받으리라

3 내가 받은 것을 먼저 너희에게 전하였

노니 이는 성경대로 그리스도께서 우리

죄를 위하여 죽으시고

4 장사 지낸 바 되셨다가 성경대로 사흘

만에 다시 살아나사

5 게바에게 보이시고 후에 열두 제자에

게와

6 그 후에 오백여 형제에게 일시에 보이

셨나니 그 중에 지금까지 대다수는 살

아 있고 어떤 사람은 잠들었으며

7 그 후에 야고보에게 보이셨으며 그 후

에 모든 사도에게와

8 맨 나중에 만삭되지 못하여 난 자 같은

내게도 보이셨느니라

9 나는 사도 중에 가장 작은 자라 나는

하나님의 교회를 박해하였으므로 사도

라 칭함 받기를 감당하지 못할 자니라

10 그러나 내가 나 된 것은 하나님의 은혜

로 된 것이니 내게 주신 그의 은혜가

헛되지 아니하여 내가 모든 사도보다

더 많이 수고하였으나 내가 한 것이 아

니요 오직 나와 함께 하신 하나님의 은

혜로라

11 그러므로 나나 그들이나 이같이 전파하

매 너희도 이같이 믿었느니라

죽은 사람의 부활

12 그리스도께서 죽은 자 가운데서 다시

살아나셨다 전파되었거늘 너희 중에서

어떤 사람들은 어찌하여 죽은 자 가운

데서 부활이 없다 하느냐

13 만일 죽은 자의 부활이 없으면 그리스

도도 다시 살아나지 못하셨으리라

14 그리스도께서 만일 다시 살아나지 못하

셨으면 우리가 전파하는 것도 헛것이요

또 너희 믿음도 헛것이며

15 또 우리가 하나님의 거짓 증인으로 발

견되리니 우리가 하나님이 그리스도를

다시 살리셨다고 증언하였음이라 만일

죽은 자가 다시 살아나는 일이 없으면

하나님이 그리스도를 다시 살리지 아니

하셨으리라

16 만일 죽은 자가 다시 살아나는 일이 없

으면 그리스도도 다시 살아나신 일이

없었을 터이요

17 그리스도께서 다시 살아나신 일이 없으

면 너희의 믿음도 헛되고 너희가 여전

히 죄 가운데 있을 것이요

18 또한 그리스도 안에서 잠자는 자도 망

하였으리니

19 만일 그리스도 안에서 우리가 바라는 것

이 다만 이 세상의 삶뿐이면 모든 사

람 가운데 우리가 더욱 불쌍한 자이리라

20 그러나 이제 그리스도께서 죽은 자 가

운데서 다시 살아나사 잠자는 자들의

첫 열매가 되셨도다

21 사망이 한 사람으로 말미암았으니 죽은

자의 부활도 한 사람으로 말미암는도다

22 아담 안에서 모든 사람이 죽은 것 같이

그리스도 안에서 모든 사람이 삶을 얻

으리라

23 그러나 각각 자기 차례대로 되리니 먼

저는 첫 열매인 그리스도요 다음에는

그가 강림하실 때에 그리스도에게 속한

자요

24 그 후에는 마지막이니 그가 모든 통치

와 모든 권세와 능력을 멸하시고 나라

를 아버지 하나님께 바칠 때라

25 그가 모든 원수를 그 발 아래에 둘 때

까지 반드시 왕 노릇 하시리니

26 맨 나중에 멸망 받을 원수는 사망이니라

27 만물을 그의 발 아래에 두셨다 하셨으

니 만물을 아래에 둔다 말씀하실 때에

만물을 그의 아래에 두신 이가 그 중에

들지 아니한 것이 분명하도다

28 만물을 그에게 복종하게 하실 때에는

아들 자신도 그 때에 만물을 자기에게

복종하게 하신 이에게 복종하게 되리니

이는 하나님이 만유의 주로서 만유 안

에 계시려 하심이라

29 만일 죽은 자들이 도무지 다시 살아나

지 못하면 죽은 자들을 위하여 세례를

받는 자들이 무엇을 하겠느냐 어찌하여

그들을 위하여 세례를 받느냐

30 또 어찌하여 우리가 언제나 위험을 무

릅쓰리요

31 형제들아 내가 그리스도 예수 우리 주

안에서 가진 바 너희에 대한 나의 자랑

을 두고 단언하노니 나는 날마다 죽노라

32 내가 사람의 방법으로 에베소에서 맹수

와 더불어 싸웠다면 내게 무슨 유익이

있으리요 죽은 자가 다시 살아나지 못

한다면 내일 죽을 터이니 먹고 마시자

하리라

33 속지 말라 악한 동무들은 선한 행실을

더럽히나니

34 깨어 의를 행하고 죄를 짓지 말라 하나

님을 알지 못하는 자가 있기로 내가 너

희를 부끄럽게 하기 위하여 말하노라

몸의 부활

35 누가 묻기를 죽은 자들이 어떻게 다시

살아나며 어떠한 몸으로 오느냐 하리니

36 어리석은 자여 네가 뿌리는 씨가 죽지

않으면 살아나지 못하겠고

37 또 네가 뿌리는 것은 장래의 형체를 뿌

리는 것이 아니요 다만 밀이나 다른 것

의 알맹이 뿐이로되

38 하나님이 그 뜻대로 그에게 형체를 주시

되 각 종자에게 그 형체를 주시느니라

39 육체는 다 같은 육체가 아니니 하나는

사람의 육체요 하나는 짐승의 육체요

하나는 새의 육체요 하나는 물고기의

육체라

40 하늘에 속한 형체도 있고 땅에 속한 형

체도 있으나 하늘에 속한 것의 영광이

따로 있고 땅에 속한 것의 영광이 따로

있으니

41 해의 영광이 다르고 달의 영광이 다르

며 별의 영광도 다른데 별과 별의 영광

이 다르도다

42 죽은 자의 부활도 그와 같으니 썩을 것

으로 심고 썩지 아니할 것으로 다시 살

아나며

43 욕된 것으로 심고 영광스러운 것으로

다시 살아나며 약한 것으로 심고 강한

것으로 다시 살아나며

44 육의 몸으로 심고 신령한 몸으로 다시

살아나나니 육의 몸이 있은즉 또 영의

몸도 있느니라

45 기록된 바 첫 사람 아담은 생령이 되었

다 함과 같이 마지막 아담은 살려 주는

영이 되었나니

46 그러나 먼저는 신령한 사람이 아니요

육의 사람이요 그 다음에 신령한 사람

이니라

47 첫 사람은 땅에서 났으니 흙에 속한 자

이거니와 둘째 사람은 하늘에서 나셨느

니라

48 무릇 흙에 속한 자들은 저 흙에 속한

자와 같고 무릇 하늘에 속한 자들은 저

하늘에 속한 이와 같으니

49 우리가 흙에 속한 자의 형상을 입은 것

같이 또한 하늘에 속한 이의 형상을 입

으리라

50 형제들아 내가 이것을 말하노니 혈과

육은 하나님 나라를 이어 받을 수 없고

또한 썩는 것은 썩지 아니하는 것을 유

업으로 받지 못하느니라

51 보라 내가 너희에게 비밀을 말하노니

우리가 다 잠 잘 것이 아니요 마지막

나팔에 순식간에 홀연히 다 변화되리니

52 나팔 소리가 나매 죽은 자들이 썩지 아

니할 것으로 다시 살아나고 우리도 변

화되리라

53 이 썩을 것이 반드시 썩지 아니할 것을

입겠고 이 죽을 것이 죽지 아니함을 입

으리로다

54 이 썩을 것이 썩지 아니함을 입고 이

죽을 것이 죽지 아니함을 입을 때에는

사망을 삼키고 이기리라고 기록된 말씀

이 이루어지리라

55 사망아 너의 승리가 어디 있느냐 사망

아 네가 쏘는 것이 어디 있느냐

56 사망이 쏘는 것은 죄요 죄의 권능은 율

법이라

57 우리 주 예수 그리스도로 말미암아 우

리에게 승리를 주시는 하나님께 감사하

노니

58 그러므로 내 사랑하는 형제들아 견실하

며 흔들리지 말고 항상 주의 일에 더욱

힘쓰는 자들이 되라 이는 너희 수고가

주 안에서 헛되지 않은 줄 앎이라

성도를 위하는 연보

16 성도를 위하는 연보에 관하여는 내가

갈라디아 교회들에게 명한 것 같이 너

희도 그렇게 하라

2 매주 첫날에 너희 각 사람이 수입에 따

라 모아 두어서 내가 갈 때에 연보를

하지 않게 하라

3 내가 이를 때에 너희가 인정한 사람에

게 편지를 주어 너희의 은혜를 예루살

렘으로 가지고 가게 하리니

4 만일 나도 가는 것이 합당하면 그들이

나와 함께 가리라

5 내가 마게도냐를 지날 터이니 마게도냐

를 지난 후에 너희에게 가서

6 혹 너희와 함께 머물며 겨울을 지낼 듯

도 하니 이는 너희가 나를 내가 갈 곳

으로 보내어 주게 하려 함이라

7 이제는 지나는 길에 너희 보기를 원하

지 아니하노니 이는 만일 주께서 허락

하시면 얼마 동안 너희와 함께 머물기

를 바람이라

8 내가 오순절까지 에베소에 머물려 함은

9 내게 광대하고 유효한 문이 열렸으나

대적하는 자가 많음이라

10 디모데가 이르거든 너희는 조심하여 그

로 두려움이 없이 너희 가운데 있게 하

라 이는 그도 나와 같이 주의 일을 힘

쓰는 자임이라

11 그러므로 누구든지 그를 멸시하지 말고

평안히 보내어 내게로 오게 하라 나는

그가 형제들과 함께 오기를 기다리노라

12 형제 아볼로에 대하여는 그에게 형제들

과 함께 너희에게 가라고 내가 많이 권

하였으되 지금은 갈 뜻이 전혀 없으나

기회가 있으면 가리라

권면과 끝 인사

13 깨어 믿음에 굳게 서서 남자답게 강건

하라

14 너희 모든 일을 사랑으로 행하라

15 형제들아 스데바나의 집은 곧 아가야의

첫 열매요 또 성도 섬기기로 작정한 줄

을 너희가 아는지라 내가 너희를 권하

노니

16 이같은 사람들과 또 함께 일하며 수고

하는 모든 사람에게 순종하라

17 내가 스데바나와 브드나도와 아가이고

가 온 것을 기뻐하노니 그들이 너희의

부족한 것을 채웠음이라

18 그들이 나와 너희 마음을 시원하게 하

였으니 그러므로 너희는 이런 사람들을

알아 주라

19 아시아의 교회들이 너희에게 문안하고

아굴라와 브리스가와 그 집에 있는 교

회가 주 안에서 너희에게 간절히 문안

하고

20 모든 형제도 너희에게 문안하니 너희는

거룩하게 입맞춤으로 서로 문안하라

21 나 바울은 친필로 너희에게 문안하노니

22 만일 누구든지 주를 사랑하지 아니하면

저주를 받을지어다 우리 주여 오시옵

소서

23 주 예수 그리스도의 은혜가 너희와 함

께 하고

24 나의 사랑이 그리스도 예수 안에서 너

희 무리와 함께 할지어다

고린도후서

고난과 위로와 구원과 감사

1 하나님의 뜻으로 말미암아 그리스도 예수의 사도 된 바울과 형제 디모데는 고린도에 있는 하나님의 교회와 또 온 아가야에 있는 모든 성도에게

2 하나님 우리 아버지와 주 예수 그리스도로부터 은혜와 평강이 있기를 원하노라

3 찬송하리로다 그는 우리 주 예수 그리스도의 하나님이시요 자비의 아버지시요 모든 위로의 하나님이시며

4 우리의 모든 환난 중에서 우리를 위로하사 우리로 하여금 하나님께 받는 위로로써 모든 환난 중에 있는 자들을 능히 위로하게 하시는 이시로다

5 그리스도의 고난이 우리에게 넘친 것 같이 우리가 받는 위로도 그리스도로 말미암아 넘치는도다

6 우리가 환난 당하는 것도 너희가 위로와 구원을 받게 하려는 것이요 우리가 위로를 받는 것도 너희가 위로를 받게 하려는 것이니 이 위로가 너희 속에 역사하여 우리가 받는 것 같은 고난을 너희도 견디게 하느니라

7 너희를 위한 우리의 소망이 견고함은 너희가 고난에 참여하는 자가 된 것 같이 위로에도 그러할 줄을 앎이라

8 형제들아 우리가 아시아에서 당한 환난을 너희가 모르기를 원하지 아니하노니 힘에 겹도록 심한 고난을 당하여 살 소망까지 끊어지고

9 우리는 우리 자신이 사형 선고를 받은 줄 알았으니 이는 우리로 자기를 의지하지 말고 오직 죽은 자를 다시 살리시는 하나님만 의지하게 하심이라

10 그가 이같이 큰 사망에서 우리를 건지

셨고 또 건지실 것이며 이 후에도 건지

시기를 그에게 바라노라

11 너희도 우리를 위하여 간구함으로 도우

라 이는 우리가 많은 사람의 기도로 얻

은 은사로 말미암아 많은 사람이 우리

를 위하여 감사하게 하려 함이라

고린도 교회 방문을 연기하다

12 우리가 세상에서 특별히 너희에 대하여

하나님의 거룩함과 진실함으로 행하되

육체의 지혜로 하지 아니하고 하나님의

은혜로 행함은 우리 양심이 증언하는

바니 이것이 우리의 자랑이라

13 오직 너희가 읽고 아는 것 외에 우리가

다른 것을 쓰지 아니하노니 너희가 완

전히 알기를 내가 바라는 것은

14 너희가 우리를 부분적으로 알았으나 우

리 주 예수의 날에는 너희가 우리의 자

랑이 되고 우리가 너희의 자랑이 되는

그것이라

15 내가 이 확신을 가지고 너희로 두 번

은혜를 얻게 하기 위하여 먼저 너희에

게 이르렀다가

16 너희를 지나 마게도냐로 갔다가 다시

마게도냐에서 너희에게 가서 너희의 도

움으로 유대로 가기를 계획하였으니

17 이렇게 계획할 때에 어찌 경솔히 하였

으리요 혹 계획하기를 육체를 따라 계

획하여 예 예 하면서 아니라 아니라 하

는 일이 내게 있겠느냐

18 하나님은 미쁘시니라 우리가 너희에게

한 말은 예 하고 아니라 함이 없노라

19 우리 곧 나와 실루아노와 디모데로 말

미암아 너희 가운데 전파된 하나님의

아들 예수 그리스도는 예 하고 아니라

함이 되지 아니하셨으니 그에게는 예만

되었느니라

20 하나님의 약속은 얼마든지 그리스도 안에서 예가 되니 그런즉 그로 말미암아 우리가 아멘 하여 하나님께 영광을 돌리게 되느니라

21 우리를 너희와 함께 그리스도 안에서 굳건하게 하시고 우리에게 기름을 부으신 이는 하나님이시니

22 그가 또한 우리에게 인치시고 보증으로 우리 마음에 성령을 주셨느니라

23 내가 내 목숨을 걸고 하나님을 불러 증언하시게 하노니 내가 다시 고린도에 가지 아니한 것은 너희를 아끼려 함이라

24 우리가 너희 믿음을 주관하려는 것이 아니요 오직 너희 기쁨을 돕는 자가 되려 함이니 이는 너희가 믿음에 섰음이라

2 내가 다시는 너희에게 근심 중에 나아가지 아니하기로 스스로 결심하였노니

2 내가 너희를 근심하게 한다면 내가 근심하게 한 자 밖에 나를 기쁘게 할 자가 누구냐

3 내가 이같이 쓴 것은 내가 갈 때에 마땅히 나를 기쁘게 할 자로부터 도리어 근심을 얻을까 염려함이요 또 너희 모두에 대한 나의 기쁨이 너희 모두의 기쁨인 줄 확신함이로라

4 내가 마음에 큰 눌림과 걱정이 있어 많은 눈물로 너희에게 썼노니 이는 너희로 근심하게 하려 한 것이 아니요 오직 내가 너희를 향하여 넘치는 사랑이 있음을 너희로 알게 하려 함이라

근심하게 한 사람을 용서하라

5 근심하게 한 자가 있었을지라도 나를 근심하게 한 것이 아니요 어느 정도 너희 모두를 근심하게 한 것이니 어느 정도라 함은 내가 너무 지나치게 말하지

아니하려 함이라

6 이러한 사람은 많은 사람에게서 벌 받

는 것이 마땅하도다

7 그런즉 너희는 차라리 그를 용서하고

위로할 것이니 그가 너무 많은 근심에

잠길까 두려워하노라

8 그러므로 너희를 권하노니 사랑을 그들

에게 나타내라

9 너희가 범사에 순종하는지 그 증거를

알고자 하여 내가 이것을 너희에게 썼

노라

10 너희가 무슨 일에든지 누구를 용서하면

나도 그리하고 내가 만일 용서한 일이

있으면 용서한 그것은 너희를 위하여

그리스도 앞에서 한 것이니

11 이는 우리로 사탄에게 속지 않게 하려

함이라 우리는 그 계책을 알지 못하는

바가 아니로라

그리스도의 향기

12 내가 그리스도의 복음을 위하여 드로

아에 이르매 주 안에서 문이 내게 열렸

으되

13 내가 내 형제 디도를 만나지 못하므로

내 심령이 편하지 못하여 그들을 작별

하고 마게도냐로 갔노라

14 항상 우리를 그리스도 안에서 이기게

하시고 우리로 말미암아 각처에서 그리

스도를 아는 냄새를 나타내시는 하나님

께 감사하노라

15 우리는 구원 받는 자들에게나 망하는

자들에게나 하나님 앞에서 그리스도의

향기니

16 이 사람에게는 사망으로부터 사망에 이

르는 냄새요 저 사람에게는 생명으로부

터 생명에 이르는 냄새라 누가 이 일을

감당하리요

17 우리는 수많은 사람들처럼 하나님의 말

씀을 혼잡하게 하지 아니하고 곧 순전

함으로 하나님께 받은 것 같이 하나님

앞에서와 그리스도 안에서 말하노라

새 언약의 일꾼들

3 우리가 다시 자천하기를 시작하겠느냐

우리가 어찌 어떤 사람처럼 추천서를

너희에게 부치거나 혹은 너희에게 받거

나 할 필요가 있느냐

2 너희는 우리의 편지라 우리 마음에 썼

고 뭇 사람이 알고 읽는 바라

3 너희는 우리로 말미암아 나타난 그리스

도의 편지니 이는 먹으로 쓴 것이 아니

요 오직 살아 계신 하나님의 영으로 쓴

것이며 또 돌판에 쓴 것이 아니요 오직

육의 마음판에 쓴 것이라

4 우리가 그리스도로 말미암아 하나님을

향하여 이같은 확신이 있으니

5 우리가 무슨 일이든지 우리에게서 난

것 같이 스스로 만족할 것이 아니니 우

리의 만족은 오직 하나님으로부터 나느

니라

6 그가 또한 우리를 새 언약의 일꾼 되기

에 만족하게 하셨으니 율법 조문으로

하지 아니하고 오직 영으로 함이니 율

법 조문은 죽이는 것이요 영은 살리는

것이니라

7 돌에 써서 새긴 죽게 하는 율법 조문의

직분도 영광이 있어 이스라엘 자손들은

모세의 얼굴의 없어질 영광 때문에도

그 얼굴을 주목하지 못하였거든

8 하물며 영의 직분은 더욱 영광이 있지

아니하겠느냐

9 정죄의 직분도 영광이 있은즉 의의 직

분은 영광이 더욱 넘치리라

10 영광되었던 것이 더 큰 영광으로 말미

암아 이에 영광될 것이 없으나

11 없어질 것도 영광으로 말미암았은즉 길이 있을 것은 더욱 영광 가운데 있느 니라

12 우리가 이같은 소망이 있으므로 담대히 말하노니

13 우리는 모세가 이스라엘 자손들에게 장 차 없어질 것의 결국을 주목하지 못하 게 하려고 수건을 그 얼굴에 쓴 것 같 이 아니하노라

14 그러나 그들의 마음이 완고하여 오늘까 지도 구약을 읽을 때에 그 수건이 벗겨 지지 아니하고 있으니 그 수건은 그리 스도 안에서 없어질 것이라

15 오늘까지 모세의 글을 읽을 때에 수건 이 그 마음을 덮었도다

16 그러나 언제든지 주께로 돌아가면 그 수건이 벗겨지리라

17 주는 영이시니 주의 영이 계신 곳에는 자유가 있느니라

18 우리가 다 수건을 벗은 얼굴로 거울을 보는 것 같이 주의 영광을 보매 그와 같은 형상으로 변화하여 영광에서 영광 에 이르니 곧 주의 영으로 말미암음이 니라

질그릇에 담긴 보배

4 그러므로 우리가 이 직분을 받아 긍휼 하심을 입은 대로 낙심하지 아니하고

2 이에 숨은 부끄러움의 일을 버리고 속 임으로 행하지 아니하며 하나님의 말씀 을 혼잡하게 하지 아니하고 오직 진리 를 나타냄으로 하나님 앞에서 각 사람 의 양심에 대하여 스스로 추천하노라

3 만일 우리의 복음이 가리었으면 망하는 자들에게 가리어진 것이라

4 그 중에 이 세상의 신이 믿지 아니하는

자들의 마음을 혼미하게 하여 그리스도

의 영광의 복음의 광채가 비치지 못하

게 함이니 그리스도는 하나님의 형상이

니라

5 우리는 우리를 전파하는 것이 아니라

오직 그리스도 예수의 주 되신 것과 또

예수를 위하여 우리가 너희의 종 된 것

을 전파함이라

6 어두운 데에 빛이 비치라 말씀하셨던

그 하나님께서 예수 그리스도의 얼굴에

있는 하나님의 영광을 아는 빛을 우리

마음에 비추셨느니라

7 우리가 이 보배를 질그릇에 가졌으니

이는 심히 큰 능력은 하나님께 있고 우

리에게 있지 아니함을 알게 하려 함

이라

8 우리가 사방으로 욱여쌈을 당하여도 싸

이지 아니하며 답답한 일을 당하여도

낙심하지 아니하며

9 박해를 받아도 버린 바 되지 아니하

며 거꾸러뜨림을 당하여도 망하지 아니

하고

10 우리가 항상 예수의 죽음을 몸에 짊어

짐은 예수의 생명이 또한 우리 몸에 나

타나게 하려 함이라

11 우리 살아 있는 자가 항상 예수를 위하

여 죽음에 넘겨짐은 예수의 생명이 또

한 우리 죽을 육체에 나타나게 하려 함

이라

12 그런즉 사망은 우리 안에서 역사하고

생명은 너희 안에서 역사하느니라

13 기록된 바 내가 믿었으므로 말하였다

한 것 같이 우리가 같은 믿음의 마음을

가졌으니 우리도 믿었으므로 또한 말하

노라

14 주 예수를 다시 살리신 이가 예수와 함

께 우리도 다시 살리사 너희와 함께 그

앞에 서게 하실 줄을 아노라

15 이는 모든 것이 너희를 위함이니 많은

사람의 감사로 말미암아 은혜가 더하여

넘쳐서 하나님께 영광을 돌리게 하려

함이라

겉사람과 속사람

16 그러므로 우리가 낙심하지 아니하노니

우리의 겉사람은 낡아지나 우리의 속사

람은 날로 새로워지도다

17 우리가 잠시 받는 환난의 경한 것이 지

극히 크고 영원한 영광의 중한 것을 우

리에게 이루게 함이니

18 우리가 주목하는 것은 보이는 것이 아

니요 보이지 않는 것이니 보이는 것은

잠깐이요 보이지 않는 것은 영원함이라

5 만일 땅에 있는 우리의 장막 집이 무너

지면 하나님께서 지으신 집 곧 손으로

지은 것이 아니요 하늘에 있는 영원한

집이 우리에게 있는 줄 아느니라

2 참으로 우리가 여기 있어 탄식하며 하

늘로부터 오는 우리 처소로 덧입기를

간절히 사모하노라

3 이렇게 입음은 우리가 벗은 자들로 발

견되지 않으려 함이라

4 참으로 이 장막에 있는 우리가 짐진 것

같이 탄식하는 것은 벗고자 함이 아니

요 오히려 덧입고자 함이니 죽을 것이

생명에 삼킨 바 되게 하려 함이라

5 곧 이것을 우리에게 이루게 하시고 보

증으로 성령을 우리에게 주신 이는 하

나님이시니라

6 그러므로 우리가 항상 담대하여 몸으로

있을 때에는 주와 따로 있는 줄을 아

노니

7 이는 우리가 믿음으로 행하고 보는 것

으로 행하지 아니함이로라

8 우리가 담대하여 원하는 바는 차라리
몸을 떠나 주와 함께 있는 그것이라

9 그런즉 우리는 몸으로 있든지 떠나든지
주를 기쁘시게 하는 자가 되기를 힘쓰
노라

10 이는 우리가 다 반드시 그리스도의 심
판대 앞에 나타나게 되어 각각 선악간
에 그 몸으로 행한 것을 따라 받으려
함이라

화목하게 하는 직분

11 우리는 주의 두려우심을 알므로 사람들
을 권면하거니와 우리가 하나님 앞에
알리어졌으니 또 너희의 양심에도 알리
어지기를 바라노라

12 우리가 다시 너희에게 자천하는 것이
아니요 오직 우리로 말미암아 자랑할
기회를 너희에게 주어 마음으로 하지

않고 외모로 자랑하는 자들에게 대답하
게 하려 하는 것이라

13 우리가 만일 미쳤어도 하나님을 위한
것이요 정신이 온전하여도 너희를 위한
것이니

14 그리스도의 사랑이 우리를 강권하시는
도다 우리가 생각하건대 한 사람이 모
든 사람을 대신하여 죽었은즉 모든 사
람이 죽은 것이라

15 그가 모든 사람을 대신하여 죽으심은
살아 있는 자들로 하여금 다시는 그들
자신을 위하여 살지 않고 오직 그들을
대신하여 죽었다가 다시 살아나신 이를
위하여 살게 하려 함이라

16 그러므로 우리가 이제부터는 어떤 사람
도 육신을 따라 알지 아니하노라 비록
우리가 그리스도도 육신을 따라 알았으
나 이제부터는 그같이 알지 아니하노라

17 그런즉 누구든지 그리스도 안에 있으면 새로운 피조물이라 이전 것은 지나갔으니 보라 새 것이 되었도다

18 모든 것이 하나님께로서 났으며 그가 그리스도로 말미암아 우리를 자기와 화목하게 하시고 또 우리에게 화목하게 하는 직분을 주셨으니

19 곧 하나님께서 그리스도 안에 계시사 세상을 자기와 화목하게 하시며 그들의 죄를 그들에게 돌리지 아니하시고 화목하게 하는 말씀을 우리에게 부탁하셨느니라

20 그러므로 우리가 그리스도를 대신하여 사신이 되어 하나님이 우리를 통하여 너희를 권면하시는 것 같이 그리스도를 대신하여 간청하노니 너희는 하나님과 화목하라

21 하나님이 죄를 알지도 못하신 이를 우리를 대신하여 죄로 삼으신 것은 우리로 하여금 그 안에서 하나님의 의가 되게 하려 하심이라

6 우리가 하나님과 함께 일하는 자로서 너희를 권하노니 하나님의 은혜를 헛되이 받지 말라

2 이르시되 내가 은혜 베풀 때에 너에게 듣고 구원의 날에 너를 도왔다 하셨으니 보라 지금은 은혜 받을 만한 때요 보라 지금은 구원의 날이로다

3 우리가 이 직분이 비방을 받지 않게 하려고 무엇에든지 아무에게도 거리끼지 않게 하고

4 오직 모든 일에 하나님의 일꾼으로 자천하여 많이 견디는 것과 환난과 궁핍과 고난과

5 매 맞음과 갇힘과 난동과 수고로움과 자지 못함과 먹지 못함 가운데서도

6 깨끗함과 지식과 오래 참음과 자비함과 성령의 감화와 거짓이 없는 사랑과

7 진리의 말씀과 하나님의 능력으로 의의 무기를 좌우에 가지고

8 영광과 욕됨으로 그러했으며 악한 이름과 아름다운 이름으로 그러했느니라 우리는 속이는 자 같으나 참되고

9 무명한 자 같으나 유명한 자요 죽은 자 같으나 보라 우리가 살아 있고 징계를 받는 자 같으나 죽임을 당하지 아니하고

10 근심하는 자 같으나 항상 기뻐하고 가난한 자 같으나 많은 사람을 부요하게 하고 아무 것도 없는 자 같으나 모든 것을 가진 자로다

11 고린도인들이여 너희를 향하여 우리의 입이 열리고 우리의 마음이 넓어졌으니

12 너희가 우리 안에서 좁아진 것이 아니라 오직 너희 심정에서 좁아진 것이니라

13 내가 자녀에게 말하듯 하노니 보답하는 것으로 너희도 마음을 넓히라

우리는 살아 계신 하나님의 성전

14 너희는 믿지 않는 자와 멍에를 함께 메지 말라 의와 불법이 어찌 함께 하며 빛과 어둠이 어찌 사귀며

15 그리스도와 벨리알이 어찌 조화되며 믿는 자와 믿지 않는 자가 어찌 상관하며

16 하나님의 성전과 우상이 어찌 일치가 되리요 우리는 살아 계신 하나님의 성전이라 이와 같이 하나님께서 이르시되 내가 그들 가운데 거하며 두루 행하여 나는 그들의 하나님이 되고 그들은 나의 백성이 되리라

17 그러므로 너희는 그들 중에서 나와서 따로 있고 부정한 것을 만지지 말라 내가 너희를 영접하여

18 너희에게 아버지가 되고 너희는 내게

자녀가 되리라 전능하신 주의 말씀이니

라 하셨느니라

7 그런즉 사랑하는 자들아 이 약속을 가

진 우리는 하나님을 두려워하는 가운데

서 거룩함을 온전히 이루어 육과 영의

온갖 더러운 것에서 자신을 깨끗하게

하자

고린도 교회의 회개를 기뻐하다

2 마음으로 우리를 영접하라 우리는 아무

에게도 불의를 행하지 않고 아무에게도

해롭게 하지 않고 아무에게서도 속여

빼앗은 일이 없노라

3 내가 이 말을 하는 것은 너희를 정죄하

려고 하는 것이 아니라 내가 이전에 말

하였거니와 너희가 우리 마음에 있어

함께 죽고 함께 살게 하고자 함이라

4 나는 너희를 향하여 담대한 것도 많고

너희를 위하여 자랑하는 것도 많으니

내가 우리의 모든 환난 가운데서도 위

로가 가득하고 기쁨이 넘치는도다

5 우리가 마게도냐에 이르렀을 때에도 우

리 육체가 편하지 못하였고 사방으로

환난을 당하여 밖으로는 다툼이요 안으

로는 두려움이었노라

6 그러나 낙심한 자들을 위로하시는 하나

님이 디도가 옴으로 우리를 위로하셨

으니

7 그가 온 것뿐 아니요 오직 그가 너희

에게서 받은 그 위로로 위로하고 너희

의 사모함과 애통함과 나를 위하여 열

심 있는 것을 우리에게 보고함으로 나

를 더욱 기쁘게 하였느니라

8 그러므로 내가 편지로 너희를 근심하게

한 것을 후회하였으나 지금은 후회하지

아니함은 그 편지가 너희로 잠시만 근

심하게 한 줄을 앎이라

9 내가 지금 기뻐함은 너희로 근심하게 한 까닭이 아니요 도리어 너희가 근심함으로 회개함에 이른 까닭이라 너희가 하나님의 뜻대로 근심하게 된 것은 우리에게서 아무 해도 받지 않게 하려 함이라

10 하나님의 뜻대로 하는 근심은 후회할 것이 없는 구원에 이르게 하는 회개를 이루는 것이요 세상 근심은 사망을 이루는 것이니라

11 보라 하나님의 뜻대로 하게 된 이 근심이 너희로 얼마나 간절하게 하며 얼마나 변증하게 하며 얼마나 분하게 하며 얼마나 두렵게 하며 얼마나 사모하게 하며 얼마나 열심 있게 하며 얼마나 벌하게 하였는가 너희가 그 일에 대하여 일체 너희 자신의 깨끗함을 나타내었느

니라

12 그런즉 내가 너희에게 쓴 것은 그 불의를 행한 자를 위한 것도 아니요 그 불의를 당한 자를 위한 것도 아니요 오직 우리를 위한 너희의 간절함이 하나님 앞에서 너희에게 나타나게 하려 함이로라

13 이로 말미암아 우리가 위로를 받았고 우리가 받은 위로 위에 디도의 기쁨으로 우리가 더욱 많이 기뻐함은 그의 마음이 너희 무리로 말미암아 안심함을 얻었음이라

14 내가 그에게 너희를 위하여 자랑한 것이 있더라도 부끄럽지 아니하니 우리가 너희에게 이른 말이 다 참된 것 같이 디도 앞에서 우리가 자랑한 것도 참되게 되었도다

15 그가 너희 모든 사람들이 두려움과 떪으로 자기를 영접하여 순종한 것을 생

각하고 너희를 향하여 그의 심정이 더

욱 깊었으니

16 내가 범사에 너희를 신뢰하게 된 것을

기뻐하노라

풍성한 연보

8 형제들아 하나님께서 마게도냐 교회들

에게 주신 은혜를 우리가 너희에게 알

리노니

2 환난의 많은 시련 가운데서 그들의 넘

치는 기쁨과 극심한 가난이 그들의 풍

성한 연보를 넘치도록 하게 하였느니라

3 내가 증언하노니 그들이 힘대로 할 뿐

아니라 힘에 지나도록 자원하여

4 이 은혜와 성도 섬기는 일에 참여함에

대하여 우리에게 간절히 구하니

5 우리가 바라던 것뿐 아니라 그들이 먼

저 자신을 주께 드리고 또 하나님의 뜻

을 따라 우리에게 주었도다

6 그러므로 우리가 디도를 권하여 그가

이미 너희 가운데서 시작하였은즉 이

은혜를 그대로 성취하게 하라 하였노라

7 오직 너희는 믿음과 말과 지식과 모든

간절함과 우리를 사랑하는 이 모든 일

에 풍성한 것 같이 이 은혜에도 풍성하

게 할지니라

8 내가 명령으로 하는 말이 아니요 오직

다른 이들의 간절함을 가지고 너희의

사랑의 진실함을 증명하고자 함이로라

9 우리 주 예수 그리스도의 은혜를 너희

가 알거니와 부요하신 이로서 너희를

위하여 가난하게 되심은 그의 가난함으

로 말미암아 너희를 부요하게 하려 하

심이라

10 이 일에 관하여 나의 뜻을 알리노니 이

일은 너희에게 유익함이라 너희가 일

년 전에 행하기를 먼저 시작할 뿐 아니

라 원하기도 하였은즉

11 이제는 하던 일을 성취할지니 마음에

원하던 것과 같이 완성하되 있는 대로

하라

12 할 마음만 있으면 있는 대로 받으실 터

이요 없는 것은 받지 아니하시리라

13 이는 다른 사람들은 평안하게 하고 너

희는 곤고하게 하려는 것이 아니요 균

등하게 하려 함이니

14 이제 너희의 넉넉한 것으로 그들의 부

족한 것을 보충함은 후에 그들의 넉넉

한 것으로 너희의 부족한 것을 보충하

여 균등하게 하려 함이라

15 기록된 것 같이 많이 거둔 자도 남지

아니하였고 적게 거둔 자도 모자라지

아니하였느니라

디도와 그의 동역자

16 너희를 위하여 같은 간절함을 디도의

마음에도 주시는 하나님께 감사하노니

17 그가 권함을 받고 더욱 간절함으로 자

원하여 너희에게 나아갔고

18 또 그와 함께 그 형제를 보내었으니 이

사람은 복음으로써 모든 교회에서 칭찬

을 받는 자요

19 이뿐 아니라 그는 동일한 주의 영광과

우리의 원을 나타내기 위하여 여러 교

회의 택함을 받아 우리가 맡은 은혜의

일로 우리와 동행하는 자라

20 이것을 조심함은 우리가 맡은 이 거액

의 연보에 대하여 아무도 우리를 비방

하지 못하게 하려 함이니

21 이는 우리가 주 앞에서뿐 아니라 사람

앞에서도 선한 일에 조심하려 함이라

22 또 그들과 함께 우리의 한 형제를 보내

었노니 우리는 그가 여러 가지 일에 간

절한 것을 여러 번 확인하였거니와 이

제 그가 너희를 크게 믿으므로 더욱 간

절하니라

23 디도로 말하면 나의 동료요 너희를 위

한 나의 동역자요 우리 형제들로 말하

면 여러 교회의 사자들이요 그리스도의

영광이니라

24 그러므로 너희는 여러 교회 앞에서 너

희의 사랑과 너희에 대한 우리 자랑의

증거를 그들에게 보이라

가난한 성도를 섬기는 연보

9 성도를 섬기는 일에 대하여는 내가 너

희에게 쓸 필요가 없나니

2 이는 내가 너희의 원함을 앎이라 내가

너희를 위하여 마게도냐인들에게 아가

야에서는 일 년 전부터 준비하였다는

것을 자랑하였는데 과연 너희의 열심이

퍽 많은 사람들을 분발하게 하였느니라

3 그런데 이 형제들을 보낸 것은 이 일에

너희를 위한 우리의 자랑이 헛되지 않

고 내가 말한 것 같이 준비하게 하려

함이라

4 혹 마게도냐인들이 나와 함께 가서 너

희가 준비하지 아니한 것을 보면 너희

는 고사하고 우리가 이 믿던 것에 부끄

러움을 당할까 두려워하노라

5 그러므로 내가 이 형제들로 먼저 너희

에게 가서 너희가 전에 약속한 연보를

미리 준비하게 하도록 권면하는 것이

필요한 줄 생각하였노니 이렇게 준비하

여야 참 연보답고 억지가 아니니라

6 이것이 곧 적게 심는 자는 적게 거두고

많이 심는 자는 많이 거둔다 하는 말이

로다

7 각각 그 마음에 정한 대로 할 것이요

인색함으로나 억지로 하지 말지니 하나

님은 즐겨 내는 자를 사랑하시느니라

8 하나님이 능히 모든 은혜를 너희에게 넘치게 하시나니 이는 너희로 모든 일에 항상 모든 것이 넉넉하여 모든 착한 일을 넘치게 하게 하려 하심이라

9 기록된 바 그가 흩어 가난한 자들에게 주었으니 그의 의가 영원토록 있느니라 함과 같으니라

10 심는 자에게 씨와 먹을 양식을 주시는 이가 너희 심을 것을 주사 풍성하게 하시고 너희 의의 열매를 더하게 하시리니

11 너희가 모든 일에 넉넉하여 너그럽게 연보를 함은 그들이 우리로 말미암아 하나님께 감사하게 하는 것이라

12 이 봉사의 직무가 성도들의 부족한 것을 보충할 뿐 아니라 사람들이 하나님께 드리는 많은 감사로 말미암아 넘쳤느니라

13 이 직무로 증거를 삼아 너희가 그리스도의 복음을 진실히 믿고 복종하는 것과 그들과 모든 사람을 섬기는 너희의 후한 연보로 말미암아 하나님께 영광을 돌리고

14 또 그들이 너희를 위하여 간구하며 하나님이 너희에게 주신 지극한 은혜로 말미암아 너희를 사모하느니라

15 말할 수 없는 그의 은사로 말미암아 하나님께 감사하노라

바울이 자기의 사도직을 변호하다

10 너희를 대면하면 유순하고 떠나 있으면 너희에 대하여 담대한 나 바울은 이제 그리스도의 온유와 관용으로 친히 너희를 권하고

2 또한 우리를 육신에 따라 행하는 자로 여기는 자들에 대하여 내가 담대히 대하는 것 같이 너희와 함께 있을 때에

나로 하여금 이 담대한 태도로 대하지 않게 하기를 구하노라

3 우리가 육신으로 행하나 육신에 따라 싸우지 아니하노니

4 우리의 싸우는 무기는 육신에 속한 것이 아니요 오직 어떤 견고한 진도 무너뜨리는 하나님의 능력이라 모든 이론을 무너뜨리며

5 하나님 아는 것을 대적하여 높아진 것을 다 무너뜨리고 모든 생각을 사로잡아 그리스도에게 복종하게 하니

6 너희의 복종이 온전하게 될 때에 모든 복종하지 않는 것을 벌하려고 준비하는 중에 있노라

7 너희는 외모만 보는도다 만일 사람이 자기가 그리스도에게 속한 줄을 믿을진대 자기가 그리스도에게 속한 것 같이 우리도 그러한 줄을 자기 속으로 다시 생각할 것이라

8 주께서 주신 권세는 너희를 무너뜨리려고 하신 것이 아니요 세우려고 하신 것이니 내가 이에 대하여 지나치게 자랑하여도 부끄럽지 아니하리라

9 이는 내가 편지들로 너희를 놀라게 하려는 것 같이 생각하지 않게 함이라

10 그들의 말이 그의 편지들은 무게가 있고 힘이 있으나 그가 몸으로 대할 때는 약하고 그 말도 시원하지 않다 하니

11 이런 사람은 우리가 떠나 있을 때에 편지들로 말하는 것과 함께 있을 때에 행하는 일이 같은 것임을 알지라

12 우리는 자기를 칭찬하는 어떤 자와 더불어 감히 짝하며 비교할 수 없노라 그러나 그들이 자기로써 자기를 헤아리고 자기로써 자기를 비교하니 지혜가 없도다

13 그러나 우리는 분수 이상의 자랑을 하지 않고 오직 하나님이 우리에게 나누어 주신 그 범위의 한계를 따라 하노니 곧 너희에게까지 이른 것이라

14 우리가 너희에게 미치지 못할 자로서 스스로 지나쳐 나아간 것이 아니요 그리스도의 복음으로 너희에게까지 이른 것이라

15 우리는 남의 수고를 가지고 분수 이상의 자랑을 하는 것이 아니라 오직 너희 믿음이 자랄수록 우리의 규범을 따라 너희 가운데서 더욱 풍성하여지기를 바라노라

16 이는 남의 규범으로 이루어 놓은 것으로 자랑하지 아니하고 너희 지역을 넘어 복음을 전하려 함이라

17 자랑하는 자는 주 안에서 자랑할지니라

18 옳다 인정함을 받는 자는 자기를 칭찬하는 자가 아니요 오직 주께서 칭찬하시는 자니라

바울과 거짓 사도들

11 원하건대 너희는 나의 좀 어리석은 것을 용납하라 청하건대 나를 용납하라

2 내가 하나님의 열심으로 너희를 위하여 열심을 내노니 내가 너희를 정결한 처녀로 한 남편인 그리스도께 드리려고 중매함이로다 그러나 나는

3 뱀이 그 간계로 하와를 미혹한 것 같이 너희 마음이 그리스도를 향하는 진실함과 깨끗함에서 떠나 부패할까 두려워하노라

4 만일 누가 가서 우리가 전파하지 아니한 다른 예수를 전파하거나 혹은 너희가 받지 아니한 다른 영을 받게 하거나 혹은 너희가 받지 아니한 다른 복음을 받게 할 때에는 너희가 잘 용납하는구나

5 나는 지극히 크다는 사도들보다 부족한

것이 조금도 없는 줄로 생각하노라

6 내가 비록 말에는 부족하나 지식에는

그렇지 아니하니 이것을 우리가 모든

사람 가운데서 모든 일로 너희에게 나

타내었노라

7 내가 너희를 높이려고 나를 낮추어 하

나님의 복음을 값없이 너희에게 전함으

로 죄를 지었느냐

8 내가 너희를 섬기기 위하여 다른 여러

교회에서 비용을 받은 것은 탈취한 것

이라

9 또 내가 너희와 함께 있을 때 비용이

부족하였으되 아무에게도 누를 끼치지

아니하였음은 마게도냐에서 온 형제들

이 나의 부족한 것을 보충하였음이라

내가 모든 일에 너희에게 폐를 끼치지

않기 위하여 스스로 조심하였고 또 조

심하리라

10 그리스도의 진리가 내 속에 있으니 아

가야 지방에서 나의 이 자랑이 막히지

아니하리라

11 어떠한 까닭이냐 내가 너희를 사랑하지

아니함이냐 하나님이 아시느니라

12 나는 내가 해 온 그대로 앞으로도 하리

니 기회를 찾는 자들이 그 자랑하는 일

로 우리와 같이 인정 받으려는 그 기회

를 끊으려 함이라

13 그런 사람들은 거짓 사도요 속이는 일

꾼이니 자기를 그리스도의 사도로 가장

하는 자들이니라

14 이것은 이상한 일이 아니니라 사탄도

자기를 광명의 천사로 가장하나니

15 그러므로 사탄의 일꾼들도 자기를 의의

일꾼으로 가장하는 것이 또한 대단한

일이 아니니라 그들의 마지막은 그 행

위대로 되리라

바울의 참된 자랑

16 내가 다시 말하노니 누구든지 나를 어

리석은 자로 여기지 말라 만일 그러하

더라도 내가 조금 자랑할 수 있도록 어

리석은 자로 받으라

17 내가 말하는 것은 주를 따라 하는 말이

아니요 오직 어리석은 자와 같이 기탄

없이 자랑하노라

18 여러 사람이 육신을 따라 자랑하니 나

도 자랑하겠노라

19 너희는 지혜로운 자로서 어리석은 자들

을 기쁘게 용납하는구나

20 누가 너희를 종으로 삼거나 잡아먹거나

빼앗거나 스스로 높이거나 뺨을 칠지라

도 너희가 용납하는도다

21 나는 우리가 약한 것 같이 욕되게 말하

노라 그러나 누가 무슨 일에 담대하면

어리석은 말이나마 나도 담대하리라

22 그들이 히브리인이냐 나도 그러하며 그

들이 이스라엘인이냐 나도 그러하며 그

들이 아브라함의 후손이냐 나도 그러

하며

23 그들이 그리스도의 일꾼이냐 정신 없

는 말을 하거니와 나는 더욱 그러하도

다 내가 수고를 넘치도록 하고 옥에 갇

히기도 더 많이 하고 매도 수없이 맞고

여러 번 죽을 뻔하였으니

24 유대인들에게 사십에서 하나 감한 매를

다섯 번 맞았으며

25 세 번 태장으로 맞고 한 번 돌로 맞고

세 번 파선하고 일 주야를 깊은 바다에

서 지냈으며

26 여러 번 여행하면서 강의 위험과 강도

의 위험과 동족의 위험과 이방인의 위

험과 시내의 위험과 광야의 위험과 바

다의 위험과 거짓 형제 중의 위험을 당

하고

27 또 수고하며 애쓰고 여러 번 자지 못하

고 주리며 목마르고 여러 번 굶고 춥고

헐벗었노라

28 이 외의 일은 고사하고 아직도 날마다

내 속에 눌리는 일이 있으니 곧 모든

교회를 위하여 염려하는 것이라

29 누가 약하면 내가 약하지 아니하며 누

가 실족하게 되면 내가 애타지 아니하

더냐

30 내가 부득불 자랑할진대 내가 약한 것

을 자랑하리라

31 주 예수의 아버지 영원히 찬송할 하나

님이 내가 거짓말 아니하는 것을 아시

느니라

32 다메섹에서 아레다 왕의 고관이 나를

잡으려고 다메섹 성을 지켰으나

33 나는 광주리를 타고 들창문으로 성벽을

내려가 그 손에서 벗어났노라

주께서 보여 주신 환상과 계시

12 무익하나마 내가 부득불 자랑하노니 주

의 환상과 계시를 말하리라

2 내가 그리스도 안에 있는 한 사람을 아

노니 그는 십사 년 전에 셋째 하늘에

이끌려 간 자라 (그가 몸 안에 있었는

지 몸 밖에 있었는지 나는 모르거니와

하나님은 아시느니라)

3 내가 이런 사람을 아노니 (그가 몸 안

에 있었는지 몸 밖에 있었는지 나는 모

르거니와 하나님은 아시느니라)

4 그가 낙원으로 이끌려 가서 말로 표현

할 수 없는 말을 들었으니 사람이 가히

이르지 못할 말이로다

5 내가 이런 사람을 위하여 자랑하겠으나

나를 위하여는 약한 것들 외에 자랑하

지 아니하리라

6 내가 만일 자랑하고자 하여도 어리석은 자가 되지 아니할 것은 내가 참말을 함이라 그러나 누가 나를 보는 바와 내게 듣는 바에 지나치게 생각할까 두려워하여 그만두노라

7 여러 계시를 받은 것이 지극히 크므로 너무 자만하지 않게 하시려고 내 육체에 가시 곧 사탄의 사자를 주셨으니 이는 나를 쳐서 너무 자만하지 않게 하려 하심이라

8 이것이 내게서 떠나가게 하기 위하여 내가 세 번 주께 간구하였더니

9 나에게 이르시기를 내 은혜가 네게 족하도다 이는 내 능력이 약한 데서 온전하여짐이라 하신지라 그러므로 도리어 크게 기뻐함으로 나의 여러 약한 것들에 대하여 자랑하리니 이는 그리스도의

능력이 내게 머물게 하려 함이라

10 그러므로 내가 그리스도를 위하여 약한 것들과 능욕과 궁핍과 박해와 곤고를 기뻐하노니 이는 내가 약한 그 때에 강함이라

고린도 교회의 일을 염려하다

11 내가 어리석은 자가 되었으나 너희가 억지로 시킨 것이니 나는 너희에게 칭찬을 받아야 마땅하도다 내가 아무 것도 아니나 지극히 크다는 사도들보다 조금도 부족하지 아니하니라

12 사도의 표가 된 것은 내가 너희 가운데서 모든 참음과 표적과 기사와 능력을 행한 것이라

13 내 자신이 너희에게 폐를 끼치지 아니한 일 밖에 다른 교회보다 부족하게 한 것이 무엇이 있느냐 너희는 나의 이 공평하지 못한 것을 용서하라

14 보라 내가 이제 세 번째 너희에게 가기를 준비하였으나 너희에게 폐를 끼치지 아니하리라 내가 구하는 것은 너희의 재물이 아니요 오직 너희니라 어린 아이가 부모를 위하여 재물을 저축하는 것이 아니요 부모가 어린 아이를 위하여 하느니라

15 내가 너희 영혼을 위하여 크게 기뻐하므로 재물을 사용하고 또 내 자신까지도 내어 주리니 너희를 더욱 사랑할수록 나는 사랑을 덜 받겠느냐

16 하여간 어떤 이의 말이 내가 너희에게 짐을 지우지는 아니하였을지라도 교활한 자가 되어 너희를 속임수로 취하였다 하니

17 내가 너희에게 보낸 자 중에 누구로 너희의 이득을 취하더냐

18 내가 디도를 권하고 함께 한 형제를 보내었으니 디도가 너희의 이득을 취하더냐 우리가 동일한 성령으로 행하지 아니하더냐 동일한 보조로 하지 아니하더냐

19 너희는 이 때까지 우리가 자기 변명을 하는 줄로 생각하는구나 우리는 그리스도 안에서 하나님 앞에 말하노라 사랑하는 자들아 이 모든 것은 너희의 덕을 세우기 위함이니라

20 내가 갈 때에 너희를 내가 원하는 것과 같이 보지 못하고 또 내가 너희에게 너희가 원하지 않는 것과 같이 보일까 두려워하며 또 다툼과 시기와 분냄과 당 짓는 것과 비방과 수군거림과 거만함과 혼란이 있을까 두려워하고

21 또 내가 다시 갈 때에 내 하나님이 나를 너희 앞에서 낮추실까 두려워하고 또 내가 전에 죄를 지은 여러 사람의 그 행한 바 더러움과 음란함과 호색함

을 회개하지 아니함 때문에 슬퍼할까

두려워하노라

권면과 끝 인사

13 내가 이제 세 번째 너희에게 가리니 두

세 증인의 입으로 말마다 확정하리라

2 내가 이미 말하였거니와 지금 떠나 있

으나 두 번째 대면하였을 때와 같이 전

에 죄 지은 자들과 그 남은 모든 사람

에게 미리 말하노니 내가 다시 가면 용

서하지 아니하리라

3 이는 그리스도께서 내 안에서 말씀하시

는 증거를 너희가 구함이니 그는 너희

에게 대하여 약하지 않고 도리어 너희

안에서 강하시니라

4 그리스도께서 약하심으로 십자가에 못

박히셨으나 하나님의 능력으로 살아 계

시니 우리도 그 안에서 약하나 너희에

게 대하여 하나님의 능력으로 그와 함

께 살리라

5 너희는 믿음 안에 있는가 너희 자신을

시험하고 너희 자신을 확증하라 예수

그리스도께서 너희 안에 계신 줄을 너

희가 스스로 알지 못하느냐 그렇지 않

으면 너희는 버림 받은 자니라

6 우리가 버림 받은 자 되지 아니한 것을

너희가 알기를 내가 바라고

7 우리가 하나님께서 너희로 악을 조금도

행하지 않게 하시기를 구하노니 이는

우리가 옳은 자임을 나타내고자 함이

아니라 오직 우리는 버림 받은 자 같을

지라도 너희는 선을 행하게 하고자 함

이라

8 우리는 진리를 거슬러 아무 것도 할 수

없고 오직 진리를 위할 뿐이니

9 우리가 약할 때에 너희가 강한 것을 기

뻐하고 또 이것을 위하여 구하니 곧 너

희가 온전하게 되는 것이라

10 그러므로 내가 떠나 있을 때에 이렇게 쓰는 것은 대면할 때에 주께서 너희를 넘어뜨리려 하지 않고 세우려 하여 내게 주신 그 권한을 따라 엄하지 않게 하려 함이라

11 마지막으로 말하노니 형제들아 기뻐하라 온전하게 되며 위로를 받으며 마음을 같이하며 평안할지어다 또 사랑과 평강의 하나님이 너희와 함께 계시리라 거룩하게 입맞춤으로 서로 문안하라

12 모든 성도가 너희에게 문안하느니라

13 주 예수 그리스도의 은혜와 하나님의 사랑과 성령의 교통하심이 너희 무리와 함께 있을지어다

갈
라
디
아
서

인사

1 사람들에게서 난 것도 아니요 사람으로

말미암은 것도 아니요 오직 예수 그리

스도와 그를 죽은 자 가운데서 살리신

하나님 아버지로 말미암아 사도 된 바

울은

2 함께 있는 모든 형제와 더불어 갈라디

아 여러 교회들에게

3 우리 하나님 아버지와 주 예수 그리스도

로부터 은혜와 평강이 있기를 원하노라

4 그리스도께서 하나님 곧 우리 아버지의

뜻을 따라 이 악한 세대에서 우리를 건

지시려고 우리 죄를 대속하기 위하여

자기 몸을 주셨으니

5 영광이 그에게 세세토록 있을지어다

아멘

다른 복음은 없다

6 그리스도의 은혜로 너희를 부르신 이를

이같이 속히 떠나 다른 복음을 따르는

것을 내가 이상하게 여기노라

7 다른 복음은 없나니 다만 어떤 사람들

이 너희를 교란하여 그리스도의 복음을

변하게 하려 함이라

8 그러나 우리나 혹은 하늘로부터 온 천

사라도 우리가 너희에게 전한 복음 외

에 다른 복음을 전하면 저주를 받을지

어다

9 우리가 전에 말하였거니와 내가 지금

다시 말하노니 만일 누구든지 너희가

받은 것 외에 다른 복음을 전하면 저주

를 받을지어다

10 이제 내가 사람들에게 좋게 하랴 하나

님께 좋게 하랴 사람들에게 기쁨을 구

하랴 내가 지금까지 사람들의 기쁨

을 구하였다면 그리스도의 종이 아니

니라

바울이 사도가 된 내력

11 형제들아 내가 너희에게 알게 하노니 내가 전한 복음은 사람의 뜻을 따라 된 것이 아니니라

12 이는 내가 사람에게서 받은 것도 아니요 배운 것도 아니요 오직 예수 그리스도의 계시로 말미암은 것이라

13 내가 이전에 유대교에 있을 때에 행한 일을 너희가 들었거니와 하나님의 교회를 심히 박해하여 멸하고

14 내가 내 동족 중 여러 연갑자보다 유대교를 지나치게 믿어 내 조상의 전통에 대하여 더욱 열심이 있었으나

15 그러나 내 어머니의 태로부터 나를 택정하시고 그의 은혜로 나를 부르신 이가

16 그의 아들을 이방에 전하기 위하여 그를 내 속에 나타내시기를 기뻐하셨을 때에 내가 곧 혈육과 의논하지 아니하고

17 또 나보다 먼저 사도 된 자들을 만나려고 예루살렘으로 가지 아니하고 아라비아로 갔다가 다시 다메섹으로 돌아갔노라

18 그 후 삼 년 만에 내가 게바를 방문하려고 예루살렘에 올라가서 그와 함께 십오 일을 머무는 동안

19 주의 형제 야고보 외에 다른 사도들을 보지 못하였노라

20 보라 내가 너희에게 쓰는 것은 하나님 앞에서 거짓말이 아니로다

21 그 후에 내가 수리아와 길리기아 지방에 이르렀으나

22 그리스도 안에 있는 유대의 교회들이 나를 얼굴로는 알지 못하고

23 다만 우리를 박해하던 자가 전에 멸하려던 그 믿음을 지금 전한다 함을 듣고

24 나로 말미암아 하나님께 영광을 돌리

니라

할례자의 사도와 이방인의 사도

2 십사 년 후에 내가 바나바와 함께 디도를 데리고 다시 예루살렘에 올라갔나니

2 계시를 따라 올라가 내가 이방 가운데서 전파하는 복음을 그들에게 제시하되 유력한 자들에게 사사로이 한 것은 내가 달음질하는 것이나 달음질한 것이 헛되지 않게 하려 함이라

3 그러나 나와 함께 있는 헬라인 디도까지도 억지로 할례를 받게 하지 아니하였으니

4 이는 가만히 들어온 거짓 형제들 때문이라 그들이 가만히 들어온 것은 그리스도 예수 안에서 우리가 가진 자유를 엿보고 우리를 종으로 삼고자 함이로되

5 그들에게 우리가 한시도 복종하지 아니하였으니 이는 복음의 진리가 항상 너희 가운데 있게 하려 함이라

6 유력하다는 이들 중에 (본래 어떤 이들이든지 내게 상관이 없으며 하나님은 사람을 외모로 취하지 아니하시나니) 저 유력한 이들은 내게 의무를 더하여 준 것이 없고

7 도리어 그들은 내가 무할례자에게 복음 전함을 맡은 것이 베드로가 할례자에게 맡음과 같은 것을 보았고

8 베드로에게 역사하사 그를 할례자의 사도로 삼으신 이가 또한 내게 역사하사 나를 이방인의 사도로 삼으셨느니라

9 또 기둥 같이 여기는 야고보와 게바와 요한도 내게 주신 은혜를 알므로 나와 바나바에게 친교의 악수를 하였으니 우리는 이방인에게로, 그들은 할례자에게로 가게 하려 함이라

10 다만 우리에게 가난한 자들을 기억하도

록 부탁하였으니 이것은 나도 본래부터

힘써 행하여 왔노라

믿음으로 의롭게 되다

11 게바가 안디옥에 이르렀을 때에 책망

받을 일이 있기로 내가 그를 대면하여

책망하였노라

12 야고보에게서 온 어떤 이들이 이르기

전에 게바가 이방인과 함께 먹다가 그

들이 오매 그가 할례자들을 두려워하여

떠나 물러가매

13 남은 유대인들도 그와 같이 외식하므

로 바나바도 그들의 외식에 유혹되었

느니라

14 그러므로 나는 그들이 복음의 진리를

따라 바르게 행하지 아니함을 보고 모

든 자 앞에서 게바에게 이르되 네가 유

대인으로서 이방인을 따르고 유대인답

게 살지 아니하면서 어찌하여 억지로

이방인을 유대인답게 살게 하려느냐 하

였노라

15 우리는 본래 유대인이요 이방 죄인이

아니로되

16 사람이 의롭게 되는 것은 율법의 행위

로 말미암음이 아니요 오직 예수 그리

스도를 믿음으로 말미암는 줄 알므로

우리도 그리스도 예수를 믿나니 이는

우리가 율법의 행위로써가 아니고 그리

스도를 믿음으로써 의롭다 함을 얻으려

함이라 율법의 행위로써는 의롭다 함을

얻을 육체가 없느니라

17 만일 우리가 그리스도 안에서 의롭게

되려 하다가 죄인으로 드러나면 그리스

도께서 죄를 짓게 하는 자냐 결코 그럴

수 없느니라

18 만일 내가 헐었던 것을 다시 세우면 내

가 나를 범법한 자로 만드는 것이라

19 내가 율법으로 말미암아 율법에 대하여

죽었나니 이는 하나님에 대하여 살려

함이라

20 내가 그리스도와 함께 십자가에 못 박

혔나니 그런즉 이제는 내가 사는 것이

아니요 오직 내 안에 그리스도께서 사

시는 것이라 이제 내가 육체 가운데 사

는 것은 나를 사랑하사 나를 위하여 자

기 자신을 버리신 하나님의 아들을 믿

는 믿음 안에서 사는 것이라

21 내가 하나님의 은혜를 폐하지 아니하노

니 만일 의롭게 되는 것이 율법으로 말

미암으면 그리스도께서 헛되이 죽으셨

느니라

갈라디아 사람들에게 호소하다

3 어리석도다 갈라디아 사람들아 예수 그

리스도께서 십자가에 못 박히신 것이

너희 눈 앞에 밝히 보이거늘 누가 너희

를 꾀더냐

2 내가 너희에게서 다만 이것을 알려 하

노니 너희가 성령을 받은 것이 율법의

행위로냐 혹은 듣고 믿음으로냐

3 너희가 이같이 어리석으냐 성령으로 시

작하였다가 이제는 육체로 마치겠느냐

4 너희가 이같이 많은 괴로움을 헛되이

받았느냐 과연 헛되냐

5 너희에게 성령을 주시고 너희 가운데서

능력을 행하시는 이의 일이 율법의 행

위에서냐 혹은 듣고 믿음에서냐

6 아브라함이 하나님을 믿으매 그것을 그

에게 의로 정하셨다 함과 같으니라

7 그런즉 믿음으로 말미암은 자들은 아브

라함의 자손인 줄 알지어다

8 또 하나님이 이방을 믿음으로 말미암아

의로 정하실 것을 성경이 미리 알고 먼

저 아브라함에게 복음을 전하되 모든

이방인이 너로 말미암아 복을 받으리라

하였느니라

9 그러므로 믿음으로 말미암은 자는 믿

음이 있는 아브라함과 함께 복을 받느

니라

10 무릇 율법 행위에 속한 자들은 저주 아

래에 있나니 기록된 바 누구든지 율법

책에 기록된 대로 모든 일을 항상 행하

지 아니하는 자는 저주 아래에 있는 자

라 하였음이라

11 또 하나님 앞에서 아무도 율법으로 말

미암아 의롭게 되지 못할 것이 분명하

니 이는 의인은 믿음으로 살리라 하였

음이라

12 율법은 믿음에서 난 것이 아니니 율법

을 행하는 자는 그 가운데서 살리라 하

였느니라

13 그리스도께서 우리를 위하여 저주를 받

은 바 되사 율법의 저주에서 우리를 속

량하셨으니 기록된 바 나무에 달린 자마

다 저주 아래에 있는 자라 하였음이라

14 이는 그리스도 예수 안에서 아브라함

의 복이 이방인에게 미치게 하고 또 우

리로 하여금 믿음으로 말미암아 성령의

약속을 받게 하려 함이라

율법과 약속

15 형제들아 내가 사람의 예대로 말하노니

사람의 언약이라도 정한 후에는 아무도

폐하거나 더하거나 하지 못하느니라

16 이 약속들은 아브라함과 그 자손에게

말씀하신 것인데 여럿을 가리켜 그 자

손들이라 하지 아니하시고 오직 한 사

람을 가리켜 네 자손이라 하셨으니 곧

그리스도라

17 내가 이것을 말하노니 하나님께서 미리

정하신 언약을 사백삼십 년 후에 생긴

율법이 폐기하지 못하고 그 약속을 헛

되게 하지 못하리라

18 만일 그 유업이 율법에서 난 것이면 약

속에서 난 것이 아니리라 그러나 하나

님이 약속으로 말미암아 아브라함에게

주신 것이라

19 그런즉 율법은 무엇이냐 범법하므로 더

하여진 것이라 천사들을 통하여 한 중

보자의 손으로 베푸신 것인데 약속하신

자손이 오시기까지 있을 것이라

20 그 중보자는 한 편만 위한 자가 아니나

하나님은 한 분이시니라

21 그러면 율법이 하나님의 약속들과 반대

되는 것이냐 결코 그럴 수 없느니라 만

일 능히 살게 하는 율법을 주셨더라면

의가 반드시 율법으로 말미암았으리라

22 그러나 성경이 모든 것을 죄 아래에 가

두었으니 이는 예수 그리스도를 믿음으

로 말미암는 약속을 믿는 자들에게 주

려 함이라

하나님의 아들

23 믿음이 오기 전에 우리는 율법 아래에

매인 바 되고 계시될 믿음의 때까지 갇

혔느니라

24 이같이 율법이 우리를 그리스도께로 인

도하는 초등교사가 되어 우리로 하여금

믿음으로 말미암아 의롭다 함을 얻게

하려 함이라

25 믿음이 온 후로는 우리가 초등교사 아

래에 있지 아니하도다

26 너희가 다 믿음으로 말미암아 그리스도

예수 안에서 하나님의 아들이 되었으니

27 누구든지 그리스도와 합하기 위하여 세

례를 받은 자는 그리스도로 옷 입었느

니라

28 너희는 유대인이나 헬라인이나 종이나

자유인이나 남자나 여자나 다 그리스도

예수 안에서 하나이니라

29 너희가 그리스도의 것이면 곧 아브라함

의 자손이요 약속대로 유업을 이을 자

니라

4 내가 또 말하노니 유업을 이을 자가 모

든 것의 주인이나 어렸을 동안에는 종

과 다름이 없어서

2 그 아버지가 정한 때까지 후견인과 청

지기 아래에 있나니

3 이와 같이 우리도 어렸을 때에 이 세상

의 초등학문 아래에 있어서 종 노릇 하

였더니

4 때가 차매 하나님이 그 아들을 보내사

여자에게서 나게 하시고 율법 아래에

나게 하신 것은

5 율법 아래에 있는 자들을 속량하시고

우리로 아들의 명분을 얻게 하려 하심

이라

6 너희가 아들이므로 하나님이 그 아들의

영을 우리 마음 가운데 보내사 아빠 아

버지라 부르게 하셨느니라

7 그러므로 네가 이 후로는 종이 아니요

아들이니 아들이면 하나님으로 말미암

아 유업을 받을 자니라

바울이 갈라디아 교회를 염려하다

8 그러나 너희가 그 때에는 하나님을 알

지 못하여 본질상 하나님이 아닌 자들

에게 종 노릇 하였더니

9 이제는 너희가 하나님을 알 뿐 아니라

더욱이 하나님이 아신 바 되었거늘 어

찌하여 다시 약하고 천박한 초등학문으

로 돌아가서 다시 그들에게 종 노릇 하

려 하느냐

10 너희가 날과 달과 절기와 해를 삼가 지

키니

11 내가 너희를 위하여 수고한 것이 헛될까 두려워하노라

12 형제들아 내가 너희와 같이 되었은즉 너희도 나와 같이 되기를 구하노라 너희가 내게 해롭게 하지 아니하였느니라

13 내가 처음에 육체의 약함으로 말미암아 너희에게 복음을 전한 것을 너희가 아는 바라

14 너희를 시험하는 것이 내 육체에 있으되 이것을 너희가 업신여기지도 아니하며 버리지도 아니하고 오직 나를 하나님의 천사와 같이 또는 그리스도 예수와 같이 영접하였도다

15 너희의 복이 지금 어디 있느냐 내가 너희에게 증언하노니 너희가 할 수만 있었더라면 너희의 눈이라도 빼어 나에게 주었으리라

16 그런즉 내가 너희에게 참된 말을 하므로 원수가 되었느냐

17 그들이 너희에게 대하여 열심 내는 것은 좋은 뜻이 아니요 오직 너희를 이간시켜 너희로 그들에게 대하여 열심을 내게 하려 함이라

18 좋은 일에 대하여 열심으로 사모함을 받음은 내가 너희를 대하였을 때뿐 아니라 언제든지 좋으니라

19 나의 자녀들아 너희 속에 그리스도의 형상을 이루기까지 다시 너희를 위하여 해산하는 수고를 하노니

20 내가 이제라도 너희와 함께 있어 내 언성을 높이려 함은 너희에 대하여 의혹이 있음이라

하갈과 사라

21 내게 말하라 율법 아래에 있고자 하는 자들아 율법을 듣지 못하였느냐

22 기록된 바 아브라함에게 두 아들이 있

으니 하나는 여종에게서, 하나는 자유 있는 여자에게서 났다 하였으며

23 여종에게서는 육체를 따라 났고 자유 있는 여자에게서는 약속으로 말미암았느니라

24 이것은 비유니 이 여자들은 두 언약이라 하나는 시내 산으로부터 종을 낳은 자니 곧 하갈이라

25 이 하갈은 아라비아에 있는 시내 산으로서 지금 있는 예루살렘과 같은 곳이니 그가 그 자녀들과 더불어 종 노릇하고

26 오직 위에 있는 예루살렘은 자유자니 곧 우리 어머니라

27 기록된 바 잉태하지 못한 자여 즐거워하라 산고를 모르는 자여 소리 질러 외치라 이는 홀로 사는 자의 자녀가 남편 있는 자의 자녀보다 많음이라 하였으니

28 형제들아 너희는 이삭과 같이 약속의 자녀라

29 그러나 그 때에 육체를 따라 난 자가 성령을 따라 난 자를 박해한 것 같이 이제도 그러하도다

30 그러나 성경이 무엇을 말하느냐 여종과 그 아들을 내쫓으라 여종의 아들이 자유 있는 여자의 아들과 더불어 유업을 얻지 못하리라 하였느니라

31 그런즉 형제들아 우리는 여종의 자녀가 아니요 자유 있는 여자의 자녀니라

5 그리스도께서 우리를 자유롭게 하려고 자유를 주셨으니 그러므로 굳건하게 서서 다시는 종의 멍에를 메지 말라

그리스도인의 자유와 사랑

2 보라 나 바울은 너희에게 말하노니 너희가 만일 할례를 받으면 그리스도께서 너희에게 아무 유익이 없으리라

3 내가 할례를 받는 각 사람에게 다시 증언하노니 그는 율법 전체를 행할 의무를 가진 자라

4 율법 안에서 의롭다 함을 얻으려 하는 너희는 그리스도에게서 끊어지고 은혜에서 떨어진 자로다

5 우리가 성령으로 믿음을 따라 의의 소망을 기다리노니

6 그리스도 예수 안에서는 할례나 무할례나 효력이 없으되 사랑으로써 역사하는 믿음뿐이니라

7 너희가 달음질을 잘 하더니 누가 너희를 막아 진리를 순종하지 못하게 하더냐

8 그 권면은 너희를 부르신 이에게서 난 것이 아니니라

9 적은 누룩이 온 덩이에 퍼지느니라

10 나는 너희가 아무 다른 마음을 품지 아니할 줄을 주 안에서 확신하노라 그러나 너희를 요동하게 하는 자는 누구든지 심판을 받으리라

11 형제들아 내가 지금까지 할례를 전한다면 어찌하여 지금까지 박해를 받으리요 그리하였으면 십자가의 걸림돌이 제거되었으리니

12 너희를 어지럽게 하는 자들은 스스로 베어 버리기를 원하노라

13 형제들아 너희가 자유를 위하여 부르심을 입었으나 그러나 그 자유로 육체의 기회를 삼지 말고 오직 사랑으로 서로 종 노릇 하라

14 온 율법은 네 이웃 사랑하기를 네 자신 같이 하라 하신 한 말씀에서 이루어졌나니

15 만일 서로 물고 먹으면 피차 멸망할까 조심하라

육체의 일과 성령의 열매

16 내가 이르노니 너희는 성령을 따라 행하라 그리하면 육체의 욕심을 이루지 아니하리라

17 육체의 소욕은 성령을 거스르고 성령은 육체를 거스르나니 이 둘이 서로 대적함으로 너희가 원하는 것을 하지 못하게 하려 함이니라

18 너희가 만일 성령의 인도하시는 바가 되면 율법 아래에 있지 아니하리라

19 육체의 일은 분명하니 곧 음행과 더러운 것과 호색과

20 우상 숭배와 주술과 원수 맺는 것과 분쟁과 시기와 분냄과 당 짓는 것과 분열함과 이단과

21 투기와 술 취함과 방탕함과 또 그와 같은 것들이라 전에 너희에게 경계한 것 같이 경계하노니 이런 일을 하는 자들은 하나님의 나라를 유업으로 받지 못할 것이요

22 오직 성령의 열매는 사랑과 희락과 화평과 오래 참음과 자비와 양선과 충성과

23 온유와 절제니 이같은 것을 금지할 법이 없느니라

24 그리스도 예수의 사람들은 육체와 함께 그 정욕과 탐심을 십자가에 못 박았느니라

25 만일 우리가 성령으로 살면 또한 성령으로 행할지니

26 헛된 영광을 구하여 서로 노엽게 하거나 서로 투기하지 말지니라

짐을 서로 지라

6 형제들아 사람이 만일 무슨 범죄한 일이 드러나거든 신령한 너희는 온유한 심령으로 그러한 자를 바로잡고 너 자신을 살펴보아 너도 시험을 받을까 두

려워하라

2 너희가 짐을 서로 지라 그리하여 그리스

도의 법을 성취하라

3 만일 누가 아무 것도 되지 못하고 된 줄

로 생각하면 스스로 속임이라

4 각각 자기의 일을 살피라 그리하면 자랑

할 것이 자기에게는 있어도 남에게는 있

지 아니하리니

5 각각 자기의 짐을 질 것이라

6 가르침을 받는 자는 말씀을 가르치는

자와 모든 좋은 것을 함께 하라

7 스스로 속이지 말라 하나님은 업신여김

을 받지 아니하시나니 사람이 무엇으로

심든지 그대로 거두리라

8 자기의 육체를 위하여 심는 자는 육체

로부터 썩어질 것을 거두고 성령을 위

하여 심는 자는 성령으로부터 영생을

거두리라

9 우리가 선을 행하되 낙심하지 말지니 포

기하지 아니하면 때가 이르매 거두리라

10 그러므로 우리는 기회 있는 대로 모든

이에게 착한 일을 하되 더욱 믿음의 가

정들에게 할지니라

할례와 그리스도의 십자가

11 내 손으로 너희에게 이렇게 큰 글자로

쓴 것을 보라

12 무릇 육체의 모양을 내려 하는 자들이

억지로 너희에게 할례를 받게 함은 그

들이 그리스도의 십자가로 말미암아 박

해를 면하려 함뿐이라

13 할례를 받은 그들이라도 스스로 율법은

지키지 아니하고 너희에게 할례를 받게

하려 하는 것은 그들이 너희의 육체로

자랑하려 함이라

14 그러나 내게는 우리 주 예수 그리스도

의 십자가 외에 결코 자랑할 것이 없으

니 그리스도로 말미암아 세상이 나를

대하여 십자가에 못 박히고 내가 또한

세상을 대하여 그러하니라

15 할례나 무할례가 아무 것도 아니로되

오직 새로 지으심을 받는 것만이 중요

하니라

16 무릇 이 규례를 행하는 자에게와 하나

님의 이스라엘에게 평강과 긍휼이 있을

지어다

17 이 후로는 누구든지 나를 괴롭게 하지

말라 내가 내 몸에 예수의 흔적을 지니

고 있노라

18 형제들아 우리 주 예수 그리스도의 은

혜가 너희 심령에 있을지어다 아멘

에
베
소
서

인사

1 하나님의 뜻으로 말미암아 그리스도 예수의 사도 된 바울은 에베소에 있는 성도들과 그리스도 예수 안에 있는 신실한 자들에게 편지하노니

2 하나님 우리 아버지와 주 예수 그리스도로부터 은혜와 평강이 너희에게 있을지어다

하늘에 속한 신령한 복

3 찬송하리로다 하나님 곧 우리 주 예수 그리스도의 아버지께서 그리스도 안에서 하늘에 속한 모든 신령한 복을 우리에게 주시되

4 곧 창세 전에 그리스도 안에서 우리를 택하사 우리로 사랑 안에서 그 앞에 거룩하고 흠이 없게 하시려고

5 그 기쁘신 뜻대로 우리를 예정하사 예수 그리스도로 말미암아 자기의 아들들이 되게 하셨으니

6 이는 그가 사랑하시는 자 안에서 우리에게 거저 주시는 바 그의 은혜의 영광을 찬송하게 하려는 것이라

7 우리는 그리스도 안에서 그의 은혜의 풍성함을 따라 그의 피로 말미암아 속량 곧 죄 사함을 받았느니라

8 이는 그가 모든 지혜와 총명을 우리에게 넘치게 하사

9 그 뜻의 비밀을 우리에게 알리신 것이요 그의 기뻐하심을 따라 그리스도 안에서 때가 찬 경륜을 위하여 예정하신 것이니

10 하늘에 있는 것이나 땅에 있는 것이 다 그리스도 안에서 통일되게 하려 하심이라

11 모든 일을 그의 뜻의 결정대로 일하시는 이의 계획을 따라 우리가 예정을 입

어 그 안에서 기업이 되었으니

12 이는 우리가 그리스도 안에서 전부터

바라던 그의 영광의 찬송이 되게 하려

하심이라

13 그 안에서 너희도 진리의 말씀 곧 너희

의 구원의 복음을 듣고 그 안에서 또한

믿어 약속의 성령으로 인치심을 받았

으니

14 이는 우리 기업의 보증이 되사 그 얻으

신 것을 속량하시고 그의 영광을 찬송

하게 하려 하심이라

바울의 기도

15 이로 말미암아 주 예수 안에서 너희 믿

음과 모든 성도를 향한 사랑을 나도

듣고

16 내가 기도할 때에 기억하며 너희로 말

미암아 감사하기를 그치지 아니하고

17 우리 주 예수 그리스도의 하나님, 영광

의 아버지께서 지혜와 계시의 영을 너

희에게 주사 하나님을 알게 하시고

18 너희 마음의 눈을 밝히사 그의 부르심

의 소망이 무엇이며 성도 안에서 그 기

업의 영광의 풍성함이 무엇이며

19 그의 힘의 위력으로 역사하심을 따라

믿는 우리에게 베푸신 능력의 지극히

크심이 어떠한 것을 너희로 알게 하시

기를 구하노라

20 그의 능력이 그리스도 안에서 역사하사

죽은 자들 가운데서 다시 살리시고 하

늘에서 자기의 오른편에 앉히사

21 모든 통치와 권세와 능력과 주권과 이

세상뿐 아니라 오는 세상에 일컫는 모

든 이름 위에 뛰어나게 하시고

22 또 만물을 그의 발 아래에 복종하게 하

시고 그를 만물 위에 교회의 머리로 삼

으셨느니라

23 교회는 그의 몸이니 만물 안에서 만물을 충만하게 하시는 이의 충만함이니라

허물과 죄로 죽었던 너희를 살리셨다

2 그는 허물과 죄로 죽었던 너희를 살리셨도다

2 그 때에 너희는 그 가운데서 행하여 이 세상 풍조를 따르고 공중의 권세 잡은 자를 따랐으니 곧 지금 불순종의 아들들 가운데서 역사하는 영이라

3 전에는 우리도 다 그 가운데서 우리 육체의 욕심을 따라 지내며 육체와 마음의 원하는 것을 하여 다른 이들과 같이 본질상 진노의 자녀이었더니

4 긍휼이 풍성하신 하나님이 우리를 사랑하신 그 큰 사랑을 인하여

5 허물로 죽은 우리를 그리스도와 함께 살리셨고 (너희는 은혜로 구원을 받은 것이라)

6 또 함께 일으키사 그리스도 예수 안에서 함께 하늘에 앉히시니

7 이는 그리스도 예수 안에서 우리에게 자비하심으로써 그 은혜의 지극히 풍성함을 오는 여러 세대에 나타내려 하심이라

8 너희는 그 은혜에 의하여 믿음으로 말미암아 구원을 받았으니 이것은 너희에게서 난 것이 아니요 하나님의 선물이라

9 행위에서 난 것이 아니니 이는 누구든지 자랑하지 못하게 함이라

10 우리는 그가 만드신 바라 그리스도 예수 안에서 선한 일을 위하여 지으심을 받은 자니 이 일은 하나님이 전에 예비하사 우리로 그 가운데서 행하게 하려 하심이니라

십자가로 화목하게 하시다

11 그러므로 생각하라 너희는 그 때에 육

223

체로는 이방인이요 손으로 육체에 행한

할례를 받은 무리라 칭하는 자들로부터

할례를 받지 않은 무리라 칭함을 받는

자들이라

12 그 때에 너희는 그리스도 밖에 있었고

이스라엘 나라 밖의 사람이라 약속의

언약들에 대하여는 외인이요 세상에서

소망이 없고 하나님도 없는 자이더니

13 이제는 전에 멀리 있던 너희가 그리스

도 예수 안에서 그리스도의 피로 가까

워졌느니라

14 그는 우리의 화평이신지라 둘로 하나를

만드사 원수 된 것 곧 중간에 막힌 담

을 자기 육체로 허시고

15 법조문으로 된 계명의 율법을 폐하셨으

니 이는 이 둘로 자기 안에서 한 새 사

람을 지어 화평하게 하시고

16 또 십자가로 이 둘을 한 몸으로 하나님

과 화목하게 하려 하심이라 원수 된 것

을 십자가로 소멸하시고

17 또 오셔서 먼 데 있는 너희에게 평안을

전하시고 가까운 데 있는 자들에게 평

안을 전하셨으니

18 이는 그로 말미암아 우리 둘이 한 성령

안에서 아버지께 나아감을 얻게 하려

하심이라

19 그러므로 이제부터 너희는 외인도 아니

요 나그네도 아니요 오직 성도들과 동

일한 시민이요 하나님의 권속이라

20 너희는 사도들과 선지자들의 터 위에

세우심을 입은 자라 그리스도 예수께서

친히 모퉁잇돌이 되셨느니라

21 그의 안에서 건물마다 서로 연결하여

주 안에서 성전이 되어 가고

22 너희도 성령 안에서 하나님이 거하실

처소가 되기 위하여 그리스도 예수 안

에서 함께 지어져 가느니라

하나님의 구원의 경륜의 비밀

3 이러므로 그리스도 예수의 일로 너희 이방인을 위하여 갇힌 자 된 나 바울이 말하거니와

2 너희를 위하여 내게 주신 하나님의 그 은혜의 경륜을 너희가 들었을 터이라

3 곧 계시로 내게 비밀을 알게 하신 것은 내가 먼저 간단히 기록함과 같으니

4 그것을 읽으면 내가 그리스도의 비밀을 깨달은 것을 너희가 알 수 있으리라

5 이제 그의 거룩한 사도들과 선지자들에게 성령으로 나타내신 것 같이 다른 세대에서는 사람의 아들들에게 알리지 아니하셨으니

6 이는 이방인들이 복음으로 말미암아 그리스도 예수 안에서 함께 상속자가 되고 함께 지체가 되고 함께 약속에 참여

하는 자가 됨이라

7 이 복음을 위하여 그의 능력이 역사하시는 대로 내게 주신 하나님의 은혜의 선물을 따라 내가 일꾼이 되었노라

8 모든 성도 중에 지극히 작은 자보다 더 작은 나에게 이 은혜를 주신 것은 측량할 수 없는 그리스도의 풍성함을 이방인에게 전하게 하시고

9 영원부터 만물을 창조하신 하나님 속에 감추어졌던 비밀의 경륜이 어떠한 것을 드러내게 하려 하심이라

10 이는 이제 교회로 말미암아 하늘에 있는 통치자들과 권세들에게 하나님의 각종 지혜를 알게 하려 하심이니

11 곧 영원부터 우리 주 그리스도 예수 안에서 예정하신 뜻대로 하신 것이라

12 우리가 그 안에서 그를 믿음으로 말미암아 담대함과 확신을 가지고 하나님께

나아감을 얻느니라

13 그러므로 너희에게 구하노니 너희를 위한 나의 여러 환난에 대하여 낙심하지 말라 이는 너희의 영광이니라

그리스도의 사랑을 알게 하시기를

14 이러므로 내가 하늘과 땅에 있는 각 족속에게

15 이름을 주신 아버지 앞에 무릎을 꿇고 비노니

16 그의 영광의 풍성함을 따라 그의 성령으로 말미암아 너희 속사람을 능력으로 강건하게 하시오며

17 믿음으로 말미암아 그리스도께서 너희 마음에 계시게 하시옵고 너희가 사랑 가운데서 뿌리가 박히고 터가 굳어져서

18 능히 모든 성도와 함께 지식에 넘치는 그리스도의 사랑을 알고

19 그 너비와 길이와 높이와 깊이가 어떠함을 깨달아 하나님의 모든 충만하신 것으로 너희에게 충만하게 하시기를 구하노라

20 우리 가운데서 역사하시는 능력대로 우리가 구하거나 생각하는 모든 것에 더 넘치도록 능히 하실 이에게

21 교회 안에서와 그리스도 예수 안에서 영광이 대대로 영원무궁하기를 원하노라 아멘

성령이 하나되게 하신 것

4 그러므로 주 안에서 갇힌 내가 너희를 권하노니 너희가 부르심을 받은 일에 합당하게 행하여

2 모든 겸손과 온유로 하고 오래 참음으로 사랑 가운데서 서로 용납하고

3 평안의 매는 줄로 성령이 하나 되게 하신 것을 힘써 지키라

4 몸이 하나요 성령도 한 분이시니 이와

같이 너희가 부르심의 한 소망 안에서

부르심을 받았느니라

5 주도 한 분이시요 믿음도 하나요 세례

도 하나요

6 하나님도 한 분이시니 곧 만유의 아버

지시라 만유 위에 계시고 만유를 통일

하시고 만유 가운데 계시도다

7 우리 각 사람에게 그리스도의 선물의

분량대로 은혜를 주셨나니

8 그러므로 이르기를 그가 위로 올라가실

때에 사로잡혔던 자들을 사로잡으시고

사람들에게 선물을 주셨다 하였도다

9 올라가셨다 하였은즉 땅 아래 낮은 곳

으로 내리셨던 것이 아니면 무엇이냐

10 내리셨던 그가 곧 모든 하늘 위에 오르

신 자니 이는 만물을 충만하게 하려 하

심이라

11 그가 어떤 사람은 사도로, 어떤 사람은

선지자로, 어떤 사람은 복음 전하는 자

로, 어떤 사람은 목사와 교사로 삼으셨

으니

12 이는 성도를 온전하게 하여 봉사의 일

을 하게 하며 그리스도의 몸을 세우려

하심이라

13 우리가 다 하나님의 아들을 믿는 것과

아는 일에 하나가 되어 온전한 사람을

이루어 그리스도의 장성한 분량이 충만

한 데까지 이르리니

14 이는 우리가 이제부터 어린 아이가 되

지 아니하여 사람의 속임수와 간사한

유혹에 빠져 온갖 교훈의 풍조에 밀려

요동하지 않게 하려 함이라

15 오직 사랑 안에서 참된 것을 하여 범사

에 그에게까지 자랄지라 그는 머리니

곧 그리스도라

16 그에게서 온 몸이 각 마디를 통하여 도

움을 받음으로 연결되고 결합되어 각

지체의 분량대로 역사하여 그 몸을 자

라게 하며 사랑 안에서 스스로 세우느

니라

옛 사람과 새 사람

17 그러므로 내가 이것을 말하며 주 안에

서 증언하노니 이제부터 너희는 이방인

이 그 마음의 허망한 것으로 행함 같이

행하지 말라

18 그들의 총명이 어두워지고 그들 가운데

있는 무지함과 그들의 마음이 굳어짐으

로 말미암아 하나님의 생명에서 떠나

있도다

19 그들이 감각 없는 자가 되어 자신을 방

탕에 방임하여 모든 더러운 것을 욕심

으로 행하되

20 오직 너희는 그리스도를 그같이 배우지

아니하였느니라

21 진리가 예수 안에 있는 것 같이 너희가

참으로 그에게서 듣고 또한 그 안에서

가르침을 받았을진대

22 너희는 유혹의 욕심을 따라 썩어져 가는

구습을 따르는 옛 사람을 벗어 버리고

23 오직 너희의 심령이 새롭게 되어

24 하나님을 따라 의와 진리의 거룩함으로

지으심을 받은 새 사람을 입으라

하나님을 본받는 생활

25 그런즉 거짓을 버리고 각각 그 이웃과

더불어 참된 것을 말하라 이는 우리가

서로 지체가 됨이라

26 분을 내어도 죄를 짓지 말며 해가 지도

록 분을 품지 말고

27 마귀에게 틈을 주지 말라

28 도둑질하는 자는 다시 도둑질하지 말고

돌이켜 가난한 자에게 구제할 수 있도록

자기 손으로 수고하여 선한 일을 하라

29 무릇 더러운 말은 너희 입 밖에도 내지 말고 오직 덕을 세우는 데 소용되는 대로 선한 말을 하여 듣는 자들에게 은혜를 끼치게 하라

30 하나님의 성령을 근심하게 하지 말라 그 안에서 너희가 구원의 날까지 인치심을 받았느니라

31 너희는 모든 악독과 노함과 분냄과 떠드는 것과 비방하는 것을 모든 악의와 함께 버리고

32 서로 친절하게 하며 불쌍히 여기며 서로 용서하기를 하나님이 그리스도 안에서 너희를 용서하심과 같이 하라

5 그러므로 사랑을 받는 자녀 같이 너희는 하나님을 본받는 자가 되고

2 그리스도께서 너희를 사랑하신 것 같이 너희도 사랑 가운데서 행하라 그는 우리를 위하여 자신을 버리사 향기로운 제물과 희생제물로 하나님께 드리셨느니라

3 음행과 온갖 더러운 것과 탐욕은 너희 중에서 그 이름조차도 부르지 말라 이는 성도에게 마땅한 바니라

4 누추함과 어리석은 말이나 희롱의 말이 마땅치 아니하니 오히려 감사하는 말을 하라

5 너희도 정녕 이것을 알거니와 음행하는 자나 더러운 자나 탐하는 자 곧 우상 숭배자는 다 그리스도와 하나님의 나라에서 기업을 얻지 못하리니

6 누구든지 헛된 말로 너희를 속이지 못하게 하라 이로 말미암아 하나님의 진노가 불순종의 아들들에게 임하나니

7 그러므로 그들과 함께 하는 자가 되지 말라

8 너희가 전에는 어둠이더니 이제는 주

안에서 빛이라 빛의 자녀들처럼 행하라

9 빛의 열매는 모든 착함과 의로움과 진

실함에 있느니라

10 주를 기쁘시게 할 것이 무엇인가 시험

하여 보라

11 너희는 열매 없는 어둠의 일에 참여하

지 말고 도리어 책망하라

12 그들이 은밀히 행하는 것들은 말하기도

부끄러운 것들이라

13 그러나 책망을 받는 모든 것은 빛으로

말미암아 드러나나니 드러나는 것마다

빛이니라

14 그러므로 이르시기를 잠자는 자여 깨어

서 죽은 자들 가운데서 일어나라 그리

스도께서 너에게 비추이시리라 하셨느

니라

그리스도의 이름으로 감사하라

15 그런즉 너희가 어떻게 행할지를 자세히

주의하여 지혜 없는 자 같이 하지 말고

오직 지혜 있는 자 같이 하여

16 세월을 아끼라 때가 악하니라

17 그러므로 어리석은 자가 되지 말고 오

직 주의 뜻이 무엇인가 이해하라

18 술 취하지 말라 이는 방탕한 것이니 오

직 성령으로 충만함을 받으라

19 시와 찬송과 신령한 노래들로 서로 화

답하며 너희의 마음으로 주께 노래하며

찬송하며

20 범사에 우리 주 예수 그리스도의 이름

으로 항상 아버지 하나님께 감사하며

21 그리스도를 경외함으로 피차 복종하라

아내와 남편

22 아내들이여 자기 남편에게 복종하기를

주께 하듯 하라

23 이는 남편이 아내의 머리 됨이 그리스

도께서 교회의 머리 됨과 같음이니 그

가 바로 몸의 구주시니라

24 그러므로 교회가 그리스도에게 하듯 아내들도 범사에 자기 남편에게 복종할지니라

25 남편들아 아내 사랑하기를 그리스도께서 교회를 사랑하시고 그 교회를 위하여 자신을 주심 같이 하라

26 이는 곧 물로 씻어 말씀으로 깨끗하게 하사 거룩하게 하시고

27 자기 앞에 영광스러운 교회로 세우사 티나 주름 잡힌 것이나 이런 것들이 없이 거룩하고 흠이 없게 하려 하심이라

28 이와 같이 남편들도 자기 아내 사랑하기를 자기 자신과 같이 할지니 자기 아내를 사랑하는 자는 자기를 사랑하는 것이라

29 누구든지 언제나 자기 육체를 미워하지 않고 오직 양육하여 보호하기를 그

리스도께서 교회에게 함과 같이 하나니

30 우리는 그 몸의 지체임이라

31 그러므로 사람이 부모를 떠나 그의 아내와 합하여 그 둘이 한 육체가 될지니

32 이 비밀이 크도다 나는 그리스도와 교회에 대하여 말하노라

33 그러나 너희도 각각 자기의 아내 사랑하기를 자신 같이 하고 아내도 자기 남편을 존경하라

자녀와 부모

6 자녀들아 주 안에서 너희 부모에게 순종하라 이것이 옳으니라

2 네 아버지와 어머니를 공경하라 이것은 약속이 있는 첫 계명이니

3 이로써 네가 잘되고 땅에서 장수하리라

4 또 아비들아 너희 자녀를 노엽게 하지 말고 오직 주의 교훈과 훈계로 양육

하라

종과 상전

5 종들아 두려워하고 떨며 성실한 마음으로 육체의 상전에게 순종하기를 그리스도께 하듯 하라

6 눈가림만 하여 사람을 기쁘게 하는 자처럼 하지 말고 그리스도의 종들처럼 마음으로 하나님의 뜻을 행하고

7 기쁜 마음으로 섬기기를 주께 하듯 하고 사람들에게 하듯 하지 말라

8 이는 각 사람이 무슨 선을 행하든지 종이나 자유인이나 주께로부터 그대로 받을 줄을 앎이라

9 상전들아 너희도 그들에게 이와 같이 하고 위협을 그치라 이는 그들과 너희의 상전이 하늘에 계시고 그에게는 사람을 외모로 취하는 일이 없는 줄 너희가 앎이라

마귀를 대적하는 싸움

10 끝으로 너희가 주 안에서와 그 힘의 능력으로 강건하여지고

11 마귀의 간계를 능히 대적하기 위하여 하나님의 전신 갑주를 입으라

12 우리의 씨름은 혈과 육을 상대하는 것이 아니요 통치자들과 권세들과 이 어둠의 세상 주관자들과 하늘에 있는 악의 영들을 상대함이라

13 그러므로 하나님의 전신 갑주를 취하라 이는 악한 날에 너희가 능히 대적하고 모든 일을 행한 후에 서기 위함이라

14 그런즉 서서 진리로 너희 허리 띠를 띠고 의의 호심경을 붙이고

15 평안의 복음이 준비한 것으로 신을 신고

16 모든 것 위에 믿음의 방패를 가지고 이로써 능히 악한 자의 모든 불화살을 소멸하고

17 구원의 투구와 성령의 검 곧 하나님의

말씀을 가지라

18 모든 기도와 간구를 하되 항상 성령 안

에서 기도하고 이를 위하여 깨어 구하

기를 항상 힘쓰며 여러 성도를 위하여

구하라

19 또 나를 위하여 구할 것은 내게 말씀을

주사 나로 입을 열어 복음의 비밀을 담

대히 알리게 하옵소서 할 것이니

20 이 일을 위하여 내가 쇠사슬에 매인 사

신이 된 것은 나로 이 일에 당연히 할

말을 담대히 하게 하려 하심이라

끝 인사

21 나의 사정 곧 내가 무엇을 하는지 너희

에게도 알리려 하노니 사랑을 받은 형

제요 주 안에서 진실한 일꾼인 두기고

가 모든 일을 너희에게 알리리라

22 우리 사정을 알리고 또 너희 마음을 위

로하기 위하여 내가 특별히 그를 너희

에게 보내었노라

23 아버지 하나님과 주 예수 그리스도께로

부터 평안과 믿음을 겸한 사랑이 형제

들에게 있을지어다

24 우리 주 예수 그리스도를 변함 없이 사

랑하는 모든 자에게 은혜가 있을지어다

빌립보서

인사

1 그리스도 예수의 종 바울과 디모데는 그리스도 예수 안에서 빌립보에 사는 모든 성도와 또한 감독들과 집사들에게 편지하노니

2 하나님 우리 아버지와 주 예수 그리스도로부터 은혜와 평강이 너희에게 있을지어다

빌립보 성도들을 생각하며 간구하다

3 내가 너희를 생각할 때마다 나의 하나님께 감사하며

4 간구할 때마다 너희 무리를 위하여 기쁨으로 항상 간구함은

5 너희가 첫날부터 이제까지 복음을 위한 일에 참여하고 있기 때문이라

6 너희 안에서 착한 일을 시작하신 이가 그리스도 예수의 날까지 이루실 줄을 우리는 확신하노라

7 내가 너희 무리를 위하여 이와 같이 생각하는 것이 마땅하니 이는 너희가 내 마음에 있음이며 나의 매임과 복음을 변명함과 확정함에 너희가 다 나와 함께 은혜에 참여한 자가 됨이라

8 내가 예수 그리스도의 심장으로 너희 무리를 얼마나 사모하는지 하나님이 내 증인이시니라

9 내가 기도하노라 너희 사랑을 지식과 모든 총명으로 점점 더 풍성하게 하사

10 너희로 지극히 선한 것을 분별하며 또 진실하여 허물 없이 그리스도의 날까지 이르고

11 예수 그리스도로 말미암아 의의 열매가 가득하여 하나님의 영광과 찬송이 되기를 원하노라

바울의 매임과 복음 전파

12 형제들아 내가 당한 일이 도리어 복음

전파에 진전이 된 줄을 너희가 알기를

원하노라

13 이러므로 나의 매임이 그리스도 안에서

모든 시위대 안과 그 밖의 모든 사람에

게 나타났으니

14 형제 중 다수가 나의 매임으로 말미암

아 주 안에서 신뢰함으로 겁 없이 하나

님의 말씀을 더욱 담대히 전하게 되었

느니라

15 어떤 이들은 투기와 분쟁으로, 어떤 이

들은 착한 뜻으로 그리스도를 전파하

나니

16 이들은 내가 복음을 변증하기 위하여

세우심을 받은 줄 알고 사랑으로 하나

17 그들은 나의 매임에 괴로움을 더하게

할 줄로 생각하여 순수하지 못하게 다

툼으로 그리스도를 전파하느니라

18 그러면 무엇이냐 겉치레로 하나 참으로

하나 무슨 방도로 하든지 전파되는 것

은 그리스도니 이로써 나는 기뻐하고

또한 기뻐하리라

19 이것이 너희의 간구와 예수 그리스도의

성령의 도우심으로 나를 구원에 이르게

할 줄 아는 고로

20 나의 간절한 기대와 소망을 따라 아무

일에든지 부끄러워하지 아니하고 지금

도 전과 같이 온전히 담대하여 살든지

죽든지 내 몸에서 그리스도가 존귀하게

되게 하려 하나니

21 이는 내게 사는 것이 그리스도니 죽는

것도 유익함이라

22 그러나 만일 육신으로 사는 이것이 내

일의 열매일진대 무엇을 택해야 할는지

나는 알지 못하노라

23 내가 그 둘 사이에 끼었으니 차라리 세

상을 떠나서 그리스도와 함께 있는 것

이 훨씬 더 좋은 일이라 그렇게 하고 싶으나

24 내가 육신으로 있는 것이 너희를 위하여 더 유익하리라

25 내가 살 것과 너희 믿음의 진보와 기쁨을 위하여 너희 무리와 함께 거할 이것을 확실히 아노니

26 내가 다시 너희와 같이 있음으로 그리스도 예수 안에서 너희 자랑이 나로 말미암아 풍성하게 하려 함이라

27 오직 너희는 그리스도의 복음에 합당하게 생활하라 이는 내가 너희에게 가 보나 떠나 있으나 너희가 한마음으로 서서 한 뜻으로 복음의 신앙을 위하여 협력하는 것과

28 무슨 일에든지 대적하는 자들 때문에 두려워하지 아니하는 이 일을 듣고자 함이라 이것이 그들에게는 멸망의 증거

요 너희에게는 구원의 증거니 이는 하나님께로부터 난 것이라

29 그리스도를 위하여 너희에게 은혜를 주신 것은 다만 그를 믿을 뿐 아니라 또한 그를 위하여 고난도 받게 하려 하심이라

30 너희에게도 그와 같은 싸움이 있으니 너희가 내 안에서 본 바요 이제도 내 안에서 듣는 바니라

그리스도의 겸손

2 그러므로 그리스도 안에 무슨 권면이나 사랑의 무슨 위로나 성령의 무슨 교제나 긍휼이나 자비가 있거든

2 마음을 같이하여 같은 사랑을 가지고 뜻을 합하며 한마음을 품어

3 아무 일에든지 다툼이나 허영으로 하지 말고 오직 겸손한 마음으로 각각 자기보다 남을 낫게 여기고

4 각각 자기 일을 돌볼뿐더러 또한 각각 다른 사람들의 일을 돌보아 나의 기쁨을 충만하게 하라

5 너희 안에 이 마음을 품으라 곧 그리스도 예수의 마음이니

6 그는 근본 하나님의 본체시나 하나님과 동등됨을 취할 것으로 여기지 아니하시고

7 오히려 자기를 비워 종의 형체를 가지사 사람들과 같이 되셨고

8 사람의 모양으로 나타나사 자기를 낮추시고 죽기까지 복종하셨으니 곧 십자가에 죽으심이라

9 이러므로 하나님이 그를 지극히 높여 모든 이름 위에 뛰어난 이름을 주사

10 하늘에 있는 자들과 땅에 있는 자들과 땅 아래에 있는 자들로 모든 무릎을 예수의 이름에 꿇게 하시고

11 모든 입으로 예수 그리스도를 주라 시인하여 하나님 아버지께 영광을 돌리게 하셨느니라

하나님의 흠 없는 자녀로 살라

12 그러므로 나의 사랑하는 자들아 너희가 나 있을 때뿐 아니라 더욱 지금 나 없을 때에도 항상 복종하여 두렵고 떨림으로 너희 구원을 이루라

13 너희 안에서 행하시는 이는 하나님이시니 자기의 기쁘신 뜻을 위하여 너희에게 소원을 두고 행하게 하시나니

14 모든 일을 원망과 시비가 없이 하라

15 이는 너희가 흠이 없고 순전하여 어그러지고 거스르는 세대 가운데서 하나님의 흠 없는 자녀로 세상에서 그들 가운데 빛들로 나타내며

16 생명의 말씀을 밝혀 나의 달음질이 헛되지 아니하고 수고도 헛되지 아니함으

로 그리스도의 날에 내가 자랑할 것이

있게 하려 함이라

17 만일 너희 믿음의 제물과 섬김 위에 내

가 나를 전제로 드릴지라도 나는 기뻐

하고 너희 무리와 함께 기뻐하리니

18 이와 같이 너희도 기뻐하고 나와 함께

기뻐하라

디모데와 에바브로디도

19 내가 디모데를 속히 너희에게 보내기를

주 안에서 바람은 너희의 사정을 앎으

로 안위를 받으려 함이니

20 이는 뜻을 같이하여 너희 사정을 진실

히 생각할 자가 이밖에 내게 없음이라

21 그들이 다 자기 일을 구하고 그리스도

예수의 일을 구하지 아니하되

22 디모데의 연단을 너희가 아나니 자식이

아버지에게 함같이 나와 함께 복음을

위하여 수고하였느니라

23 그러므로 내가 내 일이 어떻게 될지를

보아서 곧 이 사람을 보내기를 바라고

24 나도 속히 가게 될 것을 주 안에서 확

신하노라

25 그러나 에바브로디도를 너희에게 보내

는 것이 필요한 줄로 생각하노니 그는

나의 형제요 함께 수고하고 함께 군사

된 자요 너희 사자로 내가 쓸 것을 돕

는 자라

26 그가 너희 무리를 간절히 사모하고 자

기가 병든 것을 너희가 들은 줄을 알고

심히 근심한지라

27 그가 병들어 죽게 되었으나 하나님이

그를 긍휼히 여기셨고 그뿐 아니라 또

나를 긍휼히 여기사 내 근심 위에 근심

을 면하게 하셨느니라

28 그러므로 내가 더욱 급히 그를 보낸 것

은 너희로 그를 다시 보고 기뻐하게 하

며 내 근심도 덜려 함이니라

29 이러므로 너희가 주 안에서 모든 기쁨으로 그를 영접하고 또 이와 같은 자들을 존귀히 여기라

30 그가 그리스도의 일을 위하여 죽기에 이르러도 자기 목숨을 돌보지 아니한 것은 나를 섬기는 너희의 일에 부족함을 채우려 함이니라

하나님께로부터 난 의

3 끝으로 나의 형제들아 주 안에서 기뻐하라 너희에게 같은 말을 쓰는 것이 내게는 수고로움이 없고 너희에게는 안전하니라

2 개들을 삼가고 행악하는 자들을 삼가고 몸을 상해하는 일을 삼가라

3 하나님의 성령으로 봉사하며 그리스도 예수로 자랑하고 육체를 신뢰하지 아니하는 우리가 곧 할례파라

4 그러나 나도 육체를 신뢰할 만하며 만일 누구든지 다른 이가 육체를 신뢰할 것이 있는 줄로 생각하면 나는 더욱 그러하리니

5 나는 팔일 만에 할례를 받고 이스라엘 족속이요 베냐민 지파요 히브리인 중의 히브리인이요 율법으로는 바리새인이요

6 열심으로는 교회를 박해하고 율법의 의로는 흠이 없는 자라

7 그러나 무엇이든지 내게 유익하던 것을 내가 그리스도를 위하여 다 해로 여길 뿐더러

8 또한 모든 것을 해로 여김은 내 주 그리스도 예수를 아는 지식이 가장 고상하기 때문이라 내가 그를 위하여 모든 것을 잃어버리고 배설물로 여김은 그리스도를 얻고

9 그 안에서 발견되려 함이니 내가 가진

의는 율법에서 난 것이 아니요 오직 그

리스도를 믿음으로 말미암은 것이니 곧

믿음으로 하나님께로부터 난 의라

10 내가 그리스도와 그 부활의 권능과 그

고난에 참여함을 알고자 하여 그의 죽

으심을 본받아

11 어떻게 해서든지 죽은 자 가운데서 부

활에 이르려 하노니

12 내가 이미 얻었다 함도 아니요 온전히

이루었다 함도 아니라 오직 내가 그리

스도 예수께 잡힌 바 된 그것을 잡으려

고 달려가노라

13 형제들아 나는 아직 내가 잡은 줄로 여

기지 아니하고 오직 한 일 즉 뒤에 있

는 것은 잊어버리고 앞에 있는 것을 잡

으려고

14 푯대를 향하여 그리스도 예수 안에서

하나님이 위에서 부르신 부름의 상을

위하여 달려가노라

15 그러므로 누구든지 우리 온전히 이룬

자들은 이렇게 생각할지니 만일 어떤

일에 너희가 달리 생각하면 하나님이

이것도 너희에게 나타내시리라

16 오직 우리가 어디까지 이르렀든지 그대

로 행할 것이라

우리의 시민권은 하늘에

17 형제들아 너희는 함께 나를 본받으라

그리고 너희가 우리를 본받은 것처럼

그와 같이 행하는 자들을 눈여겨 보라

18 내가 여러 번 너희에게 말하였거니와

이제도 눈물을 흘리며 말하노니 여러

사람들이 그리스도의 십자가의 원수로

행하느니라

19 그들의 마침은 멸망이요 그들의 신은

배요 그 영광은 그들의 부끄러움에 있

고 땅의 일을 생각하는 자라

20 그러나 우리의 시민권은 하늘에 있는지라 거기로부터 구원하는 자 곧 주 예수 그리스도를 기다리노니

21 그는 만물을 자기에게 복종하게 하실 수 있는 자의 역사로 우리의 낮은 몸을 자기 영광의 몸의 형체와 같이 변하게 하시리라

4 그러므로 나의 사랑하고 사모하는 형제들, 나의 기쁨이요 면류관인 사랑하는 자들아 이와 같이 주 안에 서라

권면

2 내가 유오디아를 권하고 순두게를 권하노니 주 안에서 같은 마음을 품으라

3 또 참으로 나와 멍에를 같이한 네게 구하노니 복음에 나와 함께 힘쓰던 저 여인들을 돕고 또한 글레멘드와 그 외에 나의 동역자들을 도우라 그 이름들이 생명책에 있느니라

4 주 안에서 항상 기뻐하라 내가 다시 말하노니 기뻐하라

5 너희 관용을 모든 사람에게 알게 하라 주께서 가까우시니라

6 아무 것도 염려하지 말고 다만 모든 일에 기도와 간구로, 너희 구할 것을 감사함으로 하나님께 아뢰라

7 그리하면 모든 지각에 뛰어난 하나님의 평강이 그리스도 예수 안에서 너희 마음과 생각을 지키시리라

8 끝으로 형제들아 무엇에든지 참되며 무엇에든지 경건하며 무엇에든지 옳으며 무엇에든지 정결하며 무엇에든지 사랑 받을 만하며 무엇에든지 칭찬 받을 만하며 무슨 덕이 있든지 무슨 기림이 있든지 이것들을 생각하라

9 너희는 내게 배우고 받고 듣고 본 바를 행하라 그리하면 평강의 하나님이 너희

와 함께 계시리라

빌립보 사람들의 선물

10 내가 주 안에서 크게 기뻐함은 너희가

나를 생각하던 것이 이제 다시 싹이 남

이니 너희가 또한 이를 위하여 생각은

하였으나 기회가 없었느니라

11 내가 궁핍하므로 말하는 것이 아니니라

어떠한 형편에든지 나는 자족하기를 배

웠노니

12 나는 비천에 처할 줄도 알고 풍부에 처

할 줄도 알아 모든 일 곧 배부름과 배

고픔과 풍부와 궁핍에도 처할 줄 아는

일체의 비결을 배웠노라

13 내게 능력 주시는 자 안에서 내가 모든

것을 할 수 있느니라

14 그러나 너희가 내 괴로움에 함께 참여

하였으니 잘하였도다

15 빌립보 사람들아 너희도 알거니와 복음

의 시초에 내가 마게도냐를 떠날 때에

주고 받는 내 일에 참여한 교회가 너희

외에 아무도 없었느니라

16 데살로니가에 있을 때에도 너희가 한

번뿐 아니라 두 번이나 나의 쓸 것을

보내었도다

17 내가 선물을 구함이 아니요 오직 너희

에게 유익하도록 풍성한 열매를 구함

이라

18 내게는 모든 것이 있고 또 풍부한지라

에바브로디도 편에 너희가 준 것을 받

으므로 내가 풍족하니 이는 받으실 만

한 향기로운 제물이요 하나님을 기쁘시

게 한 것이라

19 나의 하나님이 그리스도 예수 안에서

영광 가운데 그 풍성한 대로 너희 모든

쓸 것을 채우시리라

20 하나님 곧 우리 아버지께 세세 무궁하

도록 영광을 돌릴지어다 아멘

끝 인사

21 그리스도 예수 안에 있는 성도에게 각

각 문안하라 나와 함께 있는 형제들이

너희에게 문안하고

22 모든 성도들이 너희에게 문안하되 특히

가이사의 집 사람들 중 몇이니라

23 주 예수 그리스도의 은혜가 너희 심령

에 있을지어다

끝 인사

골로새서

인사

1 하나님의 뜻으로 말미암아 그리스도 예

수의 사도 된 바울과 형제 디모데는

2 골로새에 있는 성도들 곧 그리스도 안

에서 신실한 형제들에게 편지하노니 우

리 아버지 하나님으로부터 은혜와 평강

이 너희에게 있을지어다

하나님께 감사를 드리다

3 우리가 너희를 위하여 기도할 때마다 하

나님 곧 우리 주 예수 그리스도의 아버

지께 감사하노라

4 이는 그리스도 예수 안에 너희의 믿음

과 모든 성도에 대한 사랑을 들었음

이요

5 너희를 위하여 하늘에 쌓아 둔 소망으

로 말미암음이니 곧 너희가 전에 복음

진리의 말씀을 들은 것이라

6 이 복음이 이미 너희에게 이르매 너희

가 듣고 참으로 하나님의 은혜를 깨달

은 날부터 너희 중에서와 같이 또한 온

천하에서도 열매를 맺어 자라는도다

7 이와 같이 우리와 함께 종 된 사랑하는

에바브라에게 너희가 배웠나니 그는 너

희를 위한 그리스도의 신실한 일꾼이요

8 성령 안에서 너희 사랑을 우리에게 알

린 자니라

하나님의 형상이시요 교회의 머리시라

9 이로써 우리도 듣던 날부터 너희를 위

하여 기도하기를 그치지 아니하고 구하

노니 너희로 하여금 모든 신령한 지혜

와 총명에 하나님의 뜻을 아는 것으로

채우게 하시고

10 주께 합당하게 행하여 범사에 기쁘시게

하고 모든 선한 일에 열매를 맺게 하시

며 하나님을 아는 것에 자라게 하시고

11 그의 영광의 힘을 따라 모든 능력으로

능하게 하시며 기쁨으로 모든 견딤과

오래 참음에 이르게 하시고

12 우리로 하여금 빛 가운데서 성도의 기

업의 부분을 얻기에 합당하게 하신 아

버지께 감사하게 하시기를 원하노라

13 그가 우리를 흑암의 권세에서 건져내사

그의 사랑의 아들의 나라로 옮기셨으니

14 그 아들 안에서 우리가 속량 곧 죄 사

함을 얻었도다

15 그는 보이지 아니하는 하나님의 형상이

시요 모든 피조물보다 먼저 나신 이시니

16 만물이 그에게서 창조되되 하늘과 땅에

서 보이는 것들과 보이지 않는 것들과

혹은 왕권들이나 주권들이나 통치자들

이나 권세들이나 만물이 다 그로 말미

암고 그를 위하여 창조되었고

17 또한 그가 만물보다 먼저 계시고 만물

이 그 안에 함께 섰느니라

18 그는 몸인 교회의 머리시라 그가 근본

이시요 죽은 자들 가운데서 먼저 나신

이시니 이는 친히 만물의 으뜸이 되려

하심이요

19 아버지께서는 모든 충만으로 예수 안에

거하게 하시고

20 그의 십자가의 피로 화평을 이루사 만

물 곧 땅에 있는 것들이나 하늘에 있는

것들이 그로 말미암아 자기와 화목하게

되기를 기뻐하심이라

21 전에 악한 행실로 멀리 떠나 마음으로

원수가 되었던 너희를

22 이제는 그의 육체의 죽음으로 말미암아

화목하게 하사 너희를 거룩하고 흠 없

고 책망할 것이 없는 자로 그 앞에 세

우고자 하셨으니

23 만일 너희가 믿음에 거하고 터 위에 굳

게 서서 너희 들은 바 복음의 소망에서

흔들리지 아니하면 그리하리라 이 복음

은 천하 만민에게 전파된 바요 나 바울

은 이 복음의 일꾼이 되었노라

교회를 위하여 바울이 하는 일

24 나는 이제 너희를 위하여 받는 괴로움

을 기뻐하고 그리스도의 남은 고난을

그의 몸된 교회를 위하여 내 육체에 채

우노라

25 내가 교회의 일꾼 된 것은 하나님이 너

희를 위하여 내게 주신 직분을 따라 하

나님의 말씀을 이루려 함이니라

26 이 비밀은 만세와 만대로부터 감추어졌

던 것인데 이제는 그의 성도들에게 나

타났고

27 하나님이 그들로 하여금 이 비밀의 영

광이 이방인 가운데 얼마나 풍성한지를

알게 하려 하심이라 이 비밀은 너희 안

에 계신 그리스도시니 곧 영광의 소망

이니라

28 우리가 그를 전파하여 각 사람을 권하

고 모든 지혜로 각 사람을 가르침은 각

사람을 그리스도 안에서 완전한 자로

세우려 함이니

29 이를 위하여 나도 내 속에서 능력으로

역사하시는 이의 역사를 따라 힘을 다

하여 수고하노라

2 내가 너희와 라오디게아에 있는 자들과

무릇 내 육신의 얼굴을 보지 못한 자들

을 위하여 얼마나 힘쓰는지를 너희가

알기를 원하노니

2 이는 그들로 마음에 위안을 받고 사랑

안에서 연합하여 확실한 이해의 모든

풍성함과 하나님의 비밀인 그리스도를

깨닫게 하려 함이니

3 그 안에는 지혜와 지식의 모든 보화가

감추어져 있느니라

4 내가 이것을 말함은 아무도 교묘한 말로 너희를 속이지 못하게 하려 함이니

5 이는 내가 육신으로는 떠나 있으나 심령으로는 너희와 함께 있어 너희가 질서 있게 행함과 그리스도를 믿는 너희 믿음이 굳건한 것을 기쁘게 봄이라

그리스도 안에서 행하라

6 그러므로 너희가 그리스도 예수를 주로 받았으니 그 안에서 행하되

7 그 안에 뿌리를 박으며 세움을 받아 교훈을 받은 대로 믿음에 굳게 서서 감사함을 넘치게 하라

8 누가 철학과 헛된 속임수로 너희를 사로잡을까 주의하라 이것은 사람의 전통과 세상의 초등학문을 따름이요 그리스도를 따름이 아니니라

9 그 안에는 신성의 모든 충만이 육체로 거하시고

10 너희도 그 안에서 충만하여졌으니 그는 모든 통치자와 권세의 머리시라

11 또 그 안에서 너희가 손으로 하지 아니한 할례를 받았으니 곧 육의 몸을 벗는 것이요 그리스도의 할례니라

12 너희가 세례로 그리스도와 함께 장사되고 또 죽은 자들 가운데서 그를 일으키신 하나님의 역사를 믿음으로 말미암아 그 안에서 함께 일으키심을 받았느니라

13 또 범죄와 육체의 무할례로 죽었던 너희를 하나님이 그와 함께 살리시고 우리의 모든 죄를 사하시고

14 우리를 거스르고 불리하게 하는 법조문으로 쓴 증서를 지우시고 제하여 버리사 십자가에 못 박으시고

15 통치자들과 권세들을 무력화하여 드러내어 구경거리로 삼으시고 십자가로 그들을 이기셨느니라

16 그러므로 먹고 마시는 것과 절기나 초하루나 안식일을 이유로 누구든지 너희를 비판하지 못하게 하라

17 이것들은 장래 일의 그림자이나 몸은 그리스도의 것이니라

18 아무도 꾸며낸 겸손과 천사 숭배를 이유로 너희를 정죄하지 못하게 하라 그가 그 본 것에 의지하여 그 육신의 생각을 따라 헛되이 과장하고

19 머리를 붙들지 아니하는지라 온 몸이 머리로 말미암아 마디와 힘줄로 공급함을 받고 연합하여 하나님이 자라게 하시므로 자라느니라

그리스도와 함께 하는 새 사람

20 너희가 세상의 초등학문에서 그리스도와 함께 죽었거든 어찌하여 세상에 사는 것과 같이 규례에 순종하느냐

21 (곧 붙잡지도 말고 맛보지도 말고 만지지도 말라 하는 것이니

22 이 모든 것은 한때 쓰이고는 없어지리라) 사람의 명령과 가르침을 따르느냐

23 이런 것들은 자의적 숭배와 겸손과 몸을 괴롭게 하는 데는 지혜 있는 모양이나 오직 육체 따르는 것을 금하는 데는 조금도 유익이 없느니라

3 그러므로 너희가 그리스도와 함께 다시 살리심을 받았으면 위의 것을 찾으라 거기는 그리스도께서 하나님 우편에 앉아 계시느니라

2 위의 것을 생각하고 땅의 것을 생각하지 말라

3 이는 너희가 죽었고 너희 생명이 그리스도와 함께 하나님 안에 감추어졌음이라

4 우리 생명이신 그리스도께서 나타나실 그 때에 너희도 그와 함께 영광 중에 나타나리라

5 그러므로 땅에 있는 지체를 죽이라 곧 음란과 부정과 사욕과 악한 정욕과 탐심이니 탐심은 우상 숭배니라

6 이것들로 말미암아 하나님의 진노가 임하느니라

7 너희도 전에 그 가운데 살 때에는 그 가운데서 행하였으나

8 이제는 너희가 이 모든 것을 벗어 버리라 곧 분함과 노여움과 악의와 비방과 너희 입의 부끄러운 말이라

9 너희가 서로 거짓말을 하지 말라 옛 사람과 그 행위를 벗어 버리고

10 새 사람을 입었으니 이는 자기를 창조하신 이의 형상을 따라 지식에까지 새롭게 하심을 입은 자니라

11 거기에는 헬라인이나 유대인이나 할례파나 무할례파나 야만인이나 스구디아인이나 종이나 자유인이 차별이 있을

수 없나니 오직 그리스도는 만유시요 만유 안에 계시니라

12 그러므로 너희는 하나님이 택하사 거룩하고 사랑 받는 자처럼 긍휼과 자비와 겸손과 온유와 오래 참음을 옷 입고

13 누가 누구에게 불만이 있거든 서로 용납하여 피차 용서하되 주께서 너희를 용서하신 것 같이 너희도 그리하고

14 이 모든 것 위에 사랑을 더하라 이는 온전하게 매는 띠니라

15 그리스도의 평강이 너희 마음을 주장하게 하라 너희는 평강을 위하여 한 몸으로 부르심을 받았나니 너희는 또한 감사하는 자가 되라

16 그리스도의 말씀이 너희 속에 풍성히 거하여 모든 지혜로 피차 가르치며 권면하고 시와 찬송과 신령한 노래를 부르며 감사하는 마음으로 하나님을 찬양

하고

17 또 무엇을 하든지 말에나 일에나 다 주

예수의 이름으로 하고 그를 힘입어 하

나님 아버지께 감사하라

주께 하듯 하라

18 아내들아 남편에게 복종하라 이는 주

안에서 마땅하니라

19 남편들아 아내를 사랑하며 괴롭게 하지

말라

20 자녀들아 모든 일에 부모에게 순종하라

이는 주 안에서 기쁘게 하는 것이니라

21 아비들아 너희 자녀를 노엽게 하지 말

지니 낙심할까 함이라

22 종들아 모든 일에 육신의 상전들에게

순종하되 사람을 기쁘게 하는 자와 같

이 눈가림만 하지 말고 오직 주를 두려

워하여 성실한 마음으로 하라

23 무슨 일을 하든지 마음을 다하여 주께

하듯 하고 사람에게 하듯 하지 말라

24 이는 기업의 상을 주께 받을 줄 아나니

너희는 주 그리스도를 섬기느니라

25 불의를 행하는 자는 불의의 보응을 받

으리니 주는 사람을 외모로 취하심이

없느니라

4 상전들아 의와 공평을 종들에게 베풀지

니 너희에게도 하늘에 상전이 계심을

알지어다

권면

2 기도를 계속하고 기도에 감사함으로 깨

어 있으라

3 또한 우리를 위하여 기도하되 하나님이

전도할 문을 우리에게 열어 주사 그리

스도의 비밀을 말하게 하시기를 구하라

내가 이 일 때문에 매임을 당하였노라

4 그리하면 내가 마땅히 할 말로써 이 비

밀을 나타내리라

5 외인에게 대해서는 지혜로 행하여 세월을 아끼라

6 너희 말을 항상 은혜 가운데서 소금으로 맛을 냄과 같이 하라 그리하면 각 사람에게 마땅히 대답할 것을 알리라

끝 인사

7 두기고가 내 사정을 다 너희에게 알려 주리니 그는 사랑 받는 형제요 신실한 일꾼이요 주 안에서 함께 종이 된 자니라

8 내가 그를 특별히 너희에게 보내는 것은 너희로 우리 사정을 알게 하고 너희 마음을 위로하게 하려 함이라

9 신실하고 사랑을 받는 형제 오네시모를 함께 보내노니 그는 너희에게서 온 사람이라 그들이 여기 일을 다 너희에게 알려 주리라

10 나와 함께 갇힌 아리스다고와 바나바의 생질 마가와 (이 마가에 대하여 너희가 명을 받았으매 그가 이르거든 영접하라)

11 유스도라 하는 예수도 너희에게 문안하느니라 그들은 할례파이나 이들만은 하나님의 나라를 위하여 함께 역사하는 자들이니 이런 사람들이 나의 위로가 되었느니라

12 그리스도 예수의 종인 너희에게서 온 에바브라가 너희에게 문안하느니라 그가 항상 너희를 위하여 애써 기도하여 너희로 하나님의 모든 뜻 가운데서 완전하고 확신 있게 서기를 구하나니

13 그가 너희와 라오디게아에 있는 자들과 히에라볼리에 있는 자들을 위하여 많이 수고하는 것을 내가 증언하노라

14 사랑을 받는 의사 누가와 또 데마가 너희에게 문안하느니라

15 라오디게아에 있는 형제들과 눔바와 그

여자의 집에 있는 교회에 문안하고

16 이 편지를 너희에게서 읽은 후에 라오

디게아인의 교회에서도 읽게 하고 또

라오디게아로부터 오는 편지를 너희도

읽으라

17 아킵보에게 이르기를 주 안에서 받은

직분을 삼가 이루라고 하라

18 나 바울은 친필로 문안하노니 내가 매

인 것을 생각하라 은혜가 너희에게 있

을지어다

데
살
로
니
가
전
서

인사

1 바울과 실루아노와 디모데는 하나님 아

버지와 주 예수 그리스도 안에 있는 데

살로니가인의 교회에 편지하노니 은혜

와 평강이 너희에게 있을지어다

데살로니가 교인들의 믿음의 본

2 우리가 너희 모두로 말미암아 항상 하

나님께 감사하며 기도할 때에 너희를

기억함은

3 너희의 믿음의 역사와 사랑의 수고와

우리 주 예수 그리스도에 대한 소망의

인내를 우리 하나님 아버지 앞에서 끊

임없이 기억함이니

4 하나님의 사랑하심을 받은 형제들아 너

희를 택하심을 아노라

5 이는 우리 복음이 너희에게 말로만 이

른 것이 아니라 또한 능력과 성령과 큰

확신으로 된 것임이라 우리가 너희 가

운데서 너희를 위하여 어떤 사람이 된

것은 너희가 아는 바와 같으니라

6 또 너희는 많은 환난 가운데서 성령의

기쁨으로 말씀을 받아 우리와 주를 본

받은 자가 되었으니

7 그러므로 너희가 마게도냐와 아가야에

있는 모든 믿는 자의 본이 되었느니라

8 주의 말씀이 너희에게로부터 마게도냐

와 아가야에만 들릴 뿐 아니라 하나님

을 향하는 너희 믿음의 소문이 각처에

퍼졌으므로 우리는 아무 말도 할 것이

없노라

9 그들이 우리에 대하여 스스로 말하기를

우리가 어떻게 너희 가운데에 들어갔는

지와 너희가 어떻게 우상을 버리고 하

나님께로 돌아와서 살아 계시고 참되신

하나님을 섬기는지와

10 또 죽은 자들 가운데서 다시 살리신 그

의 아들이 하늘로부터 강림하실 것을 너희가 어떻게 기다리는지를 말하니 이는 장래의 노하심에서 우리를 건지시는 예수시니라

데살로니가에서 벌인 바울의 사역

2 형제들아 우리가 너희 가운데 들어간 것이 헛되지 않은 줄을 너희가 친히 아나니

2 너희가 아는 바와 같이 우리가 먼저 빌립보에서 고난과 능욕을 당하였으나 우리 하나님을 힘입어 많은 싸움 중에 하나님의 복음을 너희에게 전하였노라

3 우리의 권면은 간사함이나 부정에서 난 것이 아니요 속임수로 하는 것도 아니라

4 오직 하나님께 옳게 여기심을 입어 복음을 위탁 받았으니 우리가 이와 같이 말함은 사람을 기쁘게 하려 함이 아니

요 오직 우리 마음을 감찰하시는 하나님을 기쁘시게 하려 함이라

5 너희도 알거니와 우리가 아무 때에도 아첨하는 말이나 탐심의 탈을 쓰지 아니한 것을 하나님이 증언하시느니라

6 또한 우리는 너희에게서든지 다른 이에게서든지 사람에게서는 영광을 구하지 아니하였노라

7 우리는 그리스도의 사도로서 마땅히 권위를 주장할 수 있으나 도리어 너희 가운데서 유순한 자가 되어 유모가 자기 자녀를 기름과 같이 하였으니

8 우리가 이같이 너희를 사모하여 하나님의 복음뿐 아니라 우리의 목숨까지도 너희에게 주기를 기뻐함은 너희가 우리의 사랑하는 자 됨이라

9 형제들아 우리의 수고와 애쓴 것을 너희가 기억하리니 너희 아무에게도 폐를

끼치지 아니하려고 밤낮으로 일하면서

너희에게 하나님의 복음을 전하였노라

10 우리가 너희 믿는 자들을 향하여 어떻

게 거룩하고 옳고 흠 없이 행하였는지

에 대하여 너희가 증인이요 하나님도

그러하시도다

11 너희도 아는 바와 같이 우리가 너희 각

사람에게 아버지가 자기 자녀에게 하듯

권면하고 위로하고 경계하노니

12 이는 너희를 부르사 자기 나라와 영광

에 이르게 하시는 하나님께 합당히 행

하게 하려 함이라

13 이러므로 우리가 하나님께 끊임없이 감

사함은 너희가 우리에게 들은 바 하나

님의 말씀을 받을 때에 사람의 말로 받

지 아니하고 하나님의 말씀으로 받음이

니 진실로 그러하도다 이 말씀이 또한

너희 믿는 자 가운데에서 역사하느니라

14 형제들아 너희가 그리스도 예수 안에서

유대에 있는 하나님의 교회들을 본받은

자 되었으니 그들이 유대인들에게 고난

을 받음과 같이 너희도 너희 동족에게

서 동일한 고난을 받았느니라

15 유대인은 주 예수와 선지자들을 죽이

고 우리를 쫓아내고 하나님을 기쁘시게

하지 아니하고 모든 사람에게 대적이

되어

16 우리가 이방인에게 말하여 구원받게 함

을 그들이 금하여 자기 죄를 항상 채우

매 노하심이 끝까지 그들에게 임하였느

니라

바울이 데살로니가에 다시 가기를 원하다

17 형제들아 우리가 잠시 너희를 떠난 것

은 얼굴이요 마음은 아니니 너희 얼굴

보기를 열정으로 더욱 힘썼노라

18 그러므로 나 바울은 한번 두번 너희에

게 가고자 하였으나 사탄이 우리를 막

았도다

19 우리의 소망이나 기쁨이나 자랑의 면류

관이 무엇이냐 그가 강림하실 때 우리

주 예수 앞에 너희가 아니냐

20 너희는 우리의 영광이요 기쁨이니라

3 이러므로 우리가 참다 못하여 우리만

아덴에 머물기를 좋게 생각하고

2 우리 형제 곧 그리스도의 복음을 전하

는 하나님의 일꾼인 디모데를 보내노니

이는 너희를 굳건하게 하고 너희 믿음

에 대하여 위로함으로

3 아무도 이 여러 환난 중에 흔들리지 않

게 하려 함이라 우리가 이것을 위하여

세움 받은 줄을 너희가 친히 알리라

4 우리가 너희와 함께 있을 때에 장차 받

을 환난을 너희에게 미리 말하였는데

과연 그렇게 된 것을 너희가 아느니라

5 이러므로 나도 참다 못하여 너희 믿음

을 알기 위하여 그를 보내었노니 이는

혹 시험하는 자가 너희를 시험하여 우

리 수고를 헛되게 할까 함이니

6 지금은 디모데가 너희에게로부터 와서

너희 믿음과 사랑의 기쁜 소식을 우리

에게 전하고 또 너희가 항상 우리를 잘

생각하여 우리가 너희를 간절히 보고자

함과 같이 너희도 우리를 간절히 보고

자 한다 하니

7 이러므로 형제들아 우리가 모든 궁핍과

환난 가운데서 너희 믿음으로 말미암아

너희에게 위로를 받았노라

8 그러므로 너희가 주 안에 굳게 선즉 우

리가 이제는 살리라

9 우리가 우리 하나님 앞에서 너희로 말

미암아 모든 기쁨으로 기뻐하니 너희를

위하여 능히 어떠한 감사로 하나님께

보답할까

10 주야로 심히 간구함은 너희 얼굴을 보

고 너희 믿음이 부족한 것을 보충하게

하려 함이라

11 하나님 우리 아버지와 우리 주 예수는

우리 길을 너희에게로 갈 수 있게 하시

오며

12 또 주께서 우리가 너희를 사랑함과 같

이 너희도 피차간과 모든 사람에 대한

사랑이 더욱 많아 넘치게 하사

13 너희 마음을 굳건하게 하시고 우리 주

예수께서 그의 모든 성도와 함께 강림

하실 때에 하나님 우리 아버지 앞에서

거룩함에 흠이 없게 하시기를 원하노라

하나님을 기쁘시게 하는 생활

4 그러므로 형제들아 우리가 끝으로 주

예수 안에서 너희에게 구하고 권면하노

니 너희가 마땅히 어떻게 행하며 하나

님을 기쁘시게 할 수 있는지를 우리에

게 배웠으니 곧 너희가 행하는 바라 더

욱 많이 힘쓰라

2 우리가 주 예수로 말미암아 너희에게

무슨 명령으로 준 것을 너희가 아느

니라

3 하나님의 뜻은 이것이니 너희의 거룩함

이라 곧 음란을 버리고

4 각각 거룩함과 존귀함으로 자기의 아내

대할 줄을 알고

5 하나님을 모르는 이방인과 같이 색욕을

따르지 말고

6 이 일에 분수를 넘어서 형제를 해하지

말라 이는 우리가 너희에게 미리 말하

고 증언한 것과 같이 이 모든 일에 주

께서 신원하여 주심이라

7 하나님이 우리를 부르심은 부정하게 하

심이 아니요 거룩하게 하심이니

8 그러므로 저버리는 자는 사람을 저버림

이 아니요 너희에게 그의 성령을 주신

하나님을 저버림이니라

9 형제 사랑에 관하여는 너희에게 쓸 것

이 없음은 너희들 자신이 하나님의 가

르치심을 받아 서로 사랑함이라

10 너희가 온 마게도냐 모든 형제에 대하

여 과연 이것을 행하도다 형제들아 권

하노니 더욱 그렇게 행하고

11 또 너희에게 명한 것 같이 조용히 자기

일을 하고 너희 손으로 일하기를 힘쓰라

12 이는 외인에 대하여 단정히 행하고 또

한 아무 궁핍함이 없게 하려 함이라

주의 강림과 죽은 자들의 부활

13 형제들아 자는 자들에 관하여는 너희가

알지 못함을 우리가 원하지 아니하노니

이는 소망 없는 다른 이와 같이 슬퍼하

지 않게 하려 함이라

14 우리가 예수께서 죽으셨다가 다시 살아

나심을 믿을진대 이와 같이 예수 안에

서 자는 자들도 하나님이 그와 함께 데

리고 오시리라

15 우리가 주의 말씀으로 너희에게 이것을

말하노니 주께서 강림하실 때까지 우리

살아 남아 있는 자도 자는 자보다 결코

앞서지 못하리라

16 주께서 호령과 천사장의 소리와 하나님

의 나팔 소리로 친히 하늘로부터 강림

하시리니 그리스도 안에서 죽은 자들이

먼저 일어나고

17 그 후에 우리 살아 남은 자들도 그들과

함께 구름 속으로 끌어 올려 공중에서

주를 영접하게 하시리니 그리하여 우리

가 항상 주와 함께 있으리라

18 그러므로 이러한 말로 서로 위로하라

5 형제들아 때와 시기에 관하여는 너희에

게 쓸 것이 없음은

2 주의 날이 밤에 도둑 같이 이를 줄을

너희 자신이 자세히 알기 때문이라

3 그들이 평안하다, 안전하다 할 그 때에

임신한 여자에게 해산의 고통이 이름과

같이 멸망이 갑자기 그들에게 이르리니

결코 피하지 못하리라

4 형제들아 너희는 어둠에 있지 아니하매

그 날이 도둑 같이 너희에게 임하지 못

하리니

5 너희는 다 빛의 아들이요 낮의 아들이

라 우리가 밤이나 어둠에 속하지 아니

하나니

6 그러므로 우리는 다른 이들과 같이 자

지 말고 오직 깨어 정신을 차릴지라

7 자는 자들은 밤에 자고 취하는 자들은

밤에 취하되

8 우리는 낮에 속하였으니 정신을 차리고

믿음과 사랑의 호심경을 붙이고 구원의

소망의 투구를 쓰자

9 하나님이 우리를 세우심은 노하심에 이

르게 하심이 아니요 오직 우리 주 예수

그리스도로 말미암아 구원을 받게 하심

이라

10 예수께서 우리를 위하여 죽으사 우리로

하여금 깨어 있든지 자든지 자기와 함

께 살게 하려 하셨느니라

11 그러므로 피차 권면하고 서로 덕을 세

우기를 너희가 하는 것 같이 하라

권면과 끝 인사

12 형제들아 우리가 너희에게 구하노니 너

희 가운데서 수고하고 주 안에서 너희

를 다스리며 권하는 자들을 너희가 알고

13 그들의 역사로 말미암아 사랑 안에서

가장 귀히 여기며 너희끼리 화목하라

14 또 형제들아 너희를 권면하노니 게으른

자들을 권계하며 마음이 약한 자들을

격려하고 힘이 없는 자들을 붙들어 주

며 모든 사람에게 오래 참으라

15 삼가 누가 누구에게든지 악으로 악을

갚지 말게 하고 서로 대하든지 모든 사

람을 대하든지 항상 선을 따르라

16 항상 기뻐하라

17 쉬지 말고 기도하라

18 범사에 감사하라 이것이 그리스도 예수

안에서 너희를 향하신 하나님의 뜻이

니라

19 성령을 소멸하지 말며

20 예언을 멸시하지 말고

21 범사에 헤아려 좋은 것을 취하고

22 악은 어떤 모양이라도 버리라

23 평강의 하나님이 친히 너희를 온전히

거룩하게 하시고 또 너희의 온 영과 혼

과 몸이 우리 주 예수 그리스도께서 강

림하실 때에 흠 없게 보전되기를 원하

노라

24 너희를 부르시는 이는 미쁘시니 그가

또한 이루시리라

25 형제들아 우리를 위하여 기도하라

26 거룩하게 입맞춤으로 모든 형제에게 문

안하라

27 내가 주를 힘입어 너희를 명하노니 모

든 형제에게 이 편지를 읽어 주라

28 우리 주 예수 그리스도의 은혜가 너희

에게 있을지어다

데
살
로
니
가
후
서

인사

1 바울과 실루아노와 디모데는 하나님 우리 아버지와 주 예수 그리스도 안에 있는 데살로니가인의 교회에 편지하노니

2 하나님 아버지와 주 예수 그리스도로부터 은혜와 평강이 너희에게 있을지어다

하나님의 공의로운 심판의 표

3 형제들아 우리가 너희를 위하여 항상 하나님께 감사할지니 이것이 당연함은 너희의 믿음이 더욱 자라고 너희가 다 각기 서로 사랑함이 풍성함이니

4 그러므로 너희가 견디고 있는 모든 박해와 환난 중에서 너희 인내와 믿음으로 말미암아 하나님의 여러 교회에서 우리가 친히 자랑하노라

5 이는 하나님의 공의로운 심판의 표요 너희로 하여금 하나님의 나라에 합당한 자로 여김을 받게 하려 함이니 그 나라를 위하여 너희가 또한 고난을 받느니라

6 너희로 환난을 받게 하는 자들에게는 환난으로 갚으시고

7 환난을 받는 너희에게는 우리와 함께 안식으로 갚으시는 것이 하나님의 공의시니 주 예수께서 자기의 능력의 천사들과 함께 하늘로부터 불꽃 가운데에 나타나실 때에

8 하나님을 모르는 자들과 우리 주 예수의 복음에 복종하지 않는 자들에게 형벌을 내리시리니

9 이런 자들은 주의 얼굴과 그의 힘의 영광을 떠나 영원한 멸망의 형벌을 받으리로다

10 그 날에 그가 강림하사 그의 성도들에게서 영광을 받으시고 모든 믿는 자들에게서 놀랍게 여김을 얻으시리니 이는 (우리의 증거가 너희에게 믿어졌음이라)

11 이러므로 우리도 항상 너희를 위하여 기도함은 우리 하나님이 너희를 그 부르심에 합당한 자로 여기시고 모든 선을 기뻐함과 믿음의 역사를 능력으로 이루게 하시고

12 우리 하나님과 주 예수 그리스도의 은혜대로 우리 주 예수의 이름이 너희 가운데서 영광을 받으시고 너희도 그 안에서 영광을 받게 하려 함이라

멸망하는 자들

2 형제들아 우리가 너희에게 구하는 것은 우리 주 예수 그리스도의 강림하심과 우리가 그 앞에 모임에 관하여

2 영으로나 또는 말로나 또는 우리에게서 받았다 하는 편지로나 주의 날이 이르렀다고 해서 쉽게 마음이 흔들리거나 두려워하거나 하지 말아야 한다는 것이라

3 누가 어떻게 하여도 너희가 미혹되지 말라 먼저 배교하는 일이 있고 저 불법의 사람 곧 멸망의 아들이 나타나기 전에는 그 날이 이르지 아니하리니

4 그는 대적하는 자라 신이라고 불리는 모든 것과 숭배함을 받는 것에 대항하여 그 위에 자기를 높이고 하나님의 성전에 앉아 자기를 하나님이라고 내세우느니라

5 내가 너희와 함께 있을 때에 이 일을 너희에게 말한 것을 기억하지 못하느냐

6 너희는 지금 그로 하여금 그의 때에 나타나게 하려 하여 막는 것이 있는 것을 아나니

7 불법의 비밀이 이미 활동하였으나 지금은 그것을 막는 자가 있어 그 중에서 옮겨질 때까지 하리라

8 그 때에 불법한 자가 나타나리니 주 예수께서 그 입의 기운으로 그를 죽이시

고 강림하여 나타나심으로 폐하시리라

9 악한 자의 나타남은 사탄의 활동을 따라 모든 능력과 표적과 거짓 기적과

10 불의의 모든 속임으로 멸망하는 자들에게 있으리니 이는 그들이 진리의 사랑을 받지 아니하여 구원함을 받지 못함이라

11 이러므로 하나님이 미혹의 역사를 그들에게 보내사 거짓 것을 믿게 하심은

12 진리를 믿지 않고 불의를 좋아하는 모든 자들로 하여금 심판을 받게 하려 하심이라

가르침을 받은 전통을 지키라

13 주께서 사랑하시는 형제들아 우리가 항상 너희에 관하여 마땅히 하나님께 감사할 것은 하나님이 처음부터 너희를 택하사 성령의 거룩하게 하심과 진리를 믿음으로 구원을 받게 하심이니

14 이를 위하여 우리의 복음으로 너희를 부르사 우리 주 예수 그리스도의 영광을 얻게 하려 하심이니라

15 그러므로 형제들아 굳건하게 서서 말로나 우리의 편지로 가르침을 받은 전통을 지키라

16 우리 주 예수 그리스도와 우리를 사랑하시고 영원한 위로와 좋은 소망을 은혜로 주신 하나님 우리 아버지께서

17 너희 마음을 위로하시고 모든 선한 일과 말에 굳건하게 하시기를 원하노라

우리를 위하여 기도하라

3 끝으로 형제들아 너희는 우리를 위하여 기도하기를 주의 말씀이 너희 가운데서와 같이 퍼져 나가 영광스럽게 되고

2 또한 우리를 부당하고 악한 사람들에게서 건지시옵소서 하라 믿음은 모든 사람의 것이 아니니라

3 주는 미쁘사 너희를 굳건하게 하시고

악한 자에게서 지키시리라

4 너희에 대하여는 우리가 명한 것을 너

희가 행하고 또 행할 줄을 우리가 주

안에서 확신하노니

5 주께서 너희 마음을 인도하여 하나님의

사랑과 그리스도의 인내에 들어가게 하

시기를 원하노라

게으름을 경계하다

6 형제들아 우리 주 예수 그리스도의 이

름으로 너희를 명하노니 게으르게 행하

고 우리에게서 받은 전통대로 행하지

아니하는 모든 형제에게서 떠나라

7 어떻게 우리를 본받아야 할지를 너희가

스스로 아나니 우리가 너희 가운데서

무질서하게 행하지 아니하며

8 누구에게서든지 음식을 값없이 먹지 않

고 오직 수고하고 애써 주야로 일함은

너희 아무에게도 폐를 끼치지 아니하려

함이니

9 우리에게 권리가 없는 것이 아니요 오

직 스스로 너희에게 본을 보여 우리를

본받게 하려 함이니라

10 우리가 너희와 함께 있을 때에도 너희

에게 명하기를 누구든지 일하기 싫어하

거든 먹지도 말게 하라 하였더니

11 우리가 들은즉 너희 가운데 게으르게

행하여 도무지 일하지 아니하고 일을

만들기만 하는 자들이 있다 하니

12 이런 자들에게 우리가 명하고 주 예수

그리스도 안에서 권하기를 조용히 일하

여 자기 양식을 먹으라 하노라

13 형제들아 너희는 선을 행하다가 낙심하

지 말라

14 누가 이 편지에 한 우리 말을 순종하지

아니하거든 그 사람을 지목하여 사귀지

말고 그로 하여금 부끄럽게 하라

15 그러나 원수와 같이 생각하지 말고 형

제 같이 권면하라

축복

16 평강의 주께서 친히 때마다 일마다 너

희에게 평강을 주시고 주께서 너희 모

든 사람과 함께 하시기를 원하노라

17 나 바울은 친필로 문안하노니 이는 편

지마다 표시로서 이렇게 쓰노라

18 우리 주 예수 그리스도의 은혜가 너희

무리에게 있을지어다

디모데전서

인사

1 우리 구주 하나님과 우리의 소망이신 그리스도 예수의 명령을 따라 그리스도 예수의 사도 된 바울은

2 믿음 안에서 참 아들 된 디모데에게 편지하노니 하나님 아버지와 그리스도 예수 우리 주께로부터 은혜와 긍휼과 평강이 네게 있을지어다

다른 교훈을 가르치지 말라

3 내가 마게도냐로 갈 때에 너를 권하여 에베소에 머물라 한 것은 어떤 사람들을 명하여 다른 교훈을 가르치지 말며

4 신화와 끝없는 족보에 몰두하지 말게 하려 함이라 이런 것은 믿음 안에 있는 하나님의 경륜을 이룸보다 도리어 변론을 내는 것이라

5 이 교훈의 목적은 청결한 마음과 선한 양심과 거짓이 없는 믿음에서 나오는 사랑이거늘

6 사람들이 이에서 벗어나 헛된 말에 빠져

7 율법의 선생이 되려 하나 자기가 말하는 것이나 자기가 확증하는 것도 깨닫지 못하는도다

8 그러나 율법은 사람이 그것을 적법하게만 쓰면 선한 것임을 우리는 아노라

9 알 것은 이것이니 율법은 옳은 사람을 위하여 세운 것이 아니요 오직 불법한 자와 복종하지 아니하는 자와 경건하지 아니한 자와 죄인과 거룩하지 아니한 자와 망령된 자와 아버지를 죽이는 자와 어머니를 죽이는 자와 살인하는 자며

10 음행하는 자와 남색하는 자와 인신 매매를 하는 자와 거짓말하는 자와 거짓 맹세하는 자와 기타 바른 교훈을 거스르는 자를 위함이니

11 이 교훈은 내게 맡기신 바 복되신 하나

님의 영광의 복음을 따름이니라

은혜를 감사하다

12 나를 능하게 하신 그리스도 예수 우리

주께 내가 감사함은 나를 충성되이 여

겨 내게 직분을 맡기심이니

13 내가 전에는 비방자요 박해자요 폭행자

였으나 도리어 긍휼을 입은 것은 내가

믿지 아니할 때에 알지 못하고 행하였

음이라

14 우리 주의 은혜가 그리스도 예수 안에

있는 믿음과 사랑과 함께 넘치도록 풍

성하였도다

15 미쁘다 모든 사람이 받을 만한 이 말이

여 그리스도 예수께서 죄인을 구원하시

려고 세상에 임하셨다 하였도다 죄인

중에 내가 괴수니라

16 그러나 내가 긍휼을 입은 까닭은 예수

그리스도께서 내게 먼저 일체 오래 참

으심을 보이사 후에 주를 믿어 영생 얻

는 자들에게 본이 되게 하려 하심이라

17 영원하신 왕 곧 썩지 아니하고 보이지

아니하고 홀로 하나이신 하나님께 존귀

와 영광이 영원무궁하도록 있을지어다

아멘

18 아들 디모데야 내가 네게 이 교훈으로

써 명하노니 전에 너를 지도한 예언을

따라 그것으로 선한 싸움을 싸우며

19 믿음과 착한 양심을 가지라 어떤 이들

은 이 양심을 버렸고 그 믿음에 관하여

는 파선하였느니라

20 그 가운데 후메내오와 알렉산더가 있으

니 내가 사탄에게 내준 것은 그들로 훈

계를 받아 신성을 모독하지 못하게 하

려 함이라

기도에 대한 가르침

2 그러므로 내가 첫째로 권하노니 모든

사람을 위하여 간구와 기도와 도고와

감사를 하되

2 임금들과 높은 지위에 있는 모든 사람

을 위하여 하라 이는 우리가 모든 경건

과 단정함으로 고요하고 평안한 생활을

하려 함이라

3 이것이 우리 구주 하나님 앞에 선하고

받으실 만한 것이니

4 하나님은 모든 사람이 구원을 받으며 진

리를 아는 데에 이르기를 원하시느니라

5 하나님은 한 분이시요 또 하나님과 사

람 사이에 중보자도 한 분이시니 곧 사

람이신 그리스도 예수라

6 그가 모든 사람을 위하여 자기를 대속

물로 주셨으니 기약이 이르러 주신 증

거니라

7 이를 위하여 내가 전파하는 자와 사도

로 세움을 입은 것은 참말이요 거짓말

이 아니니 믿음과 진리 안에서 내가 이

방인의 스승이 되었노라

8 그러므로 각처에서 남자들이 분노와 다

툼이 없이 거룩한 손을 들어 기도하기

를 원하노라

9 또 이와 같이 여자들도 단정하게 옷을

입으며 소박함과 정절로써 자기를 단장

하고 땋은 머리와 금이나 진주나 값진

옷으로 하지 말고

10 오직 선행으로 하기를 원하노라 이것이

하나님을 경외한다 하는 자들에게 마땅

한 것이니라

11 여자는 일체 순종함으로 조용히 배우라

12 여자가 가르치는 것과 남자를 주관하는

것을 허락하지 아니하노니 오직 조용할

지니라

13 이는 아담이 먼저 지음을 받고 하와가

그 후며

273

14 아담이 속은 것이 아니고 여자가 속아 죄에 빠졌음이라

15 그러나 여자들이 만일 정숙함으로써 믿음과 사랑과 거룩함에 거하면 그의 해산함으로 구원을 얻으리라

감독과 집사의 자격

3 미쁘다 이 말이여, 곧 사람이 감독의 직분을 얻으려 함은 선한 일을 사모하는 것이라 함이로다

2 그러므로 감독은 책망할 것이 없으며 한 아내의 남편이 되며 절제하며 신중하며 단정하며 나그네를 대접하며 가르치기를 잘하며

3 술을 즐기지 아니하며 구타하지 아니하며 오직 관용하며 다투지 아니하며 돈을 사랑하지 아니하며

4 자기 집을 잘 다스려 자녀들로 모든 공손함으로 복종하게 하는 자라야 할지며

5 (사람이 자기 집을 다스릴 줄 알지 못하면 어찌 하나님의 교회를 돌보리요)

6 새로 입교한 자도 말지니 교만하여져서 마귀를 정죄하는 그 정죄에 빠질까 함이요

7 또한 외인에게서도 선한 증거를 얻은 자라야 할지니 비방과 마귀의 올무에 빠질까 염려하라

8 이와 같이 집사들도 정중하고 일구이언을 하지 아니하고 술에 인박히지 아니하고 더러운 이를 탐하지 아니하고

9 깨끗한 양심에 믿음의 비밀을 가진 자라야 할지니

10 이에 이 사람들을 먼저 시험하여 보고 그 후에 책망할 것이 없으면 집사의 직분을 맡게 할 것이요

11 여자들도 이와 같이 정숙하고 모함하지 아니하며 절제하며 모든 일에 충성된

자라야 할지니라

12 집사들은 한 아내의 남편이 되어 자녀와 자기 집을 잘 다스리는 자일지니

13 집사의 직분을 잘한 자들은 아름다운 지위와 그리스도 예수 안에 있는 믿음에 큰 담력을 얻느니라

경건의 비밀

14 내가 속히 네게 가기를 바라나 이것을 네게 쓰는 것은

15 만일 내가 지체하면 너로 하여금 하나님의 집에서 어떻게 행하여야 할지를 알게 하려 함이니 이 집은 살아 계신 하나님의 교회요 진리의 기둥과 터니라

16 크도다 경건의 비밀이여, 그렇지 않다 하는 이 없도다 그는 육신으로 나타난 바 되시고 영으로 의롭다 하심을 받으시고 천사들에게 보이시고 만국에서 전파되시고 세상에서 믿은 바 되시고 영

광 가운데서 올려지셨느니라

거짓말하는 자들

4 그러나 성령이 밝히 말씀하시기를 후일에 어떤 사람들이 믿음에서 떠나 미혹하는 영과 귀신의 가르침을 따르리라 하셨으니

2 자기 양심이 화인을 맞아서 외식함으로 거짓말하는 자들이라

3 혼인을 금하고 어떤 음식물은 먹지 말라고 할 터이나 음식물은 하나님이 지으신 바니 믿는 자들과 진리를 아는 자들이 감사함으로 받을 것이니라

4 하나님께서 지으신 모든 것이 선하매 감사함으로 받으면 버릴 것이 없나니

5 하나님의 말씀과 기도로 거룩하여짐이라

그리스도 예수의 좋은 일꾼

6 네가 이것으로 형제를 깨우치면 그리스

도 예수의 좋은 일꾼이 되어 믿음의 말

씀과 네가 따르는 좋은 교훈으로 양육

을 받으리라

7 망령되고 허탄한 신화를 버리고 경건에

이르도록 네 자신을 연단하라

8 육체의 연단은 약간의 유익이 있으나

경건은 범사에 유익하니 금생과 내생에

약속이 있느니라

9 미쁘다 이 말이여 모든 사람들이 받을

만하도다

10 이를 위하여 우리가 수고하고 힘쓰는

것은 우리 소망을 살아 계신 하나님께

둠이니 곧 모든 사람 특히 믿는 자들의

구주시라

11 너는 이것들을 명하고 가르치라

12 누구든지 네 연소함을 업신여기지 못

하게 하고 오직 말과 행실과 사랑과 믿

음과 정절에 있어서 믿는 자에게 본이

되어

13 내가 이를 때까지 읽는 것과 권하는 것

과 가르치는 것에 전념하라

14 네 속에 있는 은사 곧 장로의 회에서

안수 받을 때에 예언을 통하여 받은 것

을 가볍게 여기지 말며

15 이 모든 일에 전심 전력하여 너의 성숙

함을 모든 사람에게 나타나게 하라

16 네가 네 자신과 가르침을 살펴 이 일을

계속하라 이것을 행함으로 네 자신과

네게 듣는 자를 구원하리라

성도를 대하는 태도

5 늙은이를 꾸짖지 말고 권하되 아버지에

게 하듯 하며 젊은이에게는 형제에게

하듯 하고

2 늙은 여자에게는 어머니에게 하듯 하며

젊은 여자에게는 온전히 깨끗함으로 자

매에게 하듯 하라

3 참 과부인 과부를 존대하라

4 만일 어떤 과부에게 자녀나 손자들이 있거든 그들로 먼저 자기 집에서 효를 행하여 부모에게 보답하기를 배우게 하라 이것이 하나님 앞에 받으실 만한 것이니라

5 참 과부로서 외로운 자는 하나님께 소망을 두어 주야로 항상 간구와 기도를 하거니와

6 향락을 좋아하는 자는 살았으나 죽었느니라

7 네가 또한 이것을 명하여 그들로 책망 받을 것이 없게 하라

8 누구든지 자기 친족 특히 자기 가족을 돌보지 아니하면 믿음을 배반한 자요 불신자보다 더 악한 자니라

9 과부로 명부에 올릴 자는 나이가 육십이 덜 되지 아니하고 한 남편의 아내였던 자로서

10 선한 행실의 증거가 있어 혹은 자녀를 양육하며 혹은 나그네를 대접하며 혹은 성도들의 발을 씻으며 혹은 환난 당한 자들을 구제하며 혹은 모든 선한 일을 행한 자라야 할 것이요

11 젊은 과부는 올리지 말지니 이는 정욕으로 그리스도를 배반할 때에 시집 가고자 함이니

12 처음 믿음을 저버렸으므로 정죄를 받느니라

13 또 그들은 게으름을 익혀 집집으로 돌아 다니고 게으를 뿐 아니라 쓸데없는 말을 하며 일을 만들며 마땅히 아니할 말을 하나니

14 그러므로 젊은이는 시집 가서 아이를 낳고 집을 다스리고 대적에게 비방할 기회를 조금도 주지 말기를 원하노라

15 이미 사탄에게 돌아간 자들도 있도다

16 만일 믿는 여자에게 과부 친척이 있거든 자기가 도와 주고 교회가 짐지지 않게 하라 이는 참 과부를 도와 주게 하려 함이라

17 잘 다스리는 장로들은 배나 존경할 자로 알되 말씀과 가르침에 수고하는 이들에게는 더욱 그리할 것이니라

18 성경에 일렀으되 곡식을 밟아 떠는 소의 입에 망을 씌우지 말라 하였고 또 일꾼이 그 삯을 받는 것은 마땅하다 하였느니라

19 장로에 대한 고발은 두세 증인이 없으면 받지 말 것이요

20 범죄한 자들을 모든 사람 앞에서 꾸짖어 나머지 사람들로 두려워하게 하라

21 하나님과 그리스도 예수와 택하심을 받은 천사들 앞에서 내가 엄히 명하노니 너는 편견이 없이 이것들을 지켜 아무 일도 불공평하게 하지 말며

22 아무에게나 경솔히 안수하지 말고 다른 사람의 죄에 간섭하지 말며 네 자신을 지켜 정결하게 하라

23 이제부터는 물만 마시지 말고 네 위장과 자주 나는 병을 위하여는 포도주를 조금씩 쓰라

24 어떤 사람들의 죄는 밝히 드러나 먼저 심판에 나아가고 어떤 사람들의 죄는 그 뒤를 따르나니

25 이와 같이 선행도 밝히 드러나고 그렇지 아니한 것도 숨길 수 없느니라

6 무릇 멍에 아래에 있는 종들은 자기 상전들을 범사에 마땅히 공경할 자로 알지니 이는 하나님의 이름과 교훈으로 비방을 받지 않게 하려 함이라

2 믿는 상전이 있는 자들은 그 상전을 형

제라고 가볍게 여기지 말고 더 잘 섬기

게 하라 이는 유익을 받는 자들이 믿는

자요 사랑을 받는 자임이라 너는 이것

들을 가르치고 권하라

말씀과 경건에 관한 교훈

3 누구든지 다른 교훈을 하며 바른 말 곧

우리 주 예수 그리스도의 말씀과 경건

에 관한 교훈을 따르지 아니하면

4 그는 교만하여 아무 것도 알지 못하고

변론과 언쟁을 좋아하는 자니 이로써 투

기와 분쟁과 비방과 악한 생각이 나며

5 마음이 부패하여지고 진리를 잃어 버려

경건을 이익의 방도로 생각하는 자들의

다툼이 일어나느니라

6 그러나 자족하는 마음이 있으면 경건은

큰 이익이 되느니라

7 우리가 세상에 아무 것도 가지고 온 것

이 없으매 또한 아무 것도 가지고 가지

못하리니

8 우리가 먹을 것과 입을 것이 있은즉 족

한 줄로 알 것이니라

9 부하려 하는 자들은 시험과 올무와 여

러 가지 어리석고 해로운 욕심에 떨어

지나니 곧 사람으로 파멸과 멸망에 빠

지게 하는 것이라

10 돈을 사랑함이 일만 악의 뿌리가 되나

니 이것을 탐내는 자들은 미혹을 받아

믿음에서 떠나 많은 근심으로써 자기를

찔렀도다

믿음의 선한 싸움

11 오직 너 하나님의 사람아 이것들을 피

하고 의와 경건과 믿음과 사랑과 인내

와 온유를 따르며

12 믿음의 선한 싸움을 싸우라 영생을 취

하라 이를 위하여 네가 부르심을 받았

고 많은 증인 앞에서 선한 증언을 하였

도다

13 만물을 살게 하신 하나님 앞과 본디오

빌라도를 향하여 선한 증언을 하신 그리

스도 예수 앞에서 내가 너를 명하노니

14 우리 주 예수 그리스도께서 나타나실

때까지 흠도 없고 책망 받을 것도 없이

이 명령을 지키라

15 기약이 이르면 하나님이 그의 나타나심

을 보이시리니 하나님은 복되시고 유일

하신 주권자이시며 만왕의 왕이시며 만

주의 주시요

16 오직 그에게만 죽지 아니함이 있고 가

까이 가지 못할 빛에 거하시고 어떤 사

람도 보지 못하였고 또 볼 수 없는 이

시니 그에게 존귀와 영원한 권능을 돌

릴지어다 아멘

17 네가 이 세대에서 부한 자들을 명하여

마음을 높이지 말고 정함이 없는 재물

에 소망을 두지 말고 오직 우리에게 모

든 것을 후히 주사 누리게 하시는 하나

님께 두며

18 선을 행하고 선한 사업을 많이 하고 나

누어 주기를 좋아하며 너그러운 자가

되게 하라

19 이것이 장래에 자기를 위하여 좋은 터

를 쌓아 참된 생명을 취하는 것이니라

20 디모데야 망령되고 헛된 말과 거짓된

지식의 반론을 피함으로 네게 부탁한

것을 지키라

21 이것을 따르는 사람들이 있어 믿음에서

벗어났느니라 은혜가 너희와 함께 있을

지어다

디모데후서

인사

1 하나님의 뜻으로 말미암아 그리스도 예수 안에 있는 생명의 약속대로 그리스도 예수의 사도 된 바울은

2 사랑하는 아들 디모데에게 편지하노니 하나님 아버지와 그리스도 예수 우리 주께로부터 은혜와 긍휼과 평강이 네게 있을지어다

복음과 함께 고난을 받으라

3 내가 밤낮 간구하는 가운데 쉬지 않고 너를 생각하여 청결한 양심으로 조상적부터 섬겨 오는 하나님께 감사하고

4 네 눈물을 생각하여 너 보기를 원함은 내 기쁨이 가득하게 하려 함이니

5 이는 네 속에 거짓이 없는 믿음이 있음을 생각함이라 이 믿음은 먼저 네 외조모 로이스와 네 어머니 유니게 속에 있더니 네 속에도 있는 줄을 확신하노라

6 그러므로 내가 나의 안수함으로 네 속에 있는 하나님의 은사를 다시 불일듯 하게 하기 위하여 너로 생각하게 하노니

7 하나님이 우리에게 주신 것은 두려워하는 마음이 아니요 오직 능력과 사랑과 절제하는 마음이니

8 그러므로 너는 내가 우리 주를 증언함과 또는 주를 위하여 갇힌 자 된 나를 부끄러워하지 말고 오직 하나님의 능력을 따라 복음과 함께 고난을 받으라

9 하나님이 우리를 구원하사 거룩하신 소명으로 부르심은 우리의 행위대로 하심이 아니요 오직 자기의 뜻과 영원 전부터 그리스도 예수 안에서 우리에게 주신 은혜대로 하심이라

10 이제는 우리 구주 그리스도 예수의 나타나심으로 말미암아 나타났으니 그는 사망을 폐하시고 복음으로써 생명과 썩

지 아니할 것을 드러내신지라

11 내가 이 복음을 위하여 선포자와 사도와 교사로 세우심을 입었노라

12 이로 말미암아 내가 또 이 고난을 받되 부끄러워하지 아니함은 내가 믿는 자를 내가 알고 또한 내가 의탁한 것을 그 날까지 그가 능히 지키실 줄을 확신함이라

13 너는 그리스도 예수 안에 있는 믿음과 사랑으로써 내게 들은 바 바른 말을 본받아 지키고

14 우리 안에 거하시는 성령으로 말미암아 네게 부탁한 아름다운 것을 지키라

15 아시아에 있는 모든 사람이 나를 버린 이 일을 네가 아나니 그 중에는 부겔로와 허모게네도 있느니라

16 원하건대 주께서 오네시보로의 집에 긍휼을 베푸시옵소서 그가 나를 자주 격려해 주고 내가 사슬에 매인 것을 부끄

러워하지 아니하고

17 로마에 있을 때에 나를 부지런히 찾아와 만났음이라

18 (원하건대 주께서 그로 하여금 그 날에 주의 긍휼을 입게 하여 주옵소서) 또 그가 에베소에서 많이 봉사한 것을 네가 잘 아느니라

예수 그리스도의 좋은 병사

2 내 아들아 그러므로 너는 그리스도 예수 안에 있는 은혜 가운데서 강하고

2 또 네가 많은 증인 앞에서 내게 들은 바를 충성된 사람들에게 부탁하라 그들이 또 다른 사람들을 가르칠 수 있으리라

3 너는 그리스도 예수의 좋은 병사로 나와 함께 고난을 받으라

4 병사로 복무하는 자는 자기 생활에 얽매이는 자가 하나도 없나니 이는 병사로 모집한 자를 기쁘게 하려 함이라

5 경기하는 자가 법대로 경기하지 아니하면 승리자의 관을 얻지 못할 것이며

6 수고하는 농부가 곡식을 먼저 받는 것이 마땅하니라

7 내가 말하는 것을 생각해 보라 주께서 범사에 네게 총명을 주시리라

8 내가 전한 복음대로 다윗의 씨로 죽은 자 가운데서 다시 살아나신 예수 그리스도를 기억하라

9 복음으로 말미암아 내가 죄인과 같이 매이는 데까지 고난을 받았으나 하나님의 말씀은 매이지 아니하니라

10 그러므로 내가 택함 받은 자들을 위하여 모든 것을 참음은 그들도 그리스도 예수 안에 있는 구원을 영원한 영광과 함께 받게 하려 함이라

11 미쁘다 이 말이여 우리가 주와 함께 죽었으면 또한 함께 살 것이요

12 참으면 또한 함께 왕 노릇 할 것이요 우리가 주를 부인하면 주도 우리를 부인하실 것이라

13 우리는 미쁨이 없을지라도 주는 항상 미쁘시니 자기를 부인하실 수 없으시리라

인정 받는 일꾼

14 너는 그들로 이 일을 기억하게 하여 말다툼을 하지 말라고 하나님 앞에서 엄히 명하라 이는 유익이 하나도 없고 도리어 듣는 자들을 망하게 함이라

15 너는 진리의 말씀을 옳게 분별하며 부끄러울 것이 없는 일꾼으로 인정된 자로 자신을 하나님 앞에 드리기를 힘쓰라

16 망령되고 헛된 말을 버리라 그들은 경건하지 아니함에 점점 나아가나니

17 그들의 말은 악성 종양이 퍼져나감과 같은데 그 중에 후메내오와 빌레도가 있느니라

18 진리에 관하여는 그들이 그릇되었도다 부활이 이미 지나갔다 함으로 어떤 사람들의 믿음을 무너뜨리느니라

19 그러나 하나님의 견고한 터는 섰으니 인침이 있어 일렀으되 주께서 자기 백성을 아신다 하며 또 주의 이름을 부르는 자마다 불의에서 떠날지어다 하였느니라

20 큰 집에는 금 그릇과 은 그릇뿐 아니라 나무 그릇과 질그릇도 있어 귀하게 쓰는 것도 있고 천하게 쓰는 것도 있나니

21 그러므로 누구든지 이런 것에서 자기를 깨끗하게 하면 귀히 쓰는 그릇이 되어 거룩하고 주인의 쓰심에 합당하며 모든 선한 일에 준비함이 되리라

22 또한 너는 청년의 정욕을 피하고 주를 깨끗한 마음으로 부르는 자들과 함께 의와 믿음과 사랑과 화평을 따르라

23 어리석고 무식한 변론을 버리라 이에서 다툼이 나는 줄 앎이라

24 주의 종은 마땅히 다투지 아니하고 모든 사람에 대하여 온유하며 가르치기를 잘하며 참으며

25 거역하는 자를 온유함으로 훈계할지니 혹 하나님이 그들에게 회개함을 주사 진리를 알게 하실까 하며

26 그들로 깨어 마귀의 올무에서 벗어나 하나님께 사로잡힌 바 되어 그 뜻을 따르게 하실까 함이라

마지막 가르침

3 너는 이것을 알라 말세에 고통하는 때가 이르러

2 사람들이 자기를 사랑하며 돈을 사랑하며 자랑하며 교만하며 비방하며 부모를 거역하며 감사하지 아니하며 거룩하지 아니하며

3 무정하며 원통함을 풀지 아니하며 모함

하며 절제하지 못하며 사나우며 선한

것을 좋아하지 아니하며

4 배신하며 조급하며 자만하며 쾌락을 사

랑하기를 하나님 사랑하는 것보다 더

하며

5 경건의 모양은 있으나 경건의 능력은

부인하니 이같은 자들에게서 네가 돌아

서라

6 그들 중에 남의 집에 가만히 들어가 어

리석은 여자를 유인하는 자들이 있으니

그 여자는 죄를 중히 지고 여러 가지

욕심에 끌린 바 되어

7 항상 배우나 끝내 진리의 지식에 이를

수 없느니라

8 얀네와 얌브레가 모세를 대적한 것 같

이 그들도 진리를 대적하니 이 사람들

은 그 마음이 부패한 자요 믿음에 관하

여는 버림 받은 자들이라

9 그러나 그들이 더 나아가지 못할 것은

저 두 사람이 된 것과 같이 그들의 어

리석음이 드러날 것임이라

10 나의 교훈과 행실과 의향과 믿음과 오

래 참음과 사랑과 인내와

11 박해를 받음과 고난과 또한 안디옥과

이고니온과 루스드라에서 당한 일과 어

떠한 박해를 받은 것을 네가 과연 보고

알았거니와 주께서 이 모든 것 가운데

서 나를 건지셨느니라

12 무릇 그리스도 예수 안에서 경건하게

살고자 하는 자는 박해를 받으리라

13 악한 사람들과 속이는 자들은 더욱 악

하여져서 속이기도 하고 속기도 하나니

14 그러나 너는 배우고 확신한 일에 거하라

너는 네가 누구에게서 배운 것을 알며

15 또 어려서부터 성경을 알았나니 성경은

능히 너로 하여금 그리스도 예수 안에

있는 믿음으로 말미암아 구원에 이르는

지혜가 있게 하느니라

16 모든 성경은 하나님의 감동으로 된 것

으로 교훈과 책망과 바르게 함과 의로

교육하기에 유익하니

17 이는 하나님의 사람으로 온전하게 하며

모든 선한 일을 행할 능력을 갖추게 하

려 함이라

4 하나님 앞과 살아 있는 자와 죽은 자를

심판하실 그리스도 예수 앞에서 그가

나타나실 것과 그의 나라를 두고 엄히

명하노니

2 너는 말씀을 전파하라 때를 얻든지 못

얻든지 항상 힘쓰라 범사에 오래 참음과

가르침으로 경책하며 경계하며 권하라

3 때가 이르리니 사람이 바른 교훈을 받

지 아니하며 귀가 가려워서 자기의 사

욕을 따를 스승을 많이 두고

4 또 그 귀를 진리에서 돌이켜 허탄한 이

야기를 따르리라

5 그러나 너는 모든 일에 신중하여 고난

을 받으며 전도자의 일을 하며 네 직무

를 다하라

6 전제와 같이 내가 벌써 부어지고 나의

떠날 시각이 가까웠도다

7 나는 선한 싸움을 싸우고 나의 달려갈

길을 마치고 믿음을 지켰으니

8 이제 후로는 나를 위하여 의의 면류관

이 예비되었으므로 주 곧 의로우신 재

판장이 그 날에 내게 주실 것이며 내게

만 아니라 주의 나타나심을 사모하는

모든 자에게도니라

사사로운 부탁

9 너는 어서 속히 내게로 오라

10 데마는 이 세상을 사랑하여 나를 버리

고 데살로니가로 갔고 그레스게는 갈라

287

디아로, 디도는 달마디아로 갔고

11 누가만 나와 함께 있느니라 네가 올 때에 마가를 데리고 오라 그가 나의 일에 유익하니라

12 두기고는 에베소로 보내었노라

13 네가 올 때에 내가 드로아 가보의 집에 둔 겉옷을 가지고 오고 또 책은 특별히 가죽 종이에 쓴 것을 가져오라

14 구리 세공업자 알렉산더가 내게 해를 많이 입혔으매 주께서 그 행한 대로 그에게 갚으시리니

15 너도 그를 주의하라 그가 우리 말을 심히 대적하였느니라

16 내가 처음 변명할 때에 나와 함께 한 자가 하나도 없고 다 나를 버렸으나 그들에게 허물을 돌리지 않기를 원하노라

17 주께서 내 곁에 서서 나에게 힘을 주심은 나로 말미암아 선포된 말씀이 온전히 전파되어 모든 이방인이 듣게 하려 하심이니 내가 사자의 입에서 건짐을 받았느니라

18 주께서 나를 모든 악한 일에서 건져내시고 또 그의 천국에 들어가도록 구원하시리니 그에게 영광이 세세무궁토록 있을지어다 아멘

끝 인사

19 브리스가와 아굴라와 및 오네시보로의 집에 문안하라

20 에라스도는 고린도에 머물러 있고 드로비모는 병들어서 밀레도에 두었노니

21 너는 겨울 전에 어서 오라 으불로와 부데와 리노와 글라우디아와 모든 형제가 다 네게 문안하느니라

22 나는 주께서 네 심령에 함께 계시기를 바라노니 은혜가 너희와 함께 있을지어다

디
도
서

인사

1 하나님의 종이요 예수 그리스도의 사도인 나 바울이 사도 된 것은 하나님이 택하신 자들의 믿음과 경건함에 속한 진리의 지식과

2 영생의 소망을 위함이라 이 영생은 거짓이 없으신 하나님이 영원 전부터 약속하신 것인데

3 자기 때에 자기의 말씀을 전도로 나타내셨으니 이 전도는 우리 구주 하나님이 명하신 대로 내게 맡기신 것이라

4 같은 믿음을 따라 나의 참 아들 된 디도에게 편지하노니 하나님 아버지와 그리스도 예수 우리 구주로부터 은혜와 평강이 네게 있을지어다

그레데에서 해야 할 디도의 사역

5 내가 너를 그레데에 남겨 둔 이유는 남은 일을 정리하고 내가 명한 대로 각성에 장로들을 세우게 하려 함이니

6 책망할 것이 없고 한 아내의 남편이며 방탕하다는 비난을 받거나 불순종하는 일이 없는 믿는 자녀를 둔 자라야 할지라

7 감독은 하나님의 청지기로서 책망할 것이 없고 제 고집대로 하지 아니하며 급히 분내지 아니하며 술을 즐기지 아니하며 구타하지 아니하며 더러운 이득을 탐하지 아니하며

8 오직 나그네를 대접하며 선행을 좋아하며 신중하며 의로우며 거룩하며 절제하며

9 미쁜 말씀의 가르침을 그대로 지켜야 하리니 이는 능히 바른 교훈으로 권면하고 거슬러 말하는 자들을 책망하게 하려 함이라

10 불순종하고 헛된 말을 하며 속이는 자가

많은 중 할례파 가운데 특히 그러하니

11 그들의 입을 막을 것이라 이런 자들이 더러운 이득을 취하려고 마땅하지 아니한 것을 가르쳐 가정들을 온통 무너뜨리는도다

12 그레데인 중의 어떤 선지자가 말하되 그레데인들은 항상 거짓말쟁이며 악한 짐승이며 배만 위하는 게으름뱅이라 하니

13 이 증언이 참되도다 그러므로 네가 그들을 엄히 꾸짖으라 이는 그들로 하여금 믿음을 온전하게 하고

14 유대인의 허탄한 이야기와 진리를 배반하는 사람들의 명령을 따르지 않게 하려 함이라

15 깨끗한 자들에게는 모든 것이 깨끗하나 더럽고 믿지 아니하는 자들에게는 아무 것도 깨끗한 것이 없고 오직 그들의 마음과 양심이 더러운지라

16 그들이 하나님을 시인하나 행위로는 부인하니 가증한 자요 복종하지 아니하는 자요 모든 선한 일을 버리는 자니라

교훈에 합당한 말

2 오직 너는 바른 교훈에 합당한 것을 말하여

2 늙은 남자로는 절제하며 경건하며 신중하며 믿음과 사랑과 인내함에 온전하게 하고

3 늙은 여자로는 이와 같이 행실이 거룩하며 모함하지 말며 많은 술의 종이 되지 아니하며 선한 것을 가르치는 자들이 되고

4 그들로 젊은 여자들을 교훈하되 그 남편과 자녀를 사랑하며

5 신중하며 순전하며 집안 일을 하며 선하며 자기 남편에게 복종하게 하라 이는 하나님의 말씀이 비방을 받지 않게

하려 함이라

6 너는 이와 같이 젊은 남자들을 신중하
도록 권면하되

7 범사에 네 자신이 선한 일의 본을 보이
며 교훈에 부패하지 아니함과 단정함과

8 책망할 것이 없는 바른 말을 하게 하라
이는 대적하는 자로 하여금 부끄러워 우
리를 악하다 할 것이 없게 하려 함이라

9 종들은 자기 상전들에게 범사에 순종하
여 기쁘게 하고 거슬러 말하지 말며

10 훔치지 말고 오히려 모든 참된 신실성
을 나타내게 하라 이는 범사에 우리 구
주 하나님의 교훈을 빛나게 하려 함이라

11 모든 사람에게 구원을 주시는 하나님의
은혜가 나타나

12 우리를 양육하시되 경건하지 않은 것과
이 세상 정욕을 다 버리고 신중함과 의
로움과 경건함으로 이 세상에 살고

13 복스러운 소망과 우리의 크신 하나님
구주 예수 그리스도의 영광이 나타나심
을 기다리게 하셨으니

14 그가 우리를 대신하여 자신을 주심은
모든 불법에서 우리를 속량하시고 우리
를 깨끗하게 하사 선한 일을 열심히 하
는 자기 백성이 되게 하려 하심이라

선한 일을 가르치라

15 너는 이것을 말하고 권면하며 모든 권
위로 책망하여 누구에게서든지 업신여
김을 받지 말라

3 너는 그들로 하여금 통치자들과 권세
잡은 자들에게 복종하며 순종하며 모든
선한 일 행하기를 준비하게 하며

2 아무도 비방하지 말며 다투지 말며 관
용하며 범사에 온유함을 모든 사람에게
나타낼 것을 기억하게 하라

3 우리도 전에는 어리석은 자요 순종하지

아니한 자요 속은 자요 여러 가지 정욕

과 행락에 종 노릇 한 자요 악독과 투

기를 일삼은 자요 가증스러운 자요 피

차 미워한 자였으나

4 우리 구주 하나님의 자비와 사람 사랑

하심이 나타날 때에

5 우리를 구원하시되 우리가 행한 바 의

로운 행위로 말미암지 아니하고 오직

그의 긍휼하심을 따라 중생의 씻음과

성령의 새롭게 하심으로 하셨나니

6 우리 구주 예수 그리스도로 말미암아

우리에게 그 성령을 풍성히 부어 주사

7 우리로 그의 은혜를 힘입어 의롭다 하

심을 얻어 영생의 소망을 따라 상속자

가 되게 하려 하심이라

8 이 말이 미쁘도다 원하건대 너는 이 여

러 것에 대하여 굳세게 말하라 이는 하

나님을 믿는 자들로 하여금 조심하여

선한 일을 힘쓰게 하려 함이라 이것은

아름다우며 사람들에게 유익하니라

9 그러나 어리석은 변론과 족보 이야기와

분쟁과 율법에 대한 다툼은 피하라 이

것은 무익한 것이요 헛된 것이니라

10 이단에 속한 사람을 한두 번 훈계한 후

에 멀리하라

11 이러한 사람은 네가 아는 바와 같이 부

패하여 스스로 정죄한 자로서 죄를 짓

느니라

부탁과 끝 인사

12 내가 아데마나 두기고를 네게 보내리니

그 때에 네가 급히 니고볼리로 내게 오

라 내가 거기서 겨울을 지내기로 작정

하였노라

13 율법교사 세나와 및 아볼로를 급히 먼

저 보내어 그들로 부족함이 없게 하고

14 또 우리 사람들도 열매 없는 자가 되지

않게 하기 위하여 필요한 것을 준비하

는 좋은 일에 힘 쓰기를 배우게 하라

15 나와 함께 있는 자가 다 네게 문안하니

민음 안에서 우리를 사랑하는 자들에게

너도 문안하라 은혜가 너희 무리에게

있을지어다

빌레몬서

인사

1 그리스도 예수를 위하여 갇힌 자 된 바

울과 및 형제 디모데는 우리의 사랑을

받는 자요 동역자인 빌레몬과

2 자매 압비아와 우리와 함께 병사 된 아

킵보와 네 집에 있는 교회에 편지하노니

3 하나님 우리 아버지와 주 예수 그리스

도로부터 은혜와 평강이 너희에게 있을

지어다

빌레몬의 믿음과 사랑

4 내가 항상 내 하나님께 감사하고 기도

할 때에 너를 말함은

5 주 예수와 및 모든 성도에 대한 네 사

랑과 믿음이 있음을 들음이니

6 이로써 네 믿음의 교제가 우리 가운데

있는 선을 알게 하고 그리스도께 이르

도록 역사하느니라

7 형제여 성도들의 마음이 너로 말미암아

평안함을 얻었으니 내가 너의 사랑으로

많은 기쁨과 위로를 받았노라

오네시모를 위하여 간구하다

8 이러므로 내가 그리스도 안에서 아주

담대하게 네게 마땅한 일로 명할 수도

있으나

9 도리어 사랑으로써 간구하노라 나이가

많은 나 바울은 지금 또 예수 그리스도

를 위하여 갇힌 자 되어

10 갇힌 중에서 낳은 아들 오네시모를 위

하여 네게 간구하노라

11 그가 전에는 네게 무익하였으나 이제는

나와 네게 유익하므로

12 네게 그를 돌려 보내노니 그는 내 심복

이라

13 그를 내게 머물러 있게 하여 내 복음을

위하여 갇힌 중에서 네 대신 나를 섬기

게 하고자 하나

14 다만 네 승낙이 없이는 내가 아무 것도

하기를 원하지 아니하노니 이는 너의

선한 일이 억지 같이 되지 아니하고 자

의로 되게 하려 함이라

15 아마 그가 잠시 떠나게 된 것은 너로

하여금 그를 영원히 두게 함이리니

16 이 후로는 종과 같이 대하지 아니하고

종 이상으로 곧 사랑 받는 형제로 둘

자라 내게 특별히 그러하거든 하물며

육신과 주 안에서 상관된 네게랴

17 그러므로 네가 나를 동역자로 알진대

그를 영접하기를 내게 하듯 하고

18 그가 만일 네게 불의를 하였거나 네게

빚진 것이 있으면 그것을 내 앞으로 계

산하라

19 나 바울이 친필로 쓰노니 내가 갚으려

니와 네가 이 외에 네 자신이 내게 빚

진 것은 내가 말하지 아니하노라

20 오 형제여 나로 주 안에서 너로 말미암

아 기쁨을 얻게 하고 내 마음이 그리스

도 안에서 평안하게 하라

21 나는 네가 순종할 것을 확신하므로 네

게 썼노니 네가 내가 말한 것보다 더

행할 줄을 아노라

22 오직 너는 나를 위하여 숙소를 마련하

라 너희 기도로 내가 너희에게 나아갈

수 있기를 바라노라

끝 인사

23 그리스도 예수 안에서 나와 함께 갇힌

자 에바브라와

24 또한 나의 동역자 마가, 아리스다고, 데

마, 누가가 문안하느니라

25 우리 주 예수 그리스도의 은혜가 너희

심령과 함께 있을지어다

히브리서

하나님이 아들을 통하여 말씀하시다

1 옛적에 선지자들을 통하여 여러 부분과

여러 모양으로 우리 조상들에게 말씀하

신 하나님이

2 이 모든 날 마지막에는 아들을 통하여

우리에게 말씀하셨으니 이 아들을 만유

의 상속자로 세우시고 또 그로 말미암

아 모든 세계를 지으셨느니라

3 이는 하나님의 영광의 광채시요 그 본

체의 형상이시라 그의 능력의 말씀으로

만물을 붙드시며 죄를 정결하게 하는

일을 하시고 높은 곳에 계신 지극히 크

신 이의 우편에 앉으셨느니라

4 그가 천사보다 훨씬 뛰어남은 그들보다

더욱 아름다운 이름을 기업으로 얻으심

이니

5 하나님께서 어느 때에 천사 중 누구에

게 너는 내 아들이라 오늘 내가 너를

낳았다 하셨으며 또 다시 나는 그에게

아버지가 되고 그는 내게 아들이 되리

라 하셨느냐

6 또 그가 맏아들을 이끌어 세상에 다시

들어오게 하실 때에 하나님의 모든 천

사들은 그에게 경배할지어다 말씀하

시며

7 또 천사들에 관하여는 그는 그의 천사

들을 바람으로, 그의 사역자들을 불꽃

으로 삼으시느니라 하셨으되

8 아들에 관하여는 하나님이여 주의 보좌

는 영영하며 주의 나라의 규는 공평한

규이니이다

9 주께서 의를 사랑하시고 불법을 미워하

셨으니 그러므로 하나님 곧 주의 하나

님이 즐거움의 기름을 주께 부어 주를

동류들보다 뛰어나게 하셨도다 하였고

10 또 주여 태초에 주께서 땅의 기초를

두셨으며 하늘도 주의 손으로 지으신

바라

11 그것들은 멸망할 것이나 오직 주는 영

존할 것이요 그것들은 다 옷과 같이 낡

아지리니

12 의복처럼 갈아입을 것이요 그것들은 옷

과 같이 변할 것이나 주는 여전하여 연

대가 다함이 없으리라 하였으나

13 어느 때에 천사 중 누구에게 내가 네

원수로 네 발등상이 되게 하기까지 너

는 내 우편에 앉아 있으라 하셨느냐

14 모든 천사들은 섬기는 영으로서 구원

받을 상속자들을 위하여 섬기라고 보내

심이 아니냐

큰 구원

2 그러므로 우리는 들은 것에 더욱 유념

함으로 우리가 흘러 떠내려가지 않도록

함이 마땅하니라

2 천사들을 통하여 하신 말씀이 견고하게

되어 모든 범죄함과 순종하지 아니함이

공정한 보응을 받았거든

3 우리가 이같이 큰 구원을 등한히 여기

면 어찌 그 보응을 피하리요 이 구원은

처음에 주로 말씀하신 바요 들은 자들

이 우리에게 확증한 바니

4 하나님도 표적들과 기사들과 여러 가지

능력과 및 자기의 뜻을 따라 성령이 나

누어 주신 것으로써 그들과 함께 증언

하셨느니라

구원의 창시자

5 하나님이 우리가 말하는 바 장차 올 세

상을 천사들에게 복종하게 하심이 아니

니라

6 그러나 누구인가가 어디에서 증언하여

이르되 사람이 무엇이기에 주께서 그를

생각하시며 인자가 무엇이기에 주께서

그를 돌보시나이까

7 그를 잠시 동안 천사보다 못하게 하시
며 영광과 존귀로 관을 씌우시며

8 만물을 그 발 아래에 복종하게 하셨느
니라 하였으니 만물로 그에게 복종하
게 하셨은즉 복종하지 않은 것이 하나
도 없어야 하겠으나 지금 우리가 만물
이 아직 그에게 복종하고 있는 것을 보
지 못하고

9 오직 우리가 천사들보다 잠시 동안 못
하게 하심을 입은 자 곧 죽음의 고난
받으심으로 말미암아 영광과 존귀로 관
을 쓰신 예수를 보니 이를 행하심은 하
나님의 은혜로 말미암아 모든 사람을
위하여 죽음을 맛보려 하심이라

10 그러므로 만물이 그를 위하고 또한 그
로 말미암은 이가 많은 아들들을 이끌
어 영광에 들어가게 하시는 일에 그들

의 구원의 창시자를 고난을 통하여 온
전하게 하심이 합당하도다

11 거룩하게 하시는 이와 거룩하게 함을
입은 자들이 다 한 근원에서 난지라 그
러므로 형제라 부르시기를 부끄러워하
지 아니하시고

12 이르시되 내가 주의 이름을 내 형제들
에게 선포하고 내가 주를 교회 중에서
찬송하리라 하셨으며

13 또 다시 내가 그를 의지하리라 하시고
또 다시 볼지어다 나와 및 하나님께서
내게 주신 자녀라 하셨으니

14 자녀들은 혈과 육에 속하였으매 그도
또한 같은 모양으로 혈과 육을 함께 지
니심은 죽음을 통하여 죽음의 세력을
잡은 자 곧 마귀를 멸하시며

15 또 죽기를 무서워하므로 한평생 매여
종 노릇 하는 모든 자들을 놓아 주려

하심이니

16 이는 확실히 천사들을 붙들어 주려 하심이 아니요 오직 아브라함의 자손을 붙들어 주려 하심이라

17 그러므로 그가 범사에 형제들과 같이 되심이 마땅하도다 이는 하나님의 일에 자비하고 신실한 대제사장이 되어 백성의 죄를 속량하려 하심이라

18 그가 시험을 받아 고난을 당하셨은즉 시험 받는 자들을 능히 도우실 수 있느니라

하나님이 주시는 안식

3 그러므로 함께 하늘의 부르심을 받은 거룩한 형제들아 우리가 믿는 도리의 사도이시며 대제사장이신 예수를 깊이 생각하라

2 그는 자기를 세우신 이에게 신실하시기를 모세가 하나님의 온 집에서 한 것과

같이 하셨으니

3 그는 모세보다 더욱 영광을 받을 만한 것이 마치 집 지은 자가 그 집보다 더욱 존귀함 같으니라

4 집마다 지은 이가 있으니 만물을 지으신 이는 하나님이시라

5 또한 모세는 장래에 말할 것을 증언하기 위하여 하나님의 온 집에서 종으로서 신실하였고

6 그리스도는 하나님의 집을 맡은 아들로서 그와 같이 하셨으니 우리가 소망의 확신과 자랑을 끝까지 굳게 잡고 있으면 우리는 그의 집이라

7 그러므로 성령이 이르신 바와 같이 오늘 너희가 그의 음성을 듣거든

8 광야에서 시험하던 날에 거역하던 것 같이 너희 마음을 완고하게 하지 말라

9 거기서 너희 열조가 나를 시험하여 증

험하고 사십 년 동안 나의 행사를 보았
느니라

10 그러므로 내가 이 세대에게 노하여 이
르기를 그들이 항상 마음이 미혹되어
내 길을 알지 못하는도다 하였고

11 내가 노하여 맹세한 바와 같이 그들은
내 안식에 들어오지 못하리라 하였다
하였느니라

12 형제들아 너희는 삼가 혹 너희 중에 누
가 믿지 아니하는 악한 마음을 품고 살
아 계신 하나님에게서 떨어질까 조심할
것이요

13 오직 오늘이라 일컫는 동안에 매일 피
차 권면하여 너희 중에 누구든지 죄의
유혹으로 완고하게 되지 않도록 하라

14 우리가 시작할 때에 확신한 것을 끝까
지 견고히 잡고 있으면 그리스도와 함
께 참여한 자가 되리라

15 성경에 일렀으되 오늘 너희가 그의 음
성을 듣거든 격노하시게 하던 것 같이
너희 마음을 완고하게 하지 말라 하였
으니

16 듣고 격노하시게 하던 자가 누구냐 모
세를 따라 애굽에서 나온 모든 사람이
아니냐

17 또 하나님이 사십 년 동안 누구에게 노
하셨느냐 그들의 시체가 광야에 엎드러
진 범죄한 자들에게가 아니냐

18 또 하나님이 누구에게 맹세하사 그의
안식에 들어오지 못하리라 하셨느냐 곧
순종하지 아니하던 자들에게가 아니냐

19 이로 보건대 그들이 믿지 아니하므로
능히 들어가지 못한 것이라

4 그러므로 우리는 두려워할지니 그의 안
식에 들어갈 약속이 남아 있을지라도
너희 중에는 혹 이르지 못할 자가 있을

까 함이라

2 그들과 같이 우리도 복음 전함을 받은

자이나 들은 바 그 말씀이 그들에게 유

익하지 못한 것은 듣는 자가 믿음과 결

부시키지 아니함이라

3 이미 믿는 우리들은 저 안식에 들어가

는도다 그가 말씀하신 바와 같으니 내

가 노하여 맹세한 바와 같이 그들이 내

안식에 들어오지 못하리라 하셨다 하였

으나 세상을 창조할 때부터 그 일이 이

루어졌느니라

4 제칠일에 관하여는 어딘가에 이렇게 일

렀으되 하나님은 제칠일에 그의 모든

일을 쉬셨다 하였으며

5 또 다시 거기에 그들이 내 안식에 들어

오지 못하리라 하였으니

6 그러면 거기에 들어갈 자들이 남아 있

거니와 복음 전함을 먼저 받은 자들은

순종하지 아니함으로 말미암아 들어가

지 못하였으므로

7 오랜 후에 다윗의 글에 다시 어느 날

을 정하여 오늘이라고 미리 이같이 일렀

으되 오늘 너희가 그의 음성을 듣거든

너희 마음을 완고하게 하지 말라 하였

나니

8 만일 여호수아가 그들에게 안식을 주었

더라면 그 후에 다른 날을 말씀하지 아

니하셨으리라

9 그런즉 안식할 때가 하나님의 백성에게

남아 있도다

10 이미 그의 안식에 들어간 자는 하나님

이 자기의 일을 쉬심과 같이 그도 자기

의 일을 쉬느니라

11 그러므로 우리가 저 안식에 들어가기를

힘쓸지니 이는 누구든지 저 순종하지 아

니하는 본에 빠지지 않게 하려 함이라

12 하나님의 말씀은 살아 있고 활력이 있어 좌우에 날선 어떤 검보다도 예리하여 혼과 영과 및 관절과 골수를 찔러 쪼개기까지 하며 또 마음의 생각과 뜻을 판단하나니

13 지으신 것이 하나도 그 앞에 나타나지 않음이 없고 우리의 결산을 받으실 이의 눈 앞에 만물이 벌거벗은 것 같이 드러나느니라

큰 대제사장이신 예수

14 그러므로 우리에게 큰 대제사장이 계시니 승천하신 이 곧 하나님의 아들 예수시라 우리가 믿는 도리를 굳게 잡을지어다

15 우리에게 있는 대제사장은 우리의 연약함을 동정하지 못하실 이가 아니요 모든 일에 우리와 똑같이 시험을 받으신 이로되 죄는 없으시니라

16 그러므로 우리는 긍휼하심을 받고 때를 따라 돕는 은혜를 얻기 위하여 은혜의 보좌 앞에 담대히 나아갈 것이니라

5 대제사장마다 사람 가운데서 택한 자이므로 하나님께 속한 일에 사람을 위하여 예물과 속죄하는 제사를 드리게 하나니

2 그가 무식하고 미혹된 자를 능히 용납할 수 있는 것은 자기도 연약에 휩싸여 있음이라

3 그러므로 백성을 위하여 속죄제를 드림과 같이 또한 자신을 위하여도 드리는 것이 마땅하니라

4 이 존귀는 아무도 스스로 취하지 못하고 오직 아론과 같이 하나님의 부르심을 받은 자라야 할 것이니라

5 또한 이와 같이 그리스도께서 대제사장 되심도 스스로 영광을 취하심이 아니요

오직 말씀하신 이가 그에게 이르시되

너는 내 아들이니 내가 오늘 너를 낳았

다 하셨고

6 또한 이와 같이 다른 데서 말씀하시되

네가 영원히 멜기세덱의 반차를 따르는

제사장이라 하셨으니

7 그는 육체에 계실 때에 자기를 죽음에

서 능히 구원하실 이에게 심한 통곡과

눈물로 간구와 소원을 올렸고 그의 경

건하심으로 말미암아 들으심을 얻었느

니라

8 그가 아들이시면서도 받으신 고난으로

순종함을 배워서

9 온전하게 되셨은즉 자기에게 순종하는

모든 자에게 영원한 구원의 근원이 되

시고

10 하나님께 멜기세덱의 반차를 따른 대제

사장이라 칭하심을 받으셨느니라

변절을 경계하다

11 멜기세덱에 관하여는 우리가 할 말이

많으나 너희가 듣는 것이 둔하므로 설

명하기 어려우니라

12 때가 오래 되었으므로 너희가 마땅히

선생이 되었을 터인데 너희가 다시 하

나님의 말씀의 초보에 대하여 누구에

게서 가르침을 받아야 할 처지이니 단

단한 음식은 못 먹고 젖이나 먹어야 할

자가 되었도다

13 이는 젖을 먹는 자마다 어린 아이니 의

의 말씀을 경험하지 못한 자요

14 단단한 음식은 장성한 자의 것이니 그

들은 지각을 사용함으로 연단을 받아

선악을 분별하는 자들이니라

6 그러므로 우리가 그리스도의 도의 초보

를 버리고 죽은 행실을 회개함과 하나

님께 대한 신앙과

2 세례들과 안수와 죽은 자의 부활과 영

원한 심판에 관한 교훈의 터를 다시 닦

지 말고 완전한 데로 나아갈지니라

3 하나님께서 허락하시면 우리가 이것을

하리라

4 한 번 빛을 받고 하늘의 은사를 맛보고

성령에 참여한 바 되고

5 하나님의 선한 말씀과 내세의 능력을

맛보고도

6 타락한 자들은 다시 새롭게 하여 회개

하게 할 수 없나니 이는 그들이 하나님

의 아들을 다시 십자가에 못 박아 드러

내 놓고 욕되게 함이라

7 땅이 그 위에 자주 내리는 비를 흡수하

여 밭 가는 자들이 쓰기에 합당한 채소

를 내면 하나님께 복을 받고

8 만일 가시와 엉겅퀴를 내면 버림을 당

하고 저주함에 가까워 그 마지막은 불

사름이 되리라

9 사랑하는 자들아 우리가 이같이 말하나

너희에게는 이보다 더 좋은 것 곧 구원

에 속한 것이 있음을 확신하노라

10 하나님은 불의하지 아니하사 너희 행위

와 그의 이름을 위하여 나타낸 사랑으로

이미 성도를 섬긴 것과 이제도 섬기고

있는 것을 잊어버리지 아니하시느니라

11 우리가 간절히 원하는 것은 너희 각 사

람이 동일한 부지런함을 나타내어 끝까

지 소망의 풍성함에 이르러

12 게으르지 아니하고 믿음과 오래 참음으

로 말미암아 약속들을 기업으로 받는 자

들을 본받는 자 되게 하려는 것이니라

하나님의 확실한 약속

13 하나님이 아브라함에게 약속하실 때에

가리켜 맹세할 자가 자기보다 더 큰 이

가 없으므로 자기를 가리켜 맹세하여

14 이르시되 내가 반드시 너에게 복 주고

복 주며 너를 번성하게 하고 번성하게

하리라 하셨더니

15 그가 이같이 오래 참아 약속을 받았느

니라

16 사람들은 자기보다 더 큰 자를 가리켜

맹세하나니 맹세는 그들이 다투는 모든

일의 최후 확정이니라

17 하나님은 약속을 기업으로 받는 자들에

게 그 뜻이 변하지 아니함을 충분히 나

타내시려고 그 일을 맹세로 보증하셨

나니

18 이는 하나님이 거짓말을 하실 수 없는

이 두 가지 변하지 못할 사실로 말미암

아 앞에 있는 소망을 얻으려고 피난처

를 찾은 우리에게 큰 안위를 받게 하려

하심이라

19 우리가 이 소망을 가지고 있는 것은 영

혼의 닻 같아서 튼튼하고 견고하여 휘

장 안에 들어 가나니

20 그리로 앞서 가신 예수께서 멜기세덱의

반차를 따라 영원히 대제사장이 되어

우리를 위하여 들어 가셨느니라

멜기세덱

7 이 멜기세덱은 살렘 왕이요 지극히 높

으신 하나님의 제사장이라 여러 왕을

쳐서 죽이고 돌아오는 아브라함을 만나

복을 빈 자라

2 아브라함이 모든 것의 십분의 일을 그

에게 나누어 주니라 그 이름을 해석하

면 먼저는 의의 왕이요 그 다음은 살렘

왕이니 곧 평강의 왕이요

3 아버지도 없고 어머니도 없고 족보도

없고 시작한 날도 없고 생명의 끝도 없

어 하나님의 아들과 닮아서 항상 제사

장으로 있느니라

4 이 사람이 얼마나 높은가를 생각해 보라 조상 아브라함도 노략물 중 십분의 일을 그에게 주었느니라

5 레위의 아들들 가운데 제사장의 직분을 받은 자들은 율법을 따라 아브라함의 허리에서 난 자라도 자기 형제인 백성에게서 십분의 일을 취하라는 명령을 받았으나

6 레위 족보에 들지 아니한 멜기세덱은 아브라함에게서 십분의 일을 취하고 약속을 받은 그를 위하여 복을 빌었나니

7 논란의 여지 없이 낮은 자가 높은 자에게서 축복을 받느니라

8 또 여기는 죽을 자들이 십분의 일을 받으나 저기는 산다고 증거를 얻은 자가 받았느니라

9 또한 십분의 일을 받는 레위도 아브라함으로 말미암아 십분의 일을 바쳤다고 할 수 있나니

10 이는 멜기세덱이 아브라함을 만날 때에 레위는 이미 자기 조상의 허리에 있었음이라

11 레위 계통의 제사 직분으로 말미암아 온전함을 얻을 수 있었으면 (백성이 그 아래에서 율법을 받았으니) 어찌하여 아론의 반차를 따르지 않고 멜기세덱의 반차를 따르는 다른 한 제사장을 세울 필요가 있느냐

12 제사 직분이 바꾸어졌은즉 율법도 반드시 바꾸어지리니

13 이것은 한 사람도 제단 일을 받들지 않는 다른 지파에 속한 자를 가리켜 말한 것이라

14 우리 주께서는 유다로부터 나신 것이 분명하도다 이 지파에는 모세가 제사장들에 관하여 말한 것이 하나도 없고

15 멜기세덱과 같은 별다른 한 제사장이

일어난 것을 보니 더욱 분명하도다

16 그는 육신에 속한 한 계명의 법을 따르

지 아니하고 오직 불멸의 생명의 능력

을 따라 되었으니

17 증언하기를 네가 영원히 멜기세덱의 반

차를 따르는 제사장이라 하였도다

18 전에 있던 계명은 연약하고 무익하므로

폐하고

19 (율법은 아무 것도 온전하게 못할지라)

이에 더 좋은 소망이 생기니 이것으로

우리가 하나님께 가까이 가느니라

20 또 예수께서 제사장이 되신 것은 맹세

없이 된 것이 아니니

21 (그들은 맹세 없이 제사장이 되었으되

오직 예수는 자기에게 말씀하신 이로

말미암아 맹세로 되신 것이라 주께서

맹세하시고 뉘우치지 아니하시리니 네

가 영원히 제사장이라 하셨도다)

22 이와 같이 예수는 더 좋은 언약의 보증

이 되셨느니라

23 제사장 된 그들의 수효가 많은 것은 죽

음으로 말미암아 항상 있지 못함이로되

24 예수는 영원히 계시므로 그 제사장 직

분도 갈리지 아니하느니라

25 그러므로 자기를 힘입어 하나님께 나아

가는 자들을 온전히 구원하실 수 있으

니 이는 그가 항상 살아 계셔서 그들을

위하여 간구하심이라

26 이러한 대제사장은 우리에게 합당하니

거룩하고 악이 없고 더러움이 없고 죄

인에게서 떠나 계시고 하늘보다 높이

되신 이라

27 그는 저 대제사장들이 먼저 자기 죄를

위하고 다음에 백성의 죄를 위하여 날

마다 제사 드리는 것과 같이 할 필요가

없으니 이는 그가 단번에 자기를 드려

이루셨음이라

28 율법은 약점을 가진 사람들을 제사장으

로 세웠거니와 율법 후에 하신 맹세의

말씀은 영원히 온전하게 되신 아들을

세우셨느니라

새 언약의 대제사장

8 지금 우리가 하는 말의 요점은 이러한

대제사장이 우리에게 있다는 것이라 그

는 하늘에서 지극히 크신 이의 보좌 우

편에 앉으셨으니

2 성소와 참 장막에서 섬기는 이시라 이

장막은 주께서 세우신 것이요 사람이

세운 것이 아니니라

3 대제사장마다 예물과 제사 드림을 위하

여 세운 자니 그러므로 그도 무엇인가

드릴 것이 있어야 할지니라

4 예수께서 만일 땅에 계셨더라면 제사장

이 되지 아니하셨을 것이니 이는 율법을

따라 예물을 드리는 제사장이 있음이라

5 그들이 섬기는 것은 하늘에 있는 것의

모형과 그림자라 모세가 장막을 지으려

할 때에 지시하심을 얻음과 같으니 이

르시되 삼가 모든 것을 산에서 네게 보

이던 본을 따라 지으라 하셨느니라

6 그러나 이제 그는 더 아름다운 직분을

얻으셨으니 그는 더 좋은 약속으로 세

우신 더 좋은 언약의 중보자시라

7 저 첫 언약이 무흠하였더라면 둘째 것

을 요구할 일이 없었으려니와

8 그들의 잘못을 지적하여 말씀하시되 주

께서 이르시되 볼지어다 날이 이르리니

내가 이스라엘 집과 유다 집과 더불어

새 언약을 맺으리라

9 또 주께서 이르시기를 이 언약은 내가

그들의 열조의 손을 잡고 애굽 땅에서

인도하여 내던 날에 그들과 맺은 언약과 같지 아니하도다 그들은 내 언약 안에 머물러 있지 아니하므로 내가 그들을 돌보지 아니하였노라

10 또 주께서 이르시되 그 날 후에 내가 이스라엘 집과 맺을 언약은 이것이니 내 법을 그들의 생각에 두고 그들의 마음에 이것을 기록하리라 나는 그들에게 하나님이 되고 그들은 내게 백성이 되리라

11 또 각각 자기 나라 사람과 각각 자기 형제를 가르쳐 이르기를 주를 알라 하지 아니할 것은 그들이 작은 자로부터 큰 자까지 다 나를 앎이라

12 내가 그들의 불의를 긍휼히 여기고 그들의 죄를 다시 기억하지 아니하리라 하셨느니라

13 새 언약이라 말씀하셨으매 첫 것은 낡아지게 하신 것이니 낡아지고 쇠하는 것은 없어져 가는 것이니라

손으로 지은 성소와 온전한 성소

9 첫 언약에도 섬기는 예법과 세상에 속한 성소가 있더라

2 예비한 첫 장막이 있고 그 안에 등잔대와 상과 진설병이 있으니 이는 성소라 일컫고

3 또 둘째 휘장 뒤에 있는 장막을 지성소라 일컫나니

4 금 향로와 사면을 금으로 싼 언약궤가 있고 그 안에 만나를 담은 금 항아리와 아론의 싹난 지팡이와 언약의 돌판들이 있고

5 그 위에 속죄소를 덮는 영광의 그룹들이 있으니 이것들에 관하여는 이제 낱낱이 말할 수 없노라

6 이 모든 것을 이같이 예비하였으니 제

사장들이 항상 첫 장막에 들어가 섬기는 예식을 행하고

7 오직 둘째 장막은 대제사장이 홀로 일 년에 한 번 들어가되 자기와 백성의 허물을 위하여 드리는 피 없이는 아니하나니

8 성령이 이로써 보이신 것은 첫 장막이 서 있을 동안에는 성소에 들어가는 길이 아직 나타나지 아니한 것이라

9 이 장막은 현재까지의 비유니 이에 따라 드리는 예물과 제사는 섬기는 자를 그 양심상 온전하게 할 수 없나니

10 이런 것은 먹고 마시는 것과 여러 가지 씻는 것과 함께 육체의 예법일 뿐이며 개혁할 때까지 맡겨 둔 것이니라

11 그리스도께서는 장래 좋은 일의 대제사 장으로 오사 손으로 짓지 아니한 것 곧 이 창조에 속하지 아니한 더 크고 온전한 장막으로 말미암아

12 염소와 송아지의 피로 하지 아니하고 오직 자기의 피로 영원한 속죄를 이루사 단번에 성소에 들어가셨느니라

13 염소와 황소의 피와 및 암송아지의 재를 부정한 자에게 뿌려 그 육체를 정결하게 하여 거룩하게 하거든

14 하물며 영원하신 성령으로 말미암아 흠 없는 자기를 하나님께 드린 그리스도의 피가 어찌 너희 양심을 죽은 행실에서 깨끗하게 하고 살아 계신 하나님을 섬기게 하지 못하겠느냐

15 이로 말미암아 그는 새 언약의 중보자시니 이는 첫 언약 때에 범한 죄에서 속량하려고 죽으사 부르심을 입은 자로 하여금 영원한 기업의 약속을 얻게 하려 하심이라

16 유언은 유언한 자가 죽어야 되나니

17 유언은 그 사람이 죽은 후에야 유효한 즉 유언한 자가 살아 있는 동안에는 효력이 없느니라

18 이러므로 첫 언약도 피 없이 세운 것이 아니니

19 모세가 율법대로 모든 계명을 온 백성에게 말한 후에 송아지와 염소의 피 및 물과 붉은 양털과 우슬초를 취하여 그 두루마리와 온 백성에게 뿌리며

20 이르되 이는 하나님이 너희에게 명하신 언약의 피라 하고

21 또한 이와 같이 피를 장막과 섬기는 일에 쓰는 모든 그릇에 뿌렸느니라

22 율법을 따라 거의 모든 물건이 피로써 정결하게 되나니 피흘림이 없은즉 사함이 없느니라

그리스도의 희생으로 이루어진 속죄

23 그러므로 하늘에 있는 것들의 모형은 이런 것들로써 정결하게 할 필요가 있었으나 하늘에 있는 그것들은 이런 것들보다 더 좋은 제물로 할지니라

24 그리스도께서는 참 것의 그림자인 손으로 만든 성소에 들어가지 아니하시고 바로 그 하늘에 들어가사 이제 우리를 위하여 하나님 앞에 나타나시고

25 대제사장이 해마다 다른 것의 피로써 성소에 들어가는 것 같이 자주 자기를 드리려고 아니하실지니

26 그리하면 그가 세상을 창조한 때부터 자주 고난을 받았어야 할 것이로되 이제 자기를 단번에 제물로 드려 죄를 없이 하시려고 세상 끝에 나타나셨느니라

27 한 번 죽는 것은 사람에게 정해진 것이요 그 후에는 심판이 있으리니

28 이와 같이 그리스도도 많은 사람의 죄를 담당하시려고 단번에 드리신 바 되

셨고 구원에 이르게 하기 위하여 죄와 상관 없이 자기를 바라는 자들에게 두 번째 나타나시리라

10 율법은 장차 올 좋은 일의 그림자일 뿐이요 참 형상이 아니므로 해마다 늘 드리는 같은 제사로는 나아오는 자들을 언제나 온전하게 할 수 없느니라

2 그렇지 아니하면 섬기는 자들이 단번에 정결하게 되어 다시 죄를 깨닫는 일이 없으리니 어찌 제사 드리는 일을 그치지 아니하였으리요

3 그러나 이 제사들에는 해마다 죄를 기억하게 하는 것이 있나니

4 이는 황소와 염소의 피가 능히 죄를 없이 하지 못함이라

5 그러므로 주께서 세상에 임하실 때에 이르시되 하나님이 제사와 예물을 원하지 아니하시고 오직 나를 위하여 한 몸을 예비하셨도다

6 번제와 속죄제는 기뻐하지 아니하시나니

7 이에 내가 말하기를 하나님이여 보시옵소서 두루마리 책에 나를 가리켜 기록된 것과 같이 하나님의 뜻을 행하러 왔나이다 하셨느니라

8 위에 말씀하시기를 주께서는 제사와 예물과 번제와 속죄제는 원하지도 아니하고 기뻐하지도 아니하신다 하셨고 (이는 다 율법을 따라 드리는 것이라)

9 그 후에 말씀하시기를 보시옵소서 내가 하나님의 뜻을 행하러 왔나이다 하셨으니 그 첫째 것을 폐하심은 둘째 것을 세우려 하심이라

10 이 뜻을 따라 예수 그리스도의 몸을 단번에 드리심으로 말미암아 우리가 거룩함을 얻었노라

11 제사장마다 매일 서서 섬기며 자주 같

은 제사를 드리되 이 제사는 언제나 죄

를 없게 하지 못하거니와

12 오직 그리스도는 죄를 위하여 한 영원

한 제사를 드리시고 하나님 우편에 앉

으사

13 그 후에 자기 원수들을 자기 발등상이

되게 하실 때까지 기다리시나니

14 그가 거룩하게 된 자들을 한 번의 제사

로 영원히 온전하게 하셨느니라

15 또한 성령이 우리에게 증언하시되

16 주께서 이르시되 그 날 후로는 그들과

맺을 언약이 이것이라 하시고 내 법을

그들의 마음에 두고 그들의 생각에 기

록하리라 하신 후에

17 또 그들의 죄와 그들의 불법을 내가 다

시 기억하지 아니하리라 하셨으니

18 이것들을 사하셨은즉 다시 죄를 위하여

제사 드릴 것이 없느니라

소망을 굳게 잡으라

19 그러므로 형제들아 우리가 예수의 피를

힘입어 성소에 들어갈 담력을 얻었나니

20 그 길은 우리를 위하여 휘장 가운데로

열어 놓으신 새로운 살 길이요 휘장은

곧 그의 육체니라

21 또 하나님의 집 다스리는 큰 제사장이

계시매

22 우리가 마음에 뿌림을 받아 악한 양심

으로부터 벗어나고 몸은 맑은 물로 씻

음을 받았으니 참 마음과 온전한 믿음

으로 하나님께 나아가자

23 또 약속하신 이는 미쁘시니 우리가 믿

는 도리의 소망을 움직이지 말며 굳게

잡고

24 서로 돌아보아 사랑과 선행을 격려하며

25 모이기를 폐하는 어떤 사람들의 습관과

같이 하지 말고 오직 권하여 그 날이

가까움을 볼수록 더욱 그리하자

26 우리가 진리를 아는 지식을 받은 후 짐

짓 죄를 범한즉 다시 속죄하는 제사가

없고

27 오직 무서운 마음으로 심판을 기다리는

것과 대적하는 자를 태울 맹렬한 불만

있으리라

28 모세의 법을 폐한 자도 두세 증인으로

말미암아 불쌍히 여김을 받지 못하고

죽었거든

29 하물며 하나님의 아들을 짓밟고 자기를

거룩하게 한 언약의 피를 부정한 것으

로 여기고 은혜의 성령을 욕되게 하는

자가 당연히 받을 형벌은 얼마나 더 무

겁겠느냐 너희는 생각하라

30 원수 갚는 것이 내게 있으니 내가 갚으

리라 하시고 또 다시 주께서 그의 백성

을 심판하리라 말씀하신 것을 우리가

아노니

31 살아 계신 하나님의 손에 빠져 들어가

는 것이 무서울진저

32 전날에 너희가 빛을 받은 후에 고난의

큰 싸움을 견디어 낸 것을 생각하라

33 혹은 비방과 환난으로써 사람에게 구경

거리가 되고 혹은 이런 형편에 있는 자

들과 사귀는 자가 되었으니

34 너희가 갇힌 자를 동정하고 너희 소유

를 빼앗기는 것도 기쁘게 당한 것은 더

낫고 영구한 소유가 있는 줄 앎이라

35 그러므로 너희 담대함을 버리지 말라

이것이 큰 상을 얻게 하느니라

36 너희에게 인내가 필요함은 너희가 하나

님의 뜻을 행한 후에 약속하신 것을 받

기 위함이라

37 잠시 잠깐 후면 오실 이가 오시리니 지

체하지 아니하시리라

38 나의 의인은 믿음으로 말미암아 살리라

또한 뒤로 물러가면 내 마음이 그를 기

뻐하지 아니하리라 하셨느니라

39 우리는 뒤로 물러가 멸망할 자가 아니

요 오직 영혼을 구원함에 이르는 믿음

을 가진 자니라

믿음

11 믿음은 바라는 것들의 실상이요 보이지

않는 것들의 증거니

2 선진들이 이로써 증거를 얻었느니라

3 믿음으로 모든 세계가 하나님의 말씀으

로 지어진 줄을 우리가 아나니 보이는

것은 나타난 것으로 말미암아 된 것이

아니니라

4 믿음으로 아벨은 가인보다 더 나은 제

사를 하나님께 드림으로 의로운 자라

하시는 증거를 얻었으니 하나님이 그

예물에 대하여 증언하심이라 그가 죽었

으나 그 믿음으로써 지금도 말하느니라

5 믿음으로 에녹은 죽음을 보지 않고 옮

겨졌으니 하나님이 그를 옮기심으로 다

시 보이지 아니하였느니라 그는 옮겨지

기 전에 하나님을 기쁘시게 하는 자라

하는 증거를 받았느니라

6 믿음이 없이는 하나님을 기쁘시게 하지

못하나니 하나님께 나아가는 자는 반

드시 그가 계신 것과 또한 그가 자기를

찾는 자들에게 상 주시는 이심을 믿어

야 할지니라

7 믿음으로 노아는 아직 보이지 않는 일

에 경고하심을 받아 경외함으로 방주를

준비하여 그 집을 구원하였으니 이로

말미암아 세상을 정죄하고 믿음을 따르

는 의의 상속자가 되었느니라

8 믿음으로 아브라함은 부르심을 받았을

때에 순종하여 장래의 유업으로 받을 땅에 나아갈새 갈 바를 알지 못하고 나아갔으며

9 믿음으로 그가 이방의 땅에 있는 것 같이 약속의 땅에 거류하여 동일한 약속을 유업으로 함께 받은 이삭 및 야곱과 더불어 장막에 거하였으니

10 이는 그가 하나님이 계획하시고 지으실 터가 있는 성을 바랐음이라

11 믿음으로 사라 자신도 나이가 많아 단산하였으나 잉태할 수 있는 힘을 얻었으니 이는 약속하신 이를 미쁘신 줄 알았음이라

12 이러므로 죽은 자와 같은 한 사람으로 말미암아 하늘의 허다한 별과 또 해변의 무수한 모래와 같이 많은 후손이 생육하였느니라

13 이 사람들은 다 믿음을 따라 죽었으며

약속을 받지 못하였으되 그것들을 멀리서 보고 환영하며 또 땅에서는 외국인과 나그네임을 증언하였으니

14 그들이 이같이 말하는 것은 자기들이 본향 찾는 자임을 나타냄이라

15 그들이 나온 바 본향을 생각하였더라면 돌아갈 기회가 있었으려니와

16 그들이 이제는 더 나은 본향을 사모하니 곧 하늘에 있는 것이라 이러므로 하나님이 그들의 하나님이라 일컬음 받으심을 부끄러워하지 아니하시고 그들을 위하여 한 성을 예비하셨느니라

17 아브라함은 시험을 받을 때에 믿음으로 이삭을 드렸으니 그는 약속들을 받은 자로되 그 외아들을 드렸느니라

18 그에게 이미 말씀하시기를 네 자손이라 칭할 자는 이삭으로 말미암으리라 하셨으니

19 그가 하나님이 능히 이삭을 죽은 자 가

운데서 다시 살리실 줄로 생각한지라

비유컨대 그를 죽은 자 가운데서 도로

받은 것이니라

20 믿음으로 이삭은 장차 있을 일에 대하

여 야곱과 에서에게 축복하였으며

21 믿음으로 야곱은 죽을 때에 요셉의 각

아들에게 축복하고 그 지팡이 머리에

의지하여 경배하였으며

22 믿음으로 요셉은 임종시에 이스라엘 자

손들이 떠날 것을 말하고 또 자기 뼈를

위하여 명하였으며

23 믿음으로 모세가 났을 때에 그 부모가

아름다운 아이임을 보고 석 달 동안 숨

겨 왕의 명령을 무서워하지 아니하였

으며

24 믿음으로 모세는 장성하여 바로의 공주

의 아들이라 칭함 받기를 거절하고

25 도리어 하나님의 백성과 함께 고난 받

기를 잠시 죄악의 낙을 누리는 것보다

더 좋아하고

26 그리스도를 위하여 받는 수모를 애굽의

모든 보화보다 더 큰 재물로 여겼으니

이는 상 주심을 바라봄이라

27 믿음으로 애굽을 떠나 왕의 노함을 무

서워하지 아니하고 곧 보이지 아니하는

자를 보는 것 같이 하여 참았으며

28 믿음으로 유월절과 피 뿌리는 예식을

정하였으니 이는 장자를 멸하는 자로

그들을 건드리지 않게 하려 한 것이며

29 믿음으로 그들은 홍해를 육지 같이 건

넜으나 애굽 사람들은 이것을 시험하다

가 빠져 죽었으며

30 믿음으로 칠 일 동안 여리고를 도니 성

이 무너졌으며

31 믿음으로 기생 라합은 정탐꾼을 평안히

영접하였으므로 순종하지 아니한 자와

함께 멸망하지 아니하였도다

32 내가 무슨 말을 더 하리요 기드온, 바

락, 삼손, 입다, 다윗 및 사무엘과 선지

자들의 일을 말하려면 내게 시간이 부

족하리로다

33 그들은 믿음으로 나라들을 이기기도 하

며 의를 행하기도 하며 약속을 받기도

하며 사자들의 입을 막기도 하며

34 불의 세력을 멸하기도 하며 칼날을 피

하기도 하며 연약한 가운데서 강하게

되기도 하며 전쟁에 용감하게 되어 이

방 사람들의 진을 물리치기도 하며

35 여자들은 자기의 죽은 자들을 부활로

받아들이기도 하며 또 어떤 이들은 더

좋은 부활을 얻고자 하여 심한 고문을

받되 구차히 풀려나기를 원하지 아니하

였으며

36 또 어떤 이들은 조롱과 채찍질뿐 아니

라 결박과 옥에 갇히는 시련도 받았으며

37 돌로 치는 것과 톱으로 켜는 것과 시험

과 칼로 죽임을 당하고 양과 염소의 가

죽을 입고 유리하여 궁핍과 환난과 학

대를 받았으니

38 (이런 사람은 세상이 감당하지 못하느

니라) 그들이 광야와 산과 동굴과 토굴

에 유리하였느니라

39 이 사람들은 다 믿음으로 말미암아 증

거를 받았으나 약속된 것을 받지 못하

였으니

40 이는 하나님이 우리를 위하여 더 좋은

것을 예비하셨은즉 우리가 아니면 그들

로 온전함을 이루지 못하게 하려 하심

이라

주께서 주시는 징계

12 이러므로 우리에게 구름 같이 둘러싼

321

허다한 증인들이 있으니 모든 무거운

것과 얽매이기 쉬운 죄를 벗어 버리고

인내로써 우리 앞에 당한 경주를 하며

2 믿음의 주요 또 온전하게 하시는 이인

예수를 바라보자 그는 그 앞에 있는 기

쁨을 위하여 십자가를 참으사 부끄러움

을 개의치 아니하시더니 하나님 보좌

우편에 앉으셨느니라

3 너희가 피곤하여 낙심하지 않기 위하여

죄인들이 이같이 자기에게 거역한 일을

참으신 이를 생각하라

4 너희가 죄와 싸우되 아직 피흘리기까지

는 대항하지 아니하고

5 또 아들들에게 권하는 것 같이 너희에

게 권면하신 말씀도 잊었도다 일렀으되

내 아들아 주의 징계하심을 경히 여기

지 말며 그에게 꾸지람을 받을 때에 낙

심하지 말라

6 주께서 그 사랑하시는 자를 징계하시고

그가 받아들이시는 아들마다 채찍질하

심이라 하였으니

7 너희가 참음은 징계를 받기 위함이라

하나님이 아들과 같이 너희를 대우하시

나니 어찌 아버지가 징계하지 않는 아

들이 있으리요

8 징계는 다 받는 것이거늘 너희에게 없

으면 사생자요 친아들이 아니니라

9 또 우리 육신의 아버지가 우리를 징계

하여도 공경하였거든 하물며 모든 영의

아버지께 더욱 복종하며 살려 하지 않

겠느냐

10 그들은 잠시 자기의 뜻대로 우리를 징

계하였거니와 오직 하나님은 우리의 유

익을 위하여 그의 거룩하심에 참여하게

하시느니라

11 무릇 징계가 당시에는 즐거워 보이지

않고 슬퍼 보이나 후에 그로 말미암아

연단 받은 자들은 의와 평강의 열매를

맺느니라

12 그러므로 피곤한 손과 연약한 무릎을

일으켜 세우고

13 너희 발을 위하여 곧은 길을 만들어 저

는 다리로 하여금 어그러지지 않고 고

침을 받게 하라

하나님의 은혜를 거역한 자들에게 주는 경고

14 모든 사람과 더불어 화평함과 거룩함을

따르라 이것이 없이는 아무도 주를 보

지 못하리라

15 너희는 하나님의 은혜에 이르지 못하

는 자가 없도록 하고 또 쓴 뿌리가 나

서 괴롭게 하여 많은 사람이 이로 말미

암아 더럽게 되지 않게 하며

16 음행하는 자와 혹 한 그릇 음식을 위하

여 장자의 명분을 판 에서와 같이 망령

된 자가 없도록 살피라

17 너희가 아는 바와 같이 그가 그 후에

축복을 이어받으려고 눈물을 흘리며 구

하되 버린 바가 되어 회개할 기회를 얻

지 못하였느니라

18 너희는 만질 수 있고 불이 붙는 산과

침침함과 흑암과 폭풍과

19 나팔 소리와 말하는 소리가 있는 곳에

이른 것이 아니라 그 소리를 듣는 자들

은 더 말씀하지 아니하시기를 구하였

으니

20 이는 짐승이라도 그 산에 들어가면 돌

로 침을 당하리라 하신 명령을 그들이

견디지 못함이라

21 그 보이는 바가 이렇듯 무섭기로 모세

도 이르되 내가 심히 두렵고 떨린다 하

였느니라

22 그러나 너희가 이른 곳은 시온 산과 살

아 계신 하나님의 도성인 하늘의 예루

살렘과 천만 천사와

23 하늘에 기록된 장자들의 모임과 교회와

만민의 심판자이신 하나님과 및 온전하

게 된 의인의 영들과

24 새 언약의 중보자이신 예수와 및 아벨

의 피보다 더 나은 것을 말하는 뿌린

피니라

25 너희는 삼가 말씀하신 이를 거역하지

말라 땅에서 경고하신 이를 거역한 그

들이 피하지 못하였거든 하물며 하늘로

부터 경고하신 이를 배반하는 우리일까

보냐

26 그 때에는 그 소리가 땅을 진동하였거

니와 이제는 약속하여 이르시되 내가

또 한 번 땅만 아니라 하늘도 진동하리

라 하셨느니라

27 이 또 한 번이라 하심은 진동하지 아니

하는 것을 영존하게 하기 위하여 진동

할 것들 곧 만드신 것들이 변동될 것을

나타내심이라

28 그러므로 우리가 흔들리지 않는 나라를

받았은즉 은혜를 받자 이로 말미암아

경건함과 두려움으로 하나님을 기쁘시

게 섬길지니

29 우리 하나님은 소멸하는 불이심이라

하나님이 기뻐하시는 제사

13 형제 사랑하기를 계속하고

2 손님 대접하기를 잊지 말라 이로써 부

지중에 천사들을 대접한 이들이 있었느

니라

3 너희도 함께 갇힌 것 같이 갇힌 자를

생각하고 너희도 몸을 가졌은즉 학대

받는 자를 생각하라

4 모든 사람은 결혼을 귀히 여기고 침소

를 더럽히지 않게 하라 음행하는 자들

과 간음하는 자들을 하나님이 심판하시

리라

5 돈을 사랑하지 말고 있는 바를 족한 줄

로 알라 그가 친히 말씀하시기를 내가

결코 너희를 버리지 아니하고 너희를

떠나지 아니하리라 하셨느니라

6 그러므로 우리가 담대히 말하되 주는

나를 돕는 이시니 내가 무서워하지 아

니하겠노라 사람이 내게 어찌하리요 하

노라

7 하나님의 말씀을 너희에게 일러 주고

너희를 인도하던 자들을 생각하며 그들

의 행실의 결말을 주의하여 보고 그들

의 믿음을 본받으라

8 예수 그리스도는 어제나 오늘이나 영원

토록 동일하시니라

9 여러 가지 다른 교훈에 끌리지 말라 마

음은 은혜로써 굳게 함이 아름답고 음

식으로써 할 것이 아니니 음식으로 말

미암아 행한 자는 유익을 얻지 못하였

느니라

10 우리에게 제단이 있는데 장막에서 섬기

는 자들은 그 제단에서 먹을 권한이 없

나니

11 이는 죄를 위한 짐승의 피는 대제사장

이 가지고 성소에 들어가고 그 육체는

영문 밖에서 불사름이라

12 그러므로 예수도 자기 피로써 백성을

거룩하게 하려고 성문 밖에서 고난을

받으셨느니라

13 그런즉 우리도 그의 치욕을 짊어지고

영문 밖으로 그에게 나아가자

14 우리가 여기에는 영구한 도성이 없으므

로 장차 올 것을 찾나니

15 그러므로 우리는 예수로 말미암아 항상

찬송의 제사를 하나님께 드리자 이는

그 이름을 증언하는 입술의 열매니라

16 오직 선을 행함과 서로 나누어 주기를

잊지 말라 하나님은 이같은 제사를 기

뻐하시느니라

17 너희를 인도하는 자들에게 순종하고 복

종하라 그들은 너희 영혼을 위하여 경

성하기를 자신들이 청산할 자인 것 같

이 하느니라 그들로 하여금 즐거움으로

이것을 하게 하고 근심으로 하게 하지

말라 그렇지 않으면 너희에게 유익이

없느니라

18 우리를 위하여 기도하라 우리가 모든

일에 선하게 행하려 하므로 우리에게

선한 양심이 있는 줄을 확신하노니

19 내가 더 속히 너희에게 돌아가기 위하

여 너희가 기도하기를 더욱 원하노라

축복과 끝 인사

20 양들의 큰 목자이신 우리 주 예수를 영

원한 언약의 피로 죽은 자 가운데서 이

끌어 내신 평강의 하나님이

21 모든 선한 일에 너희를 온전하게 하사

자기 뜻을 행하게 하시고 그 앞에 즐거

운 것을 예수 그리스도로 말미암아 우리

가운데서 이루시기를 원하노라 영광이

그에게 세세무궁토록 있을지어다 아멘

22 형제들아 내가 너희를 권하노니 권면의

말을 용납하라 내가 간단히 너희에게

썼느니라

23 우리 형제 디모데가 놓인 것을 너희가

알라 그가 속히 오면 내가 그와 함께

가서 너희를 보리라

24 너희를 인도하는 자들과 및 모든 성도

들에게 문안하라 이달리야에서 온 자들

도 너희에게 문안하느니라

25 은혜가 너희 모든 사람에게 있을지어다

야
고
보
서

인사

1 하나님과 주 예수 그리스도의 종 야고 보는 흩어져 있는 열두 지파에게 문안 하노라

믿음과 지혜

2 내 형제들아 너희가 여러 가지 시험을 당하거든 온전히 기쁘게 여기라

3 이는 너희 믿음의 시련이 인내를 만들 어 내는 줄 너희가 앎이라

4 인내를 온전히 이루라 이는 너희로 온 전하고 구비하여 조금도 부족함이 없게 하려 함이라

5 너희 중에 누구든지 지혜가 부족하거든 모든 사람에게 후히 주시고 꾸짖지 아 니하시는 하나님께 구하라 그리하면 주 시리라

6 오직 믿음으로 구하고 조금도 의심하지 말라 의심하는 자는 마치 바람에 밀려 요동하는 바다 물결 같으니

7 이런 사람은 무엇이든지 주께 얻기를 생각하지 말라

8 두 마음을 품어 모든 일에 정함이 없는 자로다

낮은 형제, 부한 자

9 낮은 형제는 자기의 높음을 자랑하고

10 부한 자는 자기의 낮아짐을 자랑할지니 이는 그가 풀의 꽃과 같이 지나감이라

11 해가 돋고 뜨거운 바람이 불어 풀을 말 리면 꽃이 떨어져 그 모양의 아름다움 이 없어지나니 부한 자도 그 행하는 일 에 이와 같이 쇠잔하리라

시험에 견디어 낸 자

12 시험을 참는 자는 복이 있나니 이는 시 련을 견디어 낸 자가 주께서 자기를 사 랑하는 자들에게 약속하신 생명의 면류 관을 얻을 것이기 때문이라

13 사람이 시험을 받을 때에 내가 하나님께 시험을 받는다 하지 말지니 하나님은 악에게 시험을 받지도 아니하시고 친히 아무도 시험하지 아니하시느니라

14 오직 각 사람이 시험을 받는 것은 자기 욕심에 끌려 미혹됨이니

15 욕심이 잉태한즉 죄를 낳고 죄가 장성한즉 사망을 낳느니라

16 내 사랑하는 형제들아 속지 말라

17 온갖 좋은 은사와 온전한 선물이 다 위로부터 빛들의 아버지께로부터 내려오나니 그는 변함도 없으시고 회전하는 그림자도 없으시니라

18 그가 그 피조물 중에 우리로 한 첫 열매가 되게 하시려고 자기의 뜻을 따라 진리의 말씀으로 우리를 낳으셨느니라

말씀을 들음과 행함

19 내 사랑하는 형제들아 너희가 알지니 사람마다 듣기는 속히 하고 말하기는 더디 하며 성내기도 더디 하라

20 사람이 성내는 것이 하나님의 의를 이루지 못함이라

21 그러므로 모든 더러운 것과 넘치는 악을 내버리고 너희 영혼을 능히 구원할 바 마음에 심어진 말씀을 온유함으로 받으라

22 너희는 말씀을 행하는 자가 되고 듣기만 하여 자신을 속이는 자가 되지 말라

23 누구든지 말씀을 듣고 행하지 아니하면 그는 거울로 자기의 생긴 얼굴을 보는 사람과 같아서

24 제 자신을 보고 가서 그 모습이 어떠했는지를 곧 잊어버리거니와

25 자유롭게 하는 온전한 율법을 들여다보고 있는 자는 듣고 잊어버리는 자가 아니요 실천하는 자니 이 사람은 그 행하

는 일에 복을 받으리라

26 누구든지 스스로 경건하다 생각하며 자
기 혀를 재갈 물리지 아니하고 자기 마
음을 속이면 이 사람의 경건은 헛것이라

27 하나님 아버지 앞에서 정결하고 더러
움이 없는 경건은 곧 고아와 과부를 그
환난중에 돌보고 또 자기를 지켜 세속
에 물들지 아니하는 그것이니라

차별하여 대하지 말라

2 내 형제들아 영광의 주 곧 우리 주 예
수 그리스도에 대한 믿음을 너희가 가
졌으니 사람을 차별하여 대하지 말라

2 만일 너희 회당에 금 가락지를 끼고 아
름다운 옷을 입은 사람이 들어오고 또
남루한 옷을 입은 가난한 사람이 들어
올 때에

3 너희가 아름다운 옷을 입은 자를 눈여
겨 보고 말하되 여기 좋은 자리에 앉으

소서 하고 또 가난한 자에게 말하되 너
는 거기 서 있든지 내 발등상 아래에
앉으라 하면

4 너희끼리 서로 차별하며 악한 생각으로
판단하는 자가 되는 것이 아니냐

5 내 사랑하는 형제들아 들을지어다 하나
님이 세상에서 가난한 자를 택하사 믿
음에 부요하게 하시고 또 자기를 사랑
하는 자들에게 약속하신 나라를 상속으
로 받게 하지 아니하셨느냐

6 너희는 도리어 가난한 자를 업신여겼도
다 부자는 너희를 억압하며 법정으로
끌고 가지 아니하느냐

7 그들은 너희에게 대하여 일컫는 바 그
아름다운 이름을 비방하지 아니하느냐

8 너희가 만일 성경에 기록된 대로 네 이
웃 사랑하기를 네 몸과 같이 하라 하신
최고의 법을 지키면 잘하는 것이거니와

9 만일 너희가 사람을 차별하여 대하면 죄를 짓는 것이니 율법이 너희를 범법자로 정죄하리라

10 누구든지 온 율법을 지키다가 그 하나를 범하면 모두 범한 자가 되나니

11 간음하지 말라 하신 이가 또한 살인하지 말라 하셨은즉 네가 비록 간음하지 아니하여도 살인하면 율법을 범한 자가 되느니라

12 너희는 자유의 율법대로 심판 받을 자처럼 말도 하고 행하기도 하라

13 긍휼을 행하지 아니하는 자에게는 긍휼 없는 심판이 있으리라 긍휼은 심판을 이기고 자랑하느니라

행함이 없는 믿음은 죽은 것

14 내 형제들아 만일 사람이 믿음이 있노라 하고 행함이 없으면 무슨 유익이 있으리요 그 믿음이 능히 자기를 구원하겠느냐

15 만일 형제나 자매가 헐벗고 일용할 양식이 없는데

16 너희 중에 누구든지 그에게 이르되 평안히 가라, 덥게 하라, 배부르게 하라 하며 그 몸에 쓸 것을 주지 아니하면 무슨 유익이 있으리요

17 이와 같이 행함이 없는 믿음은 그 자체가 죽은 것이라

18 어떤 사람은 말하기를 너는 믿음이 있고 나는 행함이 있으니 행함이 없는 네 믿음을 내게 보이라 나는 행함으로 내 믿음을 네게 보이리라 하리라

19 네가 하나님은 한 분이신 줄을 믿느냐 잘하는도다 귀신들도 믿고 떠느니라

20 아아 허탄한 사람아 행함이 없는 믿음이 헛것인 줄을 알고자 하느냐

21 우리 조상 아브라함이 그 아들 이삭을

제단에 바칠 때에 행함으로 의롭다 하

심을 받은 것이 아니냐

22 네가 보거니와 믿음이 그의 행함과 함

께 일하고 행함으로 믿음이 온전하게

되었느니라

23 이에 성경에 이른 바 아브라함이 하나

님을 믿으니 이것을 의로 여기셨다는

말씀이 이루어졌고 그는 하나님의 벗이

라 칭함을 받았나니

24 이로 보건대 사람이 행함으로 의롭다

하심을 받고 믿음으로만은 아니니라

25 또 이와 같이 기생 라합이 사자들을 접

대하여 다른 길로 나가게 할 때에 행함

으로 의롭다 하심을 받은 것이 아니냐

26 영혼 없는 몸이 죽은 것 같이 행함이

없는 믿음은 죽은 것이니라

말에 실수가 없도록 하라

3 내 형제들아 너희는 선생된 우리가 더

큰 심판을 받을 줄 알고 선생이 많이

되지 말라

2 우리가 다 실수가 많으니 만일 말에 실

수가 없는 자라면 곧 온전한 사람이라

능히 온 몸도 굴레 씌우리라

3 우리가 말들의 입에 재갈 물리는 것은

우리에게 순종하게 하려고 그 온 몸을

제어하는 것이라

4 또 배를 보라 그렇게 크고 광풍에 밀려

가는 것들을 지극히 작은 키로써 사공

의 뜻대로 운행하나니

5 이와 같이 혀도 작은 지체로되 큰 것을

자랑하도다 보라 얼마나 작은 불이 얼

마나 많은 나무를 태우는가

6 혀는 곧 불이요 불의의 세계라 혀는 우

리 지체 중에서 온 몸을 더럽히고 삶의

수레바퀴를 불사르나니 그 사르는 것이

지옥 불에서 나느니라

7 여러 종류의 짐승과 새와 벌레와 바다

의 생물은 다 사람이 길들일 수 있고

길들여 왔거니와

8 혀는 능히 길들일 사람이 없나니 쉬지

아니하는 악이요 죽이는 독이 가득한

것이라

9 이것으로 우리가 주 아버지를 찬송하고

또 이것으로 하나님의 형상대로 지음을

받은 사람을 저주하나니

10 한 입에서 찬송과 저주가 나오는도다

내 형제들아 이것이 마땅하지 아니하

니라

11 샘이 한 구멍으로 어찌 단 물과 쓴 물

을 내겠느냐

12 내 형제들아 어찌 무화과나무가 감람

열매를, 포도나무가 무화과를 맺겠느냐

이와 같이 짠 물이 단 물을 내지 못하

느니라

위로부터 난 지혜

13 너희 중에 지혜와 총명이 있는 자가 누

구냐 그는 선행으로 말미암아 지혜의

온유함으로 그 행함을 보일지니라

14 그러나 너희 마음 속에 독한 시기와 다

툼이 있으면 자랑하지 말라 진리를 거

슬러 거짓말하지 말라

15 이러한 지혜는 위로부터 내려온 것이

아니요 땅 위의 것이요 정욕의 것이요

귀신의 것이니

16 시기와 다툼이 있는 곳에는 혼란과 모

든 악한 일이 있음이라

17 오직 위로부터 난 지혜는 첫째 성결하

고 다음에 화평하고 관용하고 양순하며

긍휼과 선한 열매가 가득하고 편견과

거짓이 없나니

18 화평하게 하는 자들은 화평으로 심어

의의 열매를 거두느니라

세상과 벗하지 말라

4 너희 중에 싸움이 어디로부터 다툼이

어디로부터 나느냐 너희 지체 중에서

싸우는 정욕으로부터 나는 것이 아니냐

2 너희는 욕심을 내어도 얻지 못하여 살

인하며 시기하여도 능히 취하지 못하므

로 다투고 싸우는도다 너희가 얻지 못

함은 구하지 아니하기 때문이요

3 구하여도 받지 못함은 정욕으로 쓰려고

잘못 구하기 때문이라

4 간음한 여인들아 세상과 벗된 것이 하

나님과 원수 됨을 알지 못하느냐 그런

즉 누구든지 세상과 벗이 되고자 하는

자는 스스로 하나님과 원수 되는 것이

니라

5 너희는 하나님이 우리 속에 거하게 하

신 성령이 시기하기까지 사모한다 하신

말씀을 헛된 줄로 생각하느냐

6 그러나 더욱 큰 은혜를 주시나니 그러

므로 일렀으되 하나님이 교만한 자를

물리치시고 겸손한 자에게 은혜를 주신

다 하였느니라

7 그런즉 너희는 하나님께 복종할지어다

마귀를 대적하라 그리하면 너희를 피하

리라

8 하나님을 가까이하라 그리하면 너희를

가까이하시리라 죄인들아 손을 깨끗이

하라 두 마음을 품은 자들아 마음을 성

결하게 하라

9 슬퍼하며 애통하며 울지어다 너희 웃음

을 애통으로, 너희 즐거움을 근심으로

바꿀지어다

10 주 앞에서 낮추라 그리하면 주께서 너

희를 높이시리라

서로 비방하지 말라

11 형제들아 서로 비방하지 말라 형제를

비방하는 자나 형제를 판단하는 자는

곧 율법을 비방하고 율법을 판단하는

것이라 네가 만일 율법을 판단하면 율

법의 준행자가 아니요 재판관이로다

12 입법자와 재판관은 오직 한 분이시니

능히 구원하기도 하시며 멸하기도 하시

느니라 너는 누구이기에 이웃을 판단하

느냐

허탄한 생각을 경고하다

13 들으라 너희 중에 말하기를 오늘이나

내일이나 우리가 어떤 도시에 가서 거

기서 일 년을 머물며 장사하여 이익을

보리라 하는 자들아

14 내일 일을 너희가 알지 못하는도다 너

희 생명이 무엇이냐 너희는 잠깐 보이

다가 없어지는 안개니라

15 너희가 도리어 말하기를 주의 뜻이면

우리가 살기도 하고 이것이나 저것을

하리라 할 것이거늘

16 이제도 너희가 허탄한 자랑을 하니 그

러한 자랑은 다 악한 것이라

17 그러므로 사람이 선을 행할 줄 알고도

행하지 아니하면 죄니라

부한 자에게 주는 경고

5 들으라 부한 자들아 너희에게 임할 고

생으로 말미암아 울고 통곡하라

2 너희 재물은 썩었고 너희 옷은 좀먹었

으며

3 너희 금과 은은 녹이 슬었으니 이 녹이

너희에게 증거가 되며 불 같이 너희 살

을 먹으리라 너희가 말세에 재물을 쌓

았도다

4 보라 너희 밭에서 추수한 품꾼에게 주

지 아니한 삯이 소리 지르며 그 추수한

자의 우는 소리가 만군의 주의 귀에 들

렸느니라

5 너희가 땅에서 사치하고 방종하여 살륙의 날에 너희 마음을 살찌게 하였도다

6 너희는 의인을 정죄하고 죽였으나 그는 너희에게 대항하지 아니하였느니라

인내와 기도

7 그러므로 형제들아 주께서 강림하시기까지 길이 참으라 보라 농부가 땅에서 나는 귀한 열매를 바라고 길이 참아 이른 비와 늦은 비를 기다리나니

8 너희도 길이 참고 마음을 굳건하게 하라 주의 강림이 가까우니라

9 형제들아 서로 원망하지 말라 그리하여야 심판을 면하리라 보라 심판주가 문 밖에 서 계시니라

10 형제들아 주의 이름으로 말한 선지자들을 고난과 오래 참음의 본으로 삼으라

11 보라 인내하는 자를 우리가 복되다 하나니 너희가 욥의 인내를 들었고 주께서 주신 결말을 보았거니와 주는 가장 자비하시고 긍휼히 여기시는 이시니라

12 내 형제들아 무엇보다도 맹세하지 말지니 하늘로나 땅으로나 아무 다른 것으로도 맹세하지 말고 오직 너희가 그렇다고 생각하는 것은 그렇다 하고 아니라고 생각하는 것은 아니라 하여 정죄 받음을 면하라

13 너희 중에 고난 당하는 자가 있느냐 그는 기도할 것이요 즐거워하는 자가 있느냐 그는 찬송할지니라

14 너희 중에 병든 자가 있느냐 그는 교회의 장로들을 청할 것이요 그들은 주의 이름으로 기름을 바르며 그를 위하여 기도할지니라

15 믿음의 기도는 병든 자를 구원하리니 주께서 그를 일으키시리라 혹시 죄를 범하였을지라도 사하심을 받으리라

16 그러므로 너희 죄를 서로 고백하며 병

이 낫기를 위하여 서로 기도하라 의인

의 간구는 역사하는 힘이 큼이니라

17 엘리야는 우리와 성정이 같은 사람이로

되 그가 비가 오지 않기를 간절히 기도

한즉 삼 년 육 개월 동안 땅에 비가 오

지 아니하고

18 다시 기도하니 하늘이 비를 주고 땅이

열매를 맺었느니라

19 내 형제들아 너희 중에 미혹되어 진리

를 떠난 자를 누가 돌아서게 하면

20 너희가 알 것은 죄인을 미혹된 길에서

돌아서게 하는 자가 그의 영혼을 사망

에서 구원할 것이며 허다한 죄를 덮을

것임이라

베드로전서

인사

1 예수 그리스도의 사도 베드로는 본도, 갈라디아, 갑바도기아, 아시아와 비두니아에 흩어진 나그네

2 곧 하나님 아버지의 미리 아심을 따라 성령이 거룩하게 하심으로 순종함과 예수 그리스도의 피 뿌림을 얻기 위하여 택하심을 받은 자들에게 편지하노니 은혜와 평강이 너희에게 더욱 많을지어다

산 소망

3 우리 주 예수 그리스도의 아버지 하나님을 찬송하리로다 그의 많으신 긍휼대로 예수 그리스도를 죽은 자 가운데서 부활하게 하심으로 말미암아 우리를 거듭나게 하사 산 소망이 있게 하시며

4 썩지 않고 더럽지 않고 쇠하지 아니하는 유업을 잇게 하시나니 곧 너희를 위하여 하늘에 간직하신 것이라

5 너희는 말세에 나타내기로 예비하신 구원을 얻기 위하여 믿음으로 말미암아 하나님의 능력으로 보호하심을 받았느니라

6 그러므로 너희가 이제 여러 가지 시험으로 말미암아 잠깐 근심하게 되지 않을 수 없으나 오히려 크게 기뻐하는도다

7 너희 믿음의 확실함은 불로 연단하여도 없어질 금보다 더 귀하여 예수 그리스도께서 나타나실 때에 칭찬과 영광과 존귀를 얻게 할 것이니라

8 예수를 너희가 보지 못하였으나 사랑하는도다 이제도 보지 못하나 믿고 말할 수 없는 영광스러운 즐거움으로 기뻐하니

9 믿음의 결국 곧 영혼의 구원을 받음이라

10 이 구원에 대하여는 너희에게 임할 은혜를 예언하던 선지자들이 연구하고 부

지런히 살펴서

11 자기 속에 계신 그리스도의 영이 그 받으실 고난과 후에 받으실 영광을 미리 증언하여 누구를 또는 어떠한 때를 지시하시는지 상고하니라

12 이 섬긴 바가 자기를 위한 것이 아니요 너희를 위한 것임이 계시로 알게 되었으니 이것은 하늘로부터 보내신 성령을 힘입어 복음을 전하는 자들로 이제 너희에게 알린 것이요 천사들도 살펴 보기를 원하는 것이니라

모든 행실에 거룩한 자가 되라

13 그러므로 너희 마음의 허리를 동이고 근신하여 예수 그리스도께서 나타나실 때에 너희에게 가져다 주실 은혜를 온전히 바랄지어다

14 너희가 순종하는 자식처럼 전에 알지 못할 때에 따르던 너희 사욕을 본받지

말고

15 오직 너희를 부르신 거룩한 이처럼 너희도 모든 행실에 거룩한 자가 되라

16 기록되었으되 내가 거룩하니 너희도 거룩할지어다 하셨느니라

17 외모로 보시지 않고 각 사람의 행위대로 심판하시는 이를 너희가 아버지라 부른즉 너희가 나그네로 있을 때를 두려움으로 지내라

18 너희가 알거니와 너희 조상이 물려 준 헛된 행실에서 대속함을 받은 것은 은이나 금 같이 없어질 것으로 된 것이 아니요

19 오직 흠 없고 점 없는 어린 양 같은 그리스도의 보배로운 피로 된 것이니라

20 그는 창세 전부터 미리 알린 바 되신이나 이 말세에 너희를 위하여 나타내신 바 되었으니

21 너희는 그를 죽은 자 가운데서 살리시고 영광을 주신 하나님을 그리스도로 말미암아 믿는 자니 너희 믿음과 소망이 하나님께 있게 하셨느니라

22 너희가 진리를 순종함으로 너희 영혼을 깨끗하게 하여 거짓이 없이 형제를 사랑하기에 이르렀으니 마음으로 뜨겁게 서로 사랑하라

23 너희가 거듭난 것은 썩어질 씨로 된 것이 아니요 썩지 아니할 씨로 된 것이니 살아 있고 항상 있는 하나님의 말씀으로 되었느니라

24 그러므로 모든 육체는 풀과 같고 그 모든 영광은 풀의 꽃과 같으니 풀은 마르고 꽃은 떨어지되

25 오직 주의 말씀은 세세토록 있도다 하였으니 너희에게 전한 복음이 곧 이 말씀이니라

산 돌과 하나님의 백성

2 그러므로 모든 악독과 모든 기만과 외식과 시기와 모든 비방하는 말을 버리고

2 갓난 아기들 같이 순전하고 신령한 젖을 사모하라 이는 그로 말미암아 너희로 구원에 이르도록 자라게 하려 함이라

3 너희가 주의 인자하심을 맛보았으면 그리하라

4 사람에게는 버린 바가 되었으나 하나님께는 택하심을 입은 보배로운 산 돌이신 예수께 나아가

5 너희도 산 돌 같이 신령한 집으로 세워지고 예수 그리스도로 말미암아 하나님이 기쁘게 받으실 신령한 제사를 드릴 거룩한 제사장이 될지니라

6 성경에 기록되었으되 보라 내가 택한 보배로운 모퉁잇돌을 시온에 두노니 그를 믿는 자는 부끄러움을 당하지 아니

341

하리라 하였으니

7 그러므로 믿는 너희에게는 보배이나 믿지 아니하는 자에게는 건축자들이 버린 그 돌이 모퉁이의 머릿돌이 되고

8 또한 부딪치는 돌과 걸려 넘어지게 하는 바위가 되었다 하였느니라 그들이 말씀을 순종하지 아니하므로 넘어지나니 이는 그들을 이렇게 정하신 것이라

9 그러나 너희는 택하신 족속이요 왕 같은 제사장들이요 거룩한 나라요 그의 소유가 된 백성이니 이는 너희를 어두운 데서 불러 내어 그의 기이한 빛에 들어가게 하신 이의 아름다운 덕을 선포하게 하려 하심이라

10 너희가 전에는 백성이 아니더니 이제는 하나님의 백성이요 전에는 긍휼을 얻지 못하였더니 이제는 긍휼을 얻은 자니라

하나님의 종과 같이 하라

11 사랑하는 자들아 거류민과 나그네 같은 너희를 권하노니 영혼을 거슬러 싸우는 육체의 정욕을 제어하라

12 너희가 이방인 중에서 행실을 선하게 가져 너희를 악행한다고 비방하는 자들로 하여금 너희 선한 일을 보고 오시는 날에 하나님께 영광을 돌리게 하려 함이라

13 인간의 모든 제도를 주를 위하여 순종하되 혹은 위에 있는 왕이나

14 혹은 그가 악행하는 자를 징벌하고 선행하는 자를 포상하기 위하여 보낸 총독에게 하라

15 곧 선행으로 어리석은 사람들의 무식한 말을 막으시는 것이라

16 너희는 자유가 있으나 그 자유로 악을 가리는 데 쓰지 말고 오직 하나님의 종과 같이 하라

17 뭇 사람을 공경하며 형제를 사랑하며 하나님을 두려워하며 왕을 존대하라

그리스도의 고난

18 사환들아 범사에 두려워함으로 주인들에게 순종하되 선하고 관용하는 자들에게만 아니라 또한 까다로운 자들에게도 그리하라

19 부당하게 고난을 받아도 하나님을 생각함으로 슬픔을 참으면 이는 아름다우나

20 죄가 있어 매를 맞고 참으면 무슨 칭찬이 있으리요 그러나 선을 행함으로 고난을 받고 참으면 이는 하나님 앞에 아름다우니라

21 이를 위하여 너희가 부르심을 받았으니 그리스도도 너희를 위하여 고난을 받으사 너희에게 본을 끼쳐 그 자취를 따라오게 하려 하셨느니라

22 그는 죄를 범하지 아니하시고 그 입에 거짓도 없으시며

23 욕을 당하시되 맞대어 욕하지 아니하시고 고난을 당하시되 위협하지 아니하시고 오직 공의로 심판하시는 이에게 부탁하시며

24 친히 나무에 달려 그 몸으로 우리 죄를 담당하셨으니 이는 우리로 죄에 대하여 죽고 의에 대하여 살게 하려 하심이라 그가 채찍에 맞음으로 너희는 나음을 얻었나니

25 너희가 전에는 양과 같이 길을 잃었더니 이제는 너희 영혼의 목자와 감독 되신 이에게 돌아왔느니라

아내와 남편

3 아내들아 이와 같이 자기 남편에게 순종하라 이는 혹 말씀을 순종하지 않는 자라도 말로 말미암지 않고 그 아내의 행실로 말미암아 구원을 받게 하려 함이니

2 너희의 두려워하며 정결한 행실을 봄

이라

3 너희의 단장은 머리를 꾸미고 금을 차고

아름다운 옷을 입는 외모로 하지 말고

4 오직 마음에 숨은 사람을 온유하고 안

정한 심령의 썩지 아니할 것으로 하라

이는 하나님 앞에 값진 것이니라

5 전에 하나님께 소망을 두었던 거룩한

부녀들도 이와 같이 자기 남편에게 순

종함으로 자기를 단장하였나니

6 사라가 아브라함을 주라 칭하여 순종한

것 같이 너희는 선을 행하고 아무 두려

운 일에도 놀라지 아니하면 그의 딸이

된 것이니라

7 남편들아 이와 같이 지식을 따라 너희

아내와 동거하고 그를 더 연약한 그릇

이요 또 생명의 은혜를 함께 이어받을

자로 알아 귀히 여기라 이는 너희 기도

가 막히지 아니하게 하려 함이라

선을 위한 고난

8 마지막으로 말하노니 너희가 다 마음을

같이하여 동정하며 형제를 사랑하며 불

쌍히 여기며 겸손하며

9 악을 악으로, 욕을 욕으로 갚지 말고 도

리어 복을 빌라 이를 위하여 너희가 부

르심을 받았으니 이는 복을 이어받게

하려 하심이라

10 그러므로 생명을 사랑하고 좋은 날 보기

를 원하는 자는 혀를 금하여 악한 말을

그치며 그 입술로 거짓을 말하지 말고

11 악에서 떠나 선을 행하고 화평을 구하

며 그것을 따르라

12 주의 눈은 의인을 향하시고 그의 귀는

의인의 간구에 기울이시되 주의 얼굴은

악행하는 자들을 대하시느니라 하였느

니라

13 또 너희가 열심으로 선을 행하면 누가

너희를 해하리요

14 그러나 의를 위하여 고난을 받으면 복

있는 자니 그들이 두려워하는 것을 두

려워하지 말며 근심하지 말고

15 너희 마음에 그리스도를 주로 삼아 거룩

하게 하고 너희 속에 있는 소망에 관한

이유를 묻는 자에게는 대답할 것을 항

상 준비하되 온유와 두려움으로 하고

16 선한 양심을 가지라 이는 그리스도 안

에 있는 너희의 선행을 욕하는 자들로

그 비방하는 일에 부끄러움을 당하게

하려 함이라

17 선을 행함으로 고난 받는 것이 하나님

의 뜻일진대 악을 행함으로 고난 받는

것보다 나으니라

18 그리스도께서도 단번에 죄를 위하여 죽

으사 의인으로서 불의한 자를 대신하셨

으니 이는 우리를 하나님 앞으로 인도

하려 하심이라 육체로는 죽임을 당하시

고 영으로는 살리심을 받으셨으니

19 그가 또한 영으로 가서 옥에 있는 영들

에게 선포하시니라

20 그들은 전에 노아의 날 방주를 준비할

동안 하나님이 오래 참고 기다리실 때

에 복종하지 아니하던 자들이라 방주에

서 물로 말미암아 구원을 얻은 자가 몇

명뿐이니 겨우 여덟 명이라

21 물은 예수 그리스도께서 부활하심으로

말미암아 이제 너희를 구원하는 표니

곧 세례라 이는 육체의 더러운 것을 제

하여 버림이 아니요 하나님을 향한 선

한 양심의 간구니라

22 그는 하늘에 오르사 하나님 우편에 계

시니 천사들과 권세들과 능력들이 그에

게 복종하느니라

하나님의 은혜를 맡은 선한 청지기

4 그리스도께서 이미 육체의 고난을 받으셨으니 너희도 같은 마음으로 갑옷을 삼으라 이는 육체의 고난을 받은 자는 죄를 그쳤음이니

2 그 후로는 다시 사람의 정욕을 따르지 않고 하나님의 뜻을 따라 육체의 남은 때를 살게 하려 함이라

3 너희가 음란과 정욕과 술취함과 방탕과 향락과 무법한 우상 숭배를 하여 이방인의 뜻을 따라 행한 것은 지나간 때로 족하도다

4 이러므로 너희가 그들과 함께 그런 극한 방탕에 달음질하지 아니하는 것을 그들이 이상히 여겨 비방하나

5 그들이 산 자와 죽은 자를 심판하기로 예비하신 이에게 사실대로 고하리라

6 이를 위하여 죽은 자들에게도 복음이 전파되었으니 이는 육체로는 사람으로 심판을 받으나 영으로는 하나님을 따라 살게 하려 함이라

7 만물의 마지막이 가까이 왔으니 그러므로 너희는 정신을 차리고 근신하여 기도하라

8 무엇보다도 뜨겁게 서로 사랑할지니 사랑은 허다한 죄를 덮느니라

9 서로 대접하기를 원망 없이 하고

10 각각 은사를 받은 대로 하나님의 여러 가지 은혜를 맡은 선한 청지기 같이 서로 봉사하라

11 만일 누가 말하려면 하나님의 말씀을 하는 것 같이 하고 누가 봉사하려면 하나님이 공급하시는 힘으로 하는 것 같이 하라 이는 범사에 예수 그리스도로 말미암아 하나님이 영광을 받으시게 하려 함이니 그에게 영광과 권능이 세세

에 무궁하도록 있느니라 아멘

그리스도인이 받을 고난

12 사랑하는 자들아 너희를 연단하려고 오

는 불 시험을 이상한 일 당하는 것 같

이 이상히 여기지 말고

13 오히려 너희가 그리스도의 고난에 참여

하는 것으로 즐거워하라 이는 그의 영

광을 나타내실 때에 너희로 즐거워하고

기뻐하게 하려 함이라

14 너희가 그리스도의 이름으로 치욕을 당

하면 복 있는 자로다 영광의 영 곧 하

나님의 영이 너희 위에 계심이라

15 너희 중에 누구든지 살인이나 도둑질이

나 악행이나 남의 일을 간섭하는 자로

고난을 받지 말려니와

16 만일 그리스도인으로 고난을 받으면 부

끄러워하지 말고 도리어 그 이름으로

하나님께 영광을 돌리라

17 하나님의 집에서 심판을 시작할 때가

되었나니 만일 우리에게 먼저 하면 하

나님의 복음을 순종하지 아니하는 자들

의 그 마지막은 어떠하며

18 또 의인이 겨우 구원을 받으면 경건하

지 아니한 자와 죄인은 어디에 서리요

19 그러므로 하나님의 뜻대로 고난을 받는

자들은 또한 선을 행하는 가운데에 그

영혼을 미쁘신 창조주께 의탁할지어다

하나님의 양 무리를 치라

5 너희 중 장로들에게 권하노니 나는 함

께 장로 된 자요 그리스도의 고난의 증

인이요 나타날 영광에 참여할 자니라

2 너희 중에 있는 하나님의 양 무리를 치

되 억지로 하지 말고 하나님의 뜻을 따

라 자원함으로 하며 더러운 이득을 위

하여 하지 말고 기꺼이 하며

3 맡은 자들에게 주장하는 자세를 하지

말고 양 무리의 본이 되라

4 그리하면 목자장이 나타나실 때에 시들

지 아니하는 영광의 관을 얻으리라

5 젊은 자들아 이와 같이 장로들에게 순

종하고 다 서로 겸손으로 허리를 동이

라 하나님은 교만한 자를 대적하시되

겸손한 자들에게는 은혜를 주시느니라

6 그러므로 하나님의 능하신 손 아래에서

겸손하라 때가 되면 너희를 높이시리라

7 너희 염려를 다 주께 맡기라 이는 그가

너희를 돌보심이라

8 근신하라 깨어라 너희 대적 마귀가 우

는 사자 같이 두루 다니며 삼킬 자를

찾나니

9 너희는 믿음을 굳건하게 하여 그를 대

적하라 이는 세상에 있는 너희 형제들

도 동일한 고난을 당하는 줄을 앎이라

10 모든 은혜의 하나님 곧 그리스도 안에

서 너희를 부르사 자기의 영원한 영광

에 들어가게 하신 이가 잠깐 고난을 당

한 너희를 친히 온전하게 하시며 굳건

하게 하시며 강하게 하시며 터를 견고

하게 하시리라

11 권능이 세세무궁하도록 그에게 있을지

어다 아멘

끝 인사

12 내가 신실한 형제로 아는 실루아노로

말미암아 너희에게 간단히 써서 권하고

이것이 하나님의 참된 은혜임을 증언하

노니 너희는 이 은혜에 굳게 서라

13 택하심을 함께 받은 바벨론에 있는 교

회가 너희에게 문안하고 내 아들 마가

도 그리하느니라

14 너희는 사랑의 입맞춤으로 서로 문안하

라 그리스도 안에 있는 너희 모든 이에

게 평강이 있을지어다

베드로후서

부르심과 택하심

1 예수 그리스도의 종이며 사도인 시몬

베드로는 우리 하나님과 구주 예수 그

리스도의 의를 힘입어 동일하게 보배로

운 믿음을 우리와 함께 받은 자들에게

편지하노니

2 하나님과 우리 주 예수를 앎으로 은혜

와 평강이 너희에게 더욱 많을지어다

3 그의 신기한 능력으로 생명과 경건에

속한 모든 것을 우리에게 주셨으니 이

는 자기의 영광과 덕으로써 우리를 부

르신 이를 앎으로 말미암음이라

4 이로써 그 보배롭고 지극히 큰 약속

을 우리에게 주사 이 약속으로 말미암

아 너희가 정욕 때문에 세상에서 썩어

질 것을 피하여 신성한 성품에 참여하

는 자가 되게 하려 하셨느니라

5 그러므로 너희가 더욱 힘써 너희 믿음

에 덕을, 덕에 지식을,

6 지식에 절제를, 절제에 인내를, 인내에

경건을,

7 경건에 형제 우애를, 형제 우애에 사랑

을 더하라

8 이런 것이 너희에게 있어 흡족한즉 너

희로 우리 주 예수 그리스도를 알기에

게으르지 않고 열매 없는 자가 되지 않

게 하려니와

9 이런 것이 없는 자는 맹인이라 멀리 보

지 못하고 그의 옛 죄가 깨끗하게 된

것을 잊었느니라

10 그러므로 형제들아 더욱 힘써 너희 부

르심과 택하심을 굳게 하라 너희가 이

것을 행한즉 언제든지 실족하지 아니하

리라

11 이같이 하면 우리 주 곧 구주 예수 그

리스도의 영원한 나라에 들어감을 넉넉

히 너희에게 주시리라

그리스도의 영광과 성경의 예언

12 그러므로 너희가 이것을 알고 이미 있는 진리에 서 있으나 내가 항상 너희에게 생각나게 하려 하노라

13 내가 이 장막에 있을 동안에 너희를 일깨워 생각나게 함이 옳은 줄로 여기노니

14 이는 우리 주 예수 그리스도께서 내게 지시하신 것 같이 나도 나의 장막을 벗어날 것이 임박한 줄을 앎이라

15 내가 힘써 너희로 하여금 내가 떠난 후에라도 어느 때나 이런 것을 생각나게 하려 하노라

16 우리 주 예수 그리스도의 능력과 강림하심을 너희에게 알게 한 것이 교묘히 만든 이야기를 따른 것이 아니요 우리는 그의 크신 위엄을 친히 본 자라

17 지극히 큰 영광 중에서 이러한 소리가 그에게 나기를 이는 내 사랑하는 아들이요 내 기뻐하는 자라 하실 때에 그가 하나님 아버지께 존귀와 영광을 받으셨느니라

18 이 소리는 우리가 그와 함께 거룩한 산에 있을 때에 하늘로부터 난 것을 들은 것이라

19 또 우리에게는 더 확실한 예언이 있어 어두운 데를 비추는 등불과 같으니 날이 새어 샛별이 너희 마음에 떠오르기까지 너희가 이것을 주의하는 것이 옳으니라

20 먼저 알 것은 성경의 모든 예언은 사사로이 풀 것이 아니니

21 예언은 언제든지 사람의 뜻으로 낸 것이 아니요 오직 성령의 감동하심을 받은 사람들이 하나님께 받아 말한 것임이라

거짓 선지자들과 거짓 선생들 (유 4-13)

2 그러나 백성 가운데 또한 거짓 선지자들이 일어났었나니 이와 같이 너희 중에도 거짓 선생들이 있으리라 그들은 멸망하게 할 이단을 가만히 끌어들여 자기들을 사신 주를 부인하고 임박한 멸망을 스스로 취하는 자들이라

2 여럿이 그들의 호색하는 것을 따르리니 이로 말미암아 진리의 도가 비방을 받을 것이요

3 그들이 탐심으로써 지어낸 말을 가지고 너희로 이득을 삼으니 그들의 심판은 옛적부터 지체하지 아니하며 그들의 멸망은 잠들지 아니하느니라

4 하나님이 범죄한 천사들을 용서하지 아니하시고 지옥에 던져 어두운 구덩이에 두어 심판 때까지 지키게 하셨으며

5 옛 세상을 용서하지 아니하시고 오직 의를 전파하는 노아와 그 일곱 식구를 보존하시고 경건하지 아니한 자들의 세상에 홍수를 내리셨으며

6 소돔과 고모라 성을 멸망하기로 정하여 재가 되게 하사 후세에 경건하지 아니할 자들에게 본을 삼으셨으며

7 무법한 자들의 음란한 행실로 말미암아 고통 당하는 의로운 롯을 건지셨으니

8 (이는 이 의인이 그들 중에 거하여 날마다 저 불법한 행실을 보고 들음으로 그 의로운 심령이 상함이라)

9 주께서 경건한 자는 시험에서 건지실 줄 아시고 불의한 자는 형벌 아래에 두어 심판 날까지 지키시며

10 특별히 육체를 따라 더러운 정욕 가운데서 행하며 주관하는 이를 멸시하는 자들에게는 형벌할 줄 아시느니라 이들은 당돌하고 자긍하며 떨지 않고 영광

있는 자들을 비방하거니와

11 더 큰 힘과 능력을 가진 천사들도 주 앞에서 그들을 거슬러 비방하는 고발을 하지 아니하느니라

12 그러나 이 사람들은 본래 잡혀 죽기 위하여 난 이성 없는 짐승 같아서 그 알지 못하는 것을 비방하고 그들의 멸망 가운데서 멸망을 당하며

13 불의의 값으로 불의를 당하며 낮에 즐기고 노는 것을 기쁘게 여기는 자들이니 점과 흠이라 너희와 함께 연회할 때에 그들의 속임수로 즐기고 놀며

14 음심이 가득한 눈을 가지고 범죄하기를 그치지 아니하고 굳세지 못한 영혼들을 유혹하며 탐욕에 연단된 마음을 가진 자들이니 저주의 자식이라

15 그들이 바른 길을 떠나 미혹되어 브올의 아들 발람의 길을 따르는도다 그는

불의의 삯을 사랑하다가

16 자기의 불법으로 말미암아 책망을 받되 말하지 못하는 나귀가 사람의 소리로 말하여 이 선지자의 미친 행동을 저지하였느니라

17 이 사람들은 물 없는 샘이요 광풍에 밀려 가는 안개니 그들을 위하여 캄캄한 어둠이 예비되어 있나니

18 그들이 허탄한 자랑의 말을 토하며 그릇되게 행하는 사람들에게서 겨우 피한 자들을 음란으로써 육체의 정욕 중에서 유혹하는도다

19 그들에게 자유를 준다 하여도 자신들은 멸망의 종들이니 누구든지 진 자는 이긴 자의 종이 됨이라

20 만일 그들이 우리 주 되신 구주 예수 그리스도를 앎으로 세상의 더러움을 피한 후에 다시 그 중에 얽매이고 지면

그 나중 형편이 처음보다 더 심하리니

21 의의 도를 안 후에 받은 거룩한 명령을 저버리는 것보다 알지 못하는 것이 도리어 그들에게 나으니라

22 참된 속담에 이르기를 개가 그 토하였던 것에 돌아가고 돼지가 씻었다가 더러운 구덩이에 도로 누웠다 하는 말이 그들에게 응하였도다

하나님의 날

3 사랑하는 자들아 내가 이제 이 둘째 편지를 너희에게 쓰노니 이 두 편지로 너희의 진실한 마음을 일깨워 생각나게 하여

2 곧 거룩한 선지자들이 예언한 말씀과 주 되신 구주께서 너희의 사도들로 말미암아 명하신 것을 기억하게 하려 하노라

3 먼저 이것을 알지니 말세에 조롱하는 자들이 와서 자기의 정욕을 따라 행하며 조롱하여

4 이르되 주께서 강림하신다는 약속이 어디 있느냐 조상들이 잔 후로부터 만물이 처음 창조될 때와 같이 그냥 있다 하니

5 이는 하늘이 옛적부터 있는 것과 땅이 물에서 나와 물로 성립된 것도 하나님의 말씀으로 된 것을 그들이 일부러 잊으려 함이로다

6 이로 말미암아 그 때에 세상은 물이 넘침으로 멸망하였으되

7 이제 하늘과 땅은 그 동일한 말씀으로 불사르기 위하여 보호하신 바 되어 경건하지 아니한 사람들의 심판과 멸망의 날까지 보존하여 두신 것이니라

8 사랑하는 자들아 주께는 하루가 천 년 같고 천 년이 하루 같다는 이 한 가지

를 잊지 말라

9 주의 약속은 어떤 이들이 더디다고 생

각하는 것 같이 더딘 것이 아니라 오직

주께서는 너희를 대하여 오래 참으사

아무도 멸망하지 아니하고 다 회개하기

에 이르기를 원하시느니라

10 그러나 주의 날이 도둑 같이 오리니 그

날에는 하늘이 큰 소리로 떠나가고 물

질이 뜨거운 불에 풀어지고 땅과 그 중

에 있는 모든 일이 드러나리로다

11 이 모든 것이 이렇게 풀어지리니 너희

가 어떠한 사람이 되어야 마땅하냐 거

룩한 행실과 경건함으로

12 하나님의 날이 임하기를 바라보고 간절

히 사모하라 그 날에 하늘이 불에 타서

풀어지고 물질이 뜨거운 불에 녹아지려

니와

13 우리는 그의 약속대로 의가 있는 곳인

새 하늘과 새 땅을 바라보도다

14 그러므로 사랑하는 자들아 너희가 이것

을 바라보나니 주 앞에서 점도 없고 흠

도 없이 평강 가운데서 나타나기를 힘

쓰라

15 또 우리 주의 오래 참으심이 구원이 될

줄로 여기라 우리가 사랑하는 형제 바

울도 그 받은 지혜대로 너희에게 이같

이 썼고

16 또 그 모든 편지에도 이런 일에 관하여

말하였으되 그 중에 알기 어려운 것이

더러 있으니 무식한 자들과 굳세지 못

한 자들이 다른 성경과 같이 그것도 억

지로 풀다가 스스로 멸망에 이르느니라

17 그러므로 사랑하는 자들아 너희가 이것

을 미리 알았은즉 무법한 자들의 미혹

에 이끌려 너희가 굳센 데서 떨어질까

삼가라

18 오직 우리 주 곧 구주 예수 그리스도의

은혜와 그를 아는 지식에서 자라 가라

영광이 이제와 영원한 날까지 그에게

있을지어다

18 오직 우리 주 곧 구주 예수 그리스도의

은혜와 그를 아는 지식에서 자라 가라

요한 1 서

생명의 말씀

1 태초부터 있는 생명의 말씀에 관하여는

우리가 들은 바요 눈으로 본 바요 자세

히 보고 우리의 손으로 만진 바라

2 이 생명이 나타내신 바 된지라 이 영원

한 생명을 우리가 보았고 증언하여 너

희에게 전하노니 이는 아버지와 함께

계시다가 우리에게 나타내신 바 된 이

시니라

3 우리가 보고 들은 바를 너희에게도 전

함은 너희로 우리와 사귐이 있게 하려

함이니 우리의 사귐은 아버지와 그의

아들 예수 그리스도와 더불어 누림이라

4 우리가 이것을 씀은 우리의 기쁨이 충

만하게 하려 함이라

하나님은 빛이시다

5 우리가 그에게서 듣고 너희에게 전하는

소식은 이것이니 곧 하나님은 빛이시라

그에게는 어둠이 조금도 없으시다는 것

이니라

6 만일 우리가 하나님과 사귐이 있다 하

고 어둠에 행하면 거짓말을 하고 진리

를 행하지 아니함이거니와

7 그가 빛 가운데 계신 것 같이 우리도

빛 가운데 행하면 우리가 서로 사귐이

있고 그 아들 예수의 피가 우리를 모든

죄에서 깨끗하게 하실 것이요

8 만일 우리가 죄가 없다고 말하면 스스

로 속이고 또 진리가 우리 속에 있지

아니할 것이요

9 만일 우리가 우리 죄를 자백하면 그는

미쁘시고 의로우사 우리 죄를 사하시며

우리를 모든 불의에서 깨끗하게 하실

것이요

10 만일 우리가 범죄하지 아니하였다 하면

하나님을 거짓말하는 이로 만드는 것

이니 또한 그의 말씀이 우리 속에 있지

아니하니라

대언자이신 예수 그리스도

2 나의 자녀들아 내가 이것을 너희에게

씀은 너희로 죄를 범하지 않게 하려 함

이라 만일 누가 죄를 범하여도 아버지

앞에서 우리에게 대언자가 있으니 곧

의로우신 예수 그리스도시라

2 그는 우리 죄를 위한 화목제물이니 우

리만 위할 뿐 아니요 온 세상의 죄를

위하심이라

3 우리가 그의 계명을 지키면 이로써 우

리가 그를 아는 줄로 알 것이요

4 그를 아노라 하고 그의 계명을 지키지

아니하는 자는 거짓말하는 자요 진리가

그 속에 있지 아니하되

5 누구든지 그의 말씀을 지키는 자는 하

나님의 사랑이 참으로 그 속에서 온전

하게 되었나니 이로써 우리가 그의 안

에 있는 줄을 아노라

6 그의 안에 산다고 하는 자는 그가 행하

시는 대로 자기도 행할지니라

옛 계명과 새 계명

7 사랑하는 자들아 내가 새 계명을 너희

에게 쓰는 것이 아니라 너희가 처음부

터 가진 옛 계명이니 이 옛 계명은 너

희가 들은 바 말씀이거니와

8 다시 내가 너희에게 새 계명을 쓰노니

그에게와 너희에게도 참된 것이라 이는

어둠이 지나가고 참빛이 벌써 비침이

니라

9 빛 가운데 있다 하면서 그 형제를 미워

하는 자는 지금까지 어둠에 있는 자요

10 그의 형제를 사랑하는 자는 빛 가운데

거하여 자기 속에 거리낌이 없으나

11 그의 형제를 미워하는 자는 어둠에 있

고 또 어둠에 행하며 갈 곳을 알지 못

하나니 이는 그 어둠이 그의 눈을 멀게

하였음이라

12 자녀들아 내가 너희에게 쓰는 것은 너

희 죄가 그의 이름으로 말미암아 사함

을 받았음이요

13 아비들아 내가 너희에게 쓰는 것은 너

희가 태초부터 계신 이를 알았음이요

청년들아 내가 너희에게 쓰는 것은 너

희가 악한 자를 이기었음이라

14 아이들아 내가 너희에게 쓴 것은 너희

가 아버지를 알았음이요 아비들아 내가

너희에게 쓴 것은 너희가 태초부터 계

신 이를 알았음이요 청년들아 내가 너

희에게 쓴 것은 너희가 강하고 하나님

의 말씀이 너희 안에 거하시며 너희가

흉악한 자를 이기었음이라

15 이 세상이나 세상에 있는 것들을 사

랑하지 말라 누구든지 세상을 사랑하

면 아버지의 사랑이 그 안에 있지 아니

하니

16 이는 세상에 있는 모든 것이 육신의 정

욕과 안목의 정욕과 이생의 자랑이니

다 아버지께로부터 온 것이 아니요 세

상으로부터 온 것이라

17 이 세상도, 그 정욕도 지나가되 오직

하나님의 뜻을 행하는 자는 영원히 거

하느니라

적그리스도와 하나님의 자녀

18 아이들아 지금은 마지막 때라 적그리스

도가 오리라는 말을 너희가 들은 것과

같이 지금도 많은 적그리스도가 일어났

으니 그러므로 우리가 마지막 때인 줄

아노라

19 그들이 우리에게서 나갔으나 우리에게

속하지 아니하였나니 만일 우리에게 속

하였더라면 우리와 함께 거하였으려니

와 그들이 나간 것은 다 우리에게 속하

지 아니함을 나타내려 함이니라

20 너희는 거룩하신 자에게서 기름 부음을

받고 모든 것을 아느니라

21 내가 너희에게 쓰는 것은 너희가 진리

를 알지 못하기 때문이 아니라 알기 때

문이요 또 모든 거짓은 진리에서 나지

않기 때문이라

22 거짓말하는 자가 누구냐 예수께서 그리

스도이심을 부인하는 자가 아니냐 아버

지와 아들을 부인하는 그가 적그리스

도니

23 아들을 부인하는 자에게는 또한 아버지

가 없으되 아들을 시인하는 자에게는

아버지도 있느니라

24 너희는 처음부터 들은 것을 너희 안에

거하게 하라 처음부터 들은 것이 너희

안에 거하면 너희가 아들과 아버지 안

에 거하리라

25 그가 우리에게 약속하신 것은 이것이니

곧 영원한 생명이니라

26 너희를 미혹하는 자들에 관하여 내가

이것을 너희에게 썼노라

27 너희는 주께 받은 바 기름 부음이 너희

안에 거하나니 아무도 너희를 가르칠

필요가 없고 오직 그의 기름 부음이 모

든 것을 너희에게 가르치며 또 참되고

거짓이 없으니 너희를 가르치신 그대로

주 안에 거하라

28 자녀들아 이제 그의 안에 거하라 이는

주께서 나타내신 바 되면 그가 강림하

실 때에 우리로 담대함을 얻어 그 앞에

서 부끄럽지 않게 하려 함이라

29 너희가 그가 의로우신 줄을 알면 의

를 행하는 자마다 그에게서 난 줄을 알

리라

3 보라 아버지께서 어떠한 사랑을 우리에게 베푸사 하나님의 자녀라 일컬음을 받게 하셨는가, 우리가 그러하도다 그러므로 세상이 우리를 알지 못함은 그를 알지 못함이라

2 사랑하는 자들아 우리가 지금은 하나님의 자녀라 장래에 어떻게 될지는 아직 나타나지 아니하였으나 그가 나타나시면 우리가 그와 같을 줄을 아는 것은 그의 참모습 그대로 볼 것이기 때문이니

3 주를 향하여 이 소망을 가진 자마다 그의 깨끗하심과 같이 자기를 깨끗하게 하느니라

4 죄를 짓는 자마다 불법을 행하나니 죄는 불법이라

5 그가 우리 죄를 없애려고 나타나신 것을 너희가 아나니 그에게는 죄가 없느니라

6 그 안에 거하는 자마다 범죄하지 아니하나니 범죄하는 자마다 그를 보지도 못하였고 그를 알지도 못하였느니라

7 자녀들아 아무도 너희를 미혹하지 못하게 하라 의를 행하는 자는 그의 의로우심과 같이 의롭고

8 죄를 짓는 자는 마귀에게 속하나니 마귀는 처음부터 범죄함이라 하나님의 아들이 나타나신 것은 마귀의 일을 멸하려 하심이라

9 하나님께로부터 난 자마다 죄를 짓지 아니하나니 이는 하나님의 씨가 그의 속에 거함이요 그도 범죄하지 못하는 것은 하나님께로부터 났음이라

10 이러므로 하나님의 자녀들과 마귀의 자녀들이 드러나나니 무릇 의를 행하지

아니하는 자나 또는 그 형제를 사랑하지 아니하는 자는 하나님께 속하지 아니하니라

11 우리는 서로 사랑할지니 이는 너희가 처음부터 들은 소식이라

12 가인 같이 하지 말라 그는 악한 자에게 속하여 그 아우를 죽였으니 어떤 이유로 죽였느냐 자기의 행위는 악하고 그의 아우의 행위는 의로움이라

행함과 진실함으로 사랑하자

13 형제들아 세상이 너희를 미워하여도 이상히 여기지 말라

14 우리는 형제를 사랑함으로 사망에서 옮겨 생명으로 들어간 줄을 알거니와 사랑하지 아니하는 자는 사망에 머물러 있느니라

15 그 형제를 미워하는 자마다 살인하는 자니 살인하는 자마다 영생이 그 속에 거하지 아니하는 것을 너희가 아는 바라

16 그가 우리를 위하여 목숨을 버리셨으니 우리가 이로써 사랑을 알고 우리도 형제들을 위하여 목숨을 버리는 것이 마땅하니라

17 누가 이 세상의 재물을 가지고 형제의 궁핍함을 보고도 도와 줄 마음을 닫으면 하나님의 사랑이 어찌 그 속에 거하겠느냐

18 자녀들아 우리가 말과 혀로만 사랑하지 말고 행함과 진실함으로 하자

19 이로써 우리가 진리에 속한 줄을 알고 또 우리 마음을 주 앞에서 굳세게 하리니

20 이는 우리 마음이 혹 우리를 책망할 일이 있어도 하나님은 우리 마음보다 크시고 모든 것을 아시기 때문이라

21 사랑하는 자들아 만일 우리 마음이 우

리를 책망할 것이 없으면 하나님 앞에

서 담대함을 얻고

22 무엇이든지 구하는 바를 그에게서 받나

니 이는 우리가 그의 계명을 지키고 그

앞에서 기뻐하시는 것을 행함이라

23 그의 계명은 이것이니 곧 그 아들 예수

그리스도의 이름을 믿고 그가 우리에게

주신 계명대로 서로 사랑할 것이니라

24 그의 계명을 지키는 자는 주 안에 거하

고 주는 그의 안에 거하시나니 우리에

게 주신 성령으로 말미암아 그가 우리

안에 거하시는 줄을 우리가 아느니라

하나님의 영과 적그리스도의 영

4 사랑하는 자들아 영을 다 믿지 말고 오

직 영들이 하나님께 속하였나 분별하라

많은 거짓 선지자가 세상에 나왔음이라

2 이로써 너희가 하나님의 영을 알지니

곧 예수 그리스도께서 육체로 오신 것

을 시인하는 영마다 하나님께 속한 것

이요

3 예수를 시인하지 아니하는 영마다 하나

님께 속한 것이 아니니 이것이 곧 적그

리스도의 영이니라 오리라 한 말을 너

희가 들었거니와 지금 벌써 세상에 있

느니라

4 자녀들아 너희는 하나님께 속하였고

또 그들을 이기었나니 이는 너희 안

에 계신 이가 세상에 있는 자보다 크심

이라

5 그들은 세상에 속한 고로 세상에 속한

말을 하매 세상이 그들의 말을 듣느니라

6 우리는 하나님께 속하였으니 하나님을

아는 자는 우리의 말을 듣고 하나님께

속하지 아니한 자는 우리의 말을 듣지

아니하나니 진리의 영과 미혹의 영을

이로써 아느니라

하나님은 사랑이시다

7 사랑하는 자들아 우리가 서로 사랑하자 사랑은 하나님께 속한 것이니 사랑하는 자마다 하나님으로부터 나서 하나님을 알고

8 사랑하지 아니하는 자는 하나님을 알지 못하나니 이는 하나님은 사랑이심이라

9 하나님의 사랑이 우리에게 이렇게 나타난 바 되었으니 하나님이 자기의 독생자를 세상에 보내심은 그로 말미암아 우리를 살리려 하심이라

10 사랑은 여기 있으니 우리가 하나님을 사랑한 것이 아니요 하나님이 우리를 사랑하사 우리 죄를 속하기 위하여 화목제물로 그 아들을 보내셨음이라

11 사랑하는 자들아 하나님이 이같이 우리를 사랑하셨은즉 우리도 서로 사랑하는 것이 마땅하도다

12 어느 때나 하나님을 본 사람이 없으되 만일 우리가 서로 사랑하면 하나님이 우리 안에 거하시고 그의 사랑이 우리 안에 온전히 이루어지느니라

13 그의 성령을 우리에게 주시므로 우리가 그 안에 거하고 그가 우리 안에 거하시는 줄을 아느니라

14 아버지가 아들을 세상의 구주로 보내신 것을 우리가 보았고 또 증언하노니

15 누구든지 예수를 하나님의 아들이라 시인하면 하나님이 그의 안에 거하시고 그도 하나님 안에 거하느니라

16 하나님이 우리를 사랑하시는 사랑을 우리가 알고 믿었노니 하나님은 사랑이시라 사랑 안에 거하는 자는 하나님 안에 거하고 하나님도 그의 안에 거하시느니라

17 이로써 사랑이 우리에게 온전히 이루어진 것은 우리로 심판 날에 담대함을 가지게 하려 함이니 주께서 그러하심과 같이 우리도 이 세상에서 그러하니라

18 사랑 안에 두려움이 없고 온전한 사랑이 두려움을 내쫓나니 두려움에는 형벌이 있음이라 두려워하는 자는 사랑 안에서 온전히 이루지 못하였느니라

19 우리가 사랑함은 그가 먼저 우리를 사랑하셨음이라

20 누구든지 하나님을 사랑하노라 하고 그 형제를 미워하면 이는 거짓말하는 자니 보는 바 그 형제를 사랑하지 아니하는 자는 보지 못하는 바 하나님을 사랑할 수 없느니라

21 우리가 이 계명을 주께 받았나니 하나님을 사랑하는 자는 또한 그 형제를 사랑할지니라

세상을 이기는 믿음

5 예수께서 그리스도이심을 믿는 자마다 하나님께로부터 난 자니 또한 낳으신 이를 사랑하는 자마다 그에게서 난 자를 사랑하느니라

2 우리가 하나님을 사랑하고 그의 계명들을 지킬 때에 이로써 우리가 하나님의 자녀를 사랑하는 줄을 아느니라

3 하나님을 사랑하는 것은 이것이니 우리가 그의 계명들을 지키는 것이라 그의 계명들은 무거운 것이 아니로다

4 무릇 하나님께로부터 난 자마다 세상을 이기느니라 세상을 이기는 승리는 이것이니 우리의 믿음이니라

5 예수께서 하나님의 아들이심을 믿는 자가 아니면 세상을 이기는 자가 누구냐

6 이는 물과 피로 임하신 이시니 곧 예수 그리스도시라 물로만 아니요 물과 피로

임하셨고 증언하는 이는 성령이시니 성

령은 진리니라

7 증언하는 이가 셋이니

8 성령과 물과 피라 또한 이 셋은 합하여

하나이니라

9 만일 우리가 사람들의 증언을 받을진대

하나님의 증거는 더욱 크도다 하나님의

증거는 이것이니 그의 아들에 대하여

증언하신 것이니라

10 하나님의 아들을 믿는 자는 자기 안에

증거가 있고 하나님을 믿지 아니하는

자는 하나님을 거짓말하는 자로 만드나

니 이는 하나님께서 그 아들에 대하여

증언하신 증거를 믿지 아니하였음이라

11 또 증거는 이것이니 하나님이 우리에게

영생을 주신 것과 이 생명이 그의 아들

안에 있는 그것이니라

12 아들이 있는 자에게는 생명이 있고 하

나님의 아들이 없는 자에게는 생명이

없느니라

영생을 알게 하려 함이라

13 내가 하나님의 아들의 이름을 믿는 너

희에게 이것을 쓰는 것은 너희로 하여

금 너희에게 영생이 있음을 알게 하려

함이라

14 그를 향하여 우리가 가진 바 담대함이

이것이니 그의 뜻대로 무엇을 구하면

들으심이라

15 우리가 무엇이든지 구하는 바를 들으시

는 줄을 안즉 우리가 그에게 구한 그것

을 얻은 줄을 또한 아느니라

16 누구든지 형제가 사망에 이르지 아니하

는 죄 범하는 것을 보거든 구하라 그리

하면 사망에 이르지 아니하는 범죄자들

을 위하여 그에게 생명을 주시리라 사

망에 이르는 죄가 있으니 이에 관하여

나는 구하라 하지 않노라

17 모든 불의가 죄로되 사망에 이르지 아

니하는 죄도 있도다

18 하나님께로부터 난 자는 다 범죄하지

아니하는 줄을 우리가 아노라 하나님께

로부터 나신 자가 그를 지키시매 악한

자가 그를 만지지도 못하느니라

19 또 아는 것은 우리는 하나님께 속하고

온 세상은 악한 자 안에 처한 것이며

20 또 아는 것은 하나님의 아들이 이르러

우리에게 지각을 주사 우리로 참된 자

를 알게 하신 것과 또한 우리가 참된

자 곧 그의 아들 예수 그리스도 안에

있는 것이니 그는 참 하나님이시요 영

생이시라

21 자녀들아 너희 자신을 지켜 우상에게서

멀리하라

요한 2서

인사

1 장로인 나는 택하심을 받은 부녀와 그의 자녀들에게 편지하노니 내가 참으로 사랑하는 자요 나뿐 아니라 진리를 아는 모든 자도 그리하는 것은

2 우리 안에 거하여 영원히 우리와 함께 할 진리로 말미암음이로다

3 은혜와 긍휼과 평강이 하나님 아버지와 아버지의 아들 예수 그리스도께로부터 진리와 사랑 가운데서 우리와 함께 있으리라

진리와 사랑

4 너의 자녀들 중에 우리가 아버지께 받은 계명대로 진리를 행하는 자를 내가 보니 심히 기쁘도다

5 부녀여, 내가 이제 네게 구하노니 서로 사랑하자 이는 새 계명 같이 네게 쓰는 것이 아니요 처음부터 우리가 가진 것이라

6 또 사랑은 이것이니 우리가 그 계명을 따라 행하는 것이요 계명은 이것이니 너희가 처음부터 들은 바와 같이 그 가운데서 행하라 하심이라

7 미혹하는 자가 세상에 많이 나왔나니 이는 예수 그리스도께서 육체로 오심을 부인하는 자라 이런 자가 미혹하는 자요 적그리스도니

8 너희는 스스로 삼가 우리가 일한 것을 잃지 말고 오직 온전한 상을 받으라

9 지나쳐 그리스도의 교훈 안에 거하지 아니하는 자는 다 하나님을 모시지 못하되 교훈 안에 거하는 그 사람은 아버지와 아들을 모시느니라

10 누구든지 이 교훈을 가지지 않고 너희에게 나아가거든 그를 집에 들이지도 말고 인사도 하지 말라

11 그에게 인사하는 자는 그 악한 일에 참

여하는 자임이라   ·

끝 인사

12 내가 너희에게 쓸 것이 많으나 종이와

먹으로 쓰기를 원하지 아니하고 오히

려 너희에게 가서 대면하여 말하려 하

니 이는 너희 기쁨을 충만하게 하려 함

이라

13 택하심을 받은 네 자매의 자녀들이 네

게 문안하느니라

요
한
3
서

인사

1 장로인 나는 사랑하는 가이오 곧 내가

참으로 사랑하는 자에게 편지하노라

2 사랑하는 자여 네 영혼이 잘됨 같이 네

가 범사에 잘되고 강건하기를 내가 간

구하노라

3 형제들이 와서 네게 있는 진리를 증언

하되 네가 진리 안에서 행한다 하니 내

가 심히 기뻐하노라

4 내가 내 자녀들이 진리 안에서 행한다

함을 듣는 것보다 더 기쁜 일이 없도다

영접함과 내쫓음

5 사랑하는 자여 네가 무엇이든지 형제

곧 나그네 된 자들에게 행하는 것은 신

실한 일이니

6 그들이 교회 앞에서 너의 사랑을 증언

하였느니라 네가 하나님께 합당하게 그

들을 전송하면 좋으리로다

7 이는 그들이 주의 이름을 위하여 나가

서 이방인에게 아무 것도 받지 아니함

이라

8 그러므로 우리가 이같은 자들을 영접하

는 것이 마땅하니 이는 우리로 진리를

위하여 함께 일하는 자가 되게 하려 함

이라

9 내가 두어 자를 교회에 썼으나 그들 중

에 으뜸되기를 좋아하는 디오드레베가

우리를 맞아들이지 아니하니

10 그러므로 내가 가면 그 행한 일을 잊지

아니하리라 그가 악한 말로 우리를 비

방하고도 오히려 부족하여 형제들을 맞

아들이지도 아니하고 맞아들이고자 하

는 자를 금하여 교회에서 내쫓는도다

11 사랑하는 자여 악한 것을 본받지 말고

선한 것을 본받으라 선을 행하는 자는

하나님께 속하고 악을 행하는 자는 하

나님을 뵈옵지 못하였느니라

12 데메드리오는 뭇 사람에게도, 진리에게

서도 증거를 받았으매 우리도 증언하노

니 너는 우리의 증언이 참된 줄을 아느

니라

끝 인사

13 내가 네게 쓸 것이 많으나 먹과 붓으로

쓰기를 원하지 아니하고

14 속히 보기를 바라노니 또한 우리가 대

면하여 말하리라

15 평강이 네게 있을지어다 여러 친구가

네게 문안하느니라 너는 친구들의 이름

을 들어 문안하라

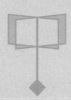

유
다
서

인사

1 예수 그리스도의 종이요 야고보의 형제인 유다는 부르심을 받은 자 곧 하나님 아버지 안에서 사랑을 얻고 예수 그리스도를 위하여 지키심을 받은 자들에게 편지하노라

2 긍휼과 평강과 사랑이 너희에게 더욱 많을지어다

거짓 교사들에게 내릴 심판 (벧후 2:1-17)

3 사랑하는 자들아 우리가 일반으로 받은 구원에 관하여 내가 너희에게 편지하려는 생각이 간절하던 차에 성도에게 단번에 주신 믿음의 도를 위하여 힘써 싸우라는 편지로 너희를 권하여야 할 필요를 느꼈노니

4 이는 가만히 들어온 사람 몇이 있음이라 그들은 옛적부터 이 판결을 받기로 미리 기록된 자니 경건하지 아니하여 우리 하나님의 은혜를 도리어 방탕한 것으로 바꾸고 홀로 하나이신 주재 곧 우리 주 예수 그리스도를 부인하는 자니라

5 너희가 본래 모든 사실을 알고 있으나 내가 너희로 다시 생각나게 하고자 하노라 주께서 백성을 애굽에서 구원하여 내시고 후에 믿지 아니하는 자들을 멸하셨으며

6 또 자기 지위를 지키지 아니하고 자기 처소를 떠난 천사들을 큰 날의 심판까지 영원한 결박으로 흑암에 가두셨으며

7 소돔과 고모라와 그 이웃 도시들도 그들과 같은 행동으로 음란하며 다른 육체를 따라 가다가 영원한 불의 형벌을 받음으로 거울이 되었느니라

8 그러한데 꿈꾸는 이 사람들도 그와 같이 육체를 더럽히며 권위를 업신여기며

영광을 비방하는도다

9 천사장 미가엘이 모세의 시체에 관하여 마귀와 다투어 변론할 때에 감히 비방하는 판결을 내리지 못하고 다만 말하되 주께서 너를 꾸짖으시기를 원하노라 하였거늘

10 이 사람들은 무엇이든지 그 알지 못하는 것을 비방하는도다 또 그들은 이성 없는 짐승 같이 본능으로 아는 그것으로 멸망하느니라

11 화 있을진저 이 사람들이여, 가인의 길에 행하였으며 삯을 위하여 발람의 어그러진 길로 몰려 갔으며 고라의 패역을 따라 멸망을 받았도다

12 그들은 기탄 없이 너희와 함께 먹으니 너희의 애찬에 암초요 자기 몸만 기르는 목자요 바람에 불려가는 물 없는 구름이요 죽고 또 죽어 뿌리까지 뽑힌 열

매 없는 가을 나무요

13 자기 수치의 거품을 뿜는 바다의 거친 물결이요 영원히 예비된 캄캄한 흑암으로 돌아갈 유리하는 별들이라

14 아담의 칠대 손 에녹이 이 사람들에 대하여도 예언하여 이르되 보라 주께서 그 수만의 거룩한 자와 함께 임하셨나니

15 이는 뭇 사람을 심판하사 모든 경건하지 않은 자가 경건하지 않게 행한 모든 경건하지 않은 일과 또 경건하지 않은 죄인들이 주를 거슬러 한 모든 완악한 말로 말미암아 그들을 정죄하려 하심이라 하였느니라

16 이 사람들은 원망하는 자며 불만을 토하는 자며 그 정욕대로 행하는 자라 그 입으로 자랑하는 말을 하며 이익을 위하여 아첨하느니라

훈계와 권면

17 사랑하는 자들아 너희는 우리 주 예수 그리스도의 사도들이 미리 한 말을 기억하라

18 그들이 너희에게 말하기를 마지막 때에 자기의 경건하지 않은 정욕대로 행하며 조롱하는 자들이 있으리라 하였나니

19 이 사람들은 분열을 일으키는 자며 육에 속한 자며 성령이 없는 자니라

20 사랑하는 자들아 너희는 너희의 지극히 거룩한 믿음 위에 자신을 세우며 성령으로 기도하며

21 하나님의 사랑 안에서 자신을 지키며 영생에 이르도록 우리 주 예수 그리스도의 긍휼을 기다리라

22 어떤 의심하는 자들을 긍휼히 여기라

23 또 어떤 자를 불에서 끌어내어 구원하라 또 어떤 자를 그 육체로 더럽힌 옷까지도 미워하되 두려움으로 긍휼히 여기라

축복

24 능히 너희를 보호하사 거침이 없게 하시고 너희로 그 영광 앞에 흠이 없이 기쁨으로 서게 하실 이

25 곧 우리 구주 홀로 하나이신 하나님께 우리 주 예수 그리스도로 말미암아 영광과 위엄과 권력과 권세가 영원 전부터 이제와 영원토록 있을지어다 아멘

요
한
계
시
록

표제와 인사

1 예수 그리스도의 계시라 이는 하나님

이 그에게 주사 반드시 속히 일어날 일

들을 그 종들에게 보이시려고 그의 천

사를 그 종 요한에게 보내어 알게 하신

것이라

2 요한은 하나님의 말씀과 예수 그리스도

의 증거 곧 자기가 본 것을 다 증언하

였느니라

3 이 예언의 말씀을 읽는 자와 듣는 자와

그 가운데에 기록한 것을 지키는 자는

복이 있나니 때가 가까움이라

4 요한은 아시아에 있는 일곱 교회에 편

지하노니 이제도 계시고 전에도 계셨고

장차 오실 이와 그의 보좌 앞에 있는

일곱 영과

5 또 충성된 증인으로 죽은 자들 가운데

에서 먼저 나시고 땅의 임금들의 머리

가 되신 예수 그리스도로 말미암아 은

혜와 평강이 너희에게 있기를 원하노라

우리를 사랑하사 그의 피로 우리 죄에

서 우리를 해방하시고

6 그의 아버지 하나님을 위하여 우리를

나라와 제사장으로 삼으신 그에게 영광

과 능력이 세세토록 있기를 원하노라

아멘

7 볼지어다 그가 구름을 타고 오시리라

각 사람의 눈이 그를 보겠고 그를 찌른

자들도 볼 것이요 땅에 있는 모든 족속

이 그로 말미암아 애곡하리니 그러하리

라 아멘

8 주 하나님이 이르시되 나는 알파와 오

메가라 이제도 있고 전에도 있었고 장

차 올 자요 전능한 자라 하시더라

그리스도의 명령

9 나 요한은 너희 형제요 예수의 환난과

나라와 참음에 동참하는 자라 하나님의

말씀과 예수를 증언하였음으로 말미암

아 밧모라 하는 섬에 있었더니

10 주의 날에 내가 성령에 감동되어 내 뒤

에서 나는 나팔 소리 같은 큰 음성을

들으니

11 이르되 네가 보는 것을 두루마리에 써

서 에베소, 서머나, 버가모, 두아디라,

사데, 빌라델비아, 라오디게아 등 일곱

교회에 보내라 하시기로

12 몸을 돌이켜 나에게 말한 음성을 알아

보려고 돌이킬 때에 일곱 금 촛대를 보

았는데

13 촛대 사이에 인자 같은 이가 발에 끌리

는 옷을 입고 가슴에 금띠를 띠고

14 그의 머리와 털의 희기가 흰 양털 같고

눈 같으며 그의 눈은 불꽃 같고

15 그의 발은 풀무불에 단련한 빛난 주석

같고 그의 음성은 많은 물 소리와 같

으며

16 그의 오른손에 일곱 별이 있고 그의 입

에서 좌우에 날선 검이 나오고 그 얼굴

은 해가 힘있게 비치는 것 같더라

17 내가 볼 때에 그의 발 앞에 엎드러져

죽은 자 같이 되매 그가 오른손을 내게

얹고 이르시되 두려워하지 말라 나는

처음이요 마지막이니

18 곧 살아 있는 자라 내가 전에 죽었었노

라 볼지어다 이제 세세토록 살아 있어

사망과 음부의 열쇠를 가졌노니

19 그러므로 네가 본 것과 지금 있는 일과

장차 될 일을 기록하라

20 네가 본 것은 내 오른손의 일곱 별의

비밀과 또 일곱 금 촛대라 일곱 별은

일곱 교회의 사자요 일곱 촛대는 일곱

교회니라

에베소 교회에 보내는 말씀

2 에베소 교회의 사자에게 편지하라 오

른손에 있는 일곱 별을 붙잡고 일곱 금

촛대 사이를 거니시는 이가 이르시되

2 내가 네 행위와 수고와 네 인내를 알고

또 악한 자들을 용납하지 아니한 것과

자칭 사도라 하되 아닌 자들을 시험하

여 그의 거짓된 것을 네가 드러낸 것과

3 또 네가 참고 내 이름을 위하여 견디고

게으르지 아니한 것을 아노라

4 그러나 너를 책망할 것이 있나니 너의

처음 사랑을 버렸느니라

5 그러므로 어디서 떨어졌는지를 생각하

고 회개하여 처음 행위를 가지라 만일

그리하지 아니하고 회개하지 아니하면

내가 네게 가서 네 촛대를 그 자리에서

옮기리라

6 오직 네게 이것이 있으니 네가 니골라

당의 행위를 미워하는도다 나도 이것을

미워하노라

7 귀 있는 자는 성령이 교회들에게 하시

는 말씀을 들을지어다 이기는 그에게는

내가 하나님의 낙원에 있는 생명나무의

열매를 주어 먹게 하리라

서머나 교회에 보내는 말씀

8 서머나 교회의 사자에게 편지하라 처음

이며 마지막이요 죽었다가 살아나신 이

가 이르시되

9 내가 네 환난과 궁핍을 알거니와 실상

은 네가 부요한 자니라 자칭 유대인이

라 하는 자들의 비방도 알거니와 실상

은 유대인이 아니요 사탄의 회당이라

10 너는 장차 받을 고난을 두려워하지 말

라 볼지어다 마귀가 장차 너희 가운데

에서 몇 사람을 옥에 던져 시험을 받게

하리니 너희가 십 일 동안 환난을 받으

리라 네가 죽도록 충성하라 그리하면

내가 생명의 관을 네게 주리라

11 귀 있는 자는 성령이 교회들에게 하시

는 말씀을 들을지어다 이기는 자는 둘

째 사망의 해를 받지 아니하리라

버가모 교회에 보내는 말씀

12 버가모 교회의 사자에게 편지하라 좌우

에 날선 검을 가지신 이가 이르시되

13 네가 어디에 사는지를 내가 아노니 거

기는 사탄의 권좌가 있는 데라 네가 내

이름을 굳게 잡아서 내 충성된 증인 안

디바가 너희 가운데 곧 사탄이 사는 곳

에서 죽임을 당할 때에도 나를 믿는 믿

음을 저버리지 아니하였도다

14 그러나 네게 두어 가지 책망할 것이 있

나니 거기 네게 발람의 교훈을 지키는

자들이 있도다 발람이 발락을 가르쳐

이스라엘 자손 앞에 걸림돌을 놓아 우

상의 제물을 먹게 하였고 또 행음하게

하였느니라

15 이와 같이 네게도 니골라 당의 교훈을

지키는 자들이 있도다

16 그러므로 회개하라 그리하지 아니하면

내가 네게 속히 가서 내 입의 검으로

그들과 싸우리라

17 귀 있는 자는 성령이 교회들에게 하시

는 말씀을 들을지어다 이기는 그에게는

내가 감추었던 만나를 주고 또 흰 돌을

줄 터인데 그 돌 위에 새 이름을 기록

한 것이 있나니 받는 자 밖에는 그 이

름을 알 사람이 없느니라

두아디라 교회에 보내는 말씀

18 두아디라 교회의 사자에게 편지하라 그

눈이 불꽃 같고 그 발이 빛난 주석과

같은 하나님의 아들이 이르시되

19 내가 네 사업과 사랑과 믿음과 섬김과

인내를 아노니 네 나중 행위가 처음 것

보다 많도다

20 그러나 네게 책망할 일이 있노라 자칭

선지자라 하는 여자 이세벨을 네가 용

납함이니 그가 내 종들을 가르쳐 꾀어

행음하게 하고 우상의 제물을 먹게 하

는도다

21 또 내가 그에게 회개할 기회를 주었으

되 자기의 음행을 회개하고자 하지 아

니하는도다

22 볼지어다 내가 그를 침상에 던질 터이

요 또 그와 더불어 간음하는 자들도 만

일 그의 행위를 회개하지 아니하면 큰

환난 가운데에 던지고

23 또 내가 사망으로 그의 자녀를 죽이리

니 모든 교회가 나는 사람의 뜻과 마음

을 살피는 자인 줄 알지라 내가 너희

각 사람의 행위대로 갚아 주리라

24 두아디라에 남아 있어 이 교훈을 받지

아니하고 소위 사탄의 깊은 것을 알지

못하는 너희에게 말하노니 다른 짐으로

너희에게 지울 것은 없노라

25 다만 너희에게 있는 것을 내가 올 때까

지 굳게 잡으라

26 이기는 자와 끝까지 내 일을 지키는 그

에게 만국을 다스리는 권세를 주리니

27 그가 철장을 가지고 그들을 다스려 질

그릇 깨뜨리는 것과 같이 하리라 나도

내 아버지께 받은 것이 그러하니라

28 내가 또 그에게 새벽 별을 주리라

29 귀 있는 자는 성령이 교회들에게 하시

는 말씀을 들을지어다

사데 교회에 보내는 말씀

3 사데 교회의 사자에게 편지하라 하나

님의 일곱 영과 일곱 별을 가지신 이가

이르시되 내가 네 행위를 아노니 네가

살았다 하는 이름은 가졌으나 죽은 자

로다

2 너는 일깨어 그 남은 바 죽게 된 것을

굳건하게 하라 내 하나님 앞에 네 행위

의 온전한 것을 찾지 못하였노니

3 그러므로 네가 어떻게 받았으며 어떻게

들었는지 생각하고 지켜 회개하라 만일

일깨지 아니하면 내가 도둑 같이 이르

리니 어느 때에 네게 이를는지 네가 알

지 못하리라

4 그러나 사데에 그 옷을 더럽히지 아니

한 자 몇 명이 네게 있어 흰 옷을 입고

나와 함께 다니리니 그들은 합당한 자

인 연고라

5 이기는 자는 이와 같이 흰 옷을 입을

것이요 내가 그 이름을 생명책에서 결

코 지우지 아니하고 그 이름을 내 아

버지 앞과 그의 천사들 앞에서 시인하

리라

6 귀 있는 자는 성령이 교회들에게 하시

는 말씀을 들을지어다

빌라델비아 교회에 보내는 말씀

7 빌라델비아 교회의 사자에게 편지하라

거룩하고 진실하사 다윗의 열쇠를 가지

신 이 곧 열면 닫을 사람이 없고 닫으

면 열 사람이 없는 그가 이르시되

8 볼지어다 내가 네 앞에 열린 문을 두었

으되 능히 닫을 사람이 없으리라 내가

네 행위를 아노니 네가 작은 능력을 가

지고서도 내 말을 지키며 내 이름을 배

반하지 아니하였도다

9 보라 사탄의 회당 곧 자칭 유대인이라

하나 그렇지 아니하고 거짓말 하는 자

들 중에서 몇을 네게 주어 그들로 와서

네 발 앞에 절하게 하고 내가 너를 사

랑하는 줄을 알게 하리라

10 네가 나의 인내의 말씀을 지켰은즉 내가 또한 너를 지켜 시험의 때를 면하게 하리니 이는 장차 온 세상에 임하여 땅에 거하는 자들을 시험할 때라

11 내가 속히 오리니 네가 가진 것을 굳게 잡아 아무도 네 면류관을 빼앗지 못하게 하라

12 이기는 자는 내 하나님 성전에 기둥이 되게 하리니 그가 결코 다시 나가지 아니하리라 내가 하나님의 이름과 하나님의 성 곧 하늘에서 내 하나님께로부터 내려오는 새 예루살렘의 이름과 나의 새 이름을 그이 위에 기록하리라

13 귀 있는 자는 성령이 교회들에게 하시는 말씀을 들을지어다

라오디게아 교회에 보내는 말씀

14 라오디게아 교회의 사자에게 편지하라 아멘이시요 충성되고 참된 증인이시요 하나님의 창조의 근본이신 이가 이르시되

15 내가 네 행위를 아노니 네가 차지도 아니하고 뜨겁지도 아니하도다 네가 차든지 뜨겁든지 하기를 원하노라

16 네가 이같이 미지근하여 뜨겁지도 아니하고 차지도 아니하니 내 입에서 너를 토하여 버리리라

17 네가 말하기를 나는 부자라 부요하여 부족한 것이 없다 하나 네 곤고한 것과 가련한 것과 가난한 것과 눈 먼 것과 벌거벗은 것을 알지 못하는도다

18 내가 너를 권하노니 내게서 불로 연단한 금을 사서 부요하게 하고 흰 옷을 사서 입어 벌거벗은 수치를 보이지 않게 하고 안약을 사서 눈에 발라 보게 하라

19 무릇 내가 사랑하는 자를 책망하여 징

계하노니 그러므로 네가 열심을 내라

회개하라

20 볼지어다 내가 문 밖에 서서 두드리노

니 누구든지 내 음성을 듣고 문을 열면

내가 그에게로 들어가 그와 더불어 먹

고 그는 나와 더불어 먹으리라

21 이기는 그에게는 내가 내 보좌에 함께

앉게 하여 주기를 내가 이기고 아버지

보좌에 함께 앉은 것과 같이 하리라

22 귀 있는 자는 성령이 교회들에게 하시

는 말씀을 들을지어다

하늘의 예배

4 이 일 후에 내가 보니 하늘에 열린 문

이 있는데 내가 들은 바 처음에 내게

말하던 나팔 소리 같은 그 음성이 이르

되 이리로 올라오라 이 후에 마땅히 일

어날 일들을 내가 네게 보이리라 하시

더라

2 내가 곧 성령에 감동되었더니 보라 하

늘에 보좌를 베풀었고 그 보좌 위에 앉

으신 이가 있는데

3 앉으신 이의 모양이 벽옥과 홍보석 같

고 또 무지개가 있어 보좌에 둘렸는데

그 모양이 녹보석 같더라

4 또 보좌에 둘려 이십사 보좌들이 있고

그 보좌들 위에 이십사 장로들이 흰 옷

을 입고 머리에 금관을 쓰고 앉았더라

5 보좌로부터 번개와 음성과 우렛소리가

나고 보좌 앞에 켠 등불 일곱이 있으니

이는 하나님의 일곱 영이라

6 보좌 앞에 수정과 같은 유리 바다가 있

고 보좌 가운데와 보좌 주위에 네 생물

이 있는데 앞뒤에 눈들이 가득하더라

7 그 첫째 생물은 사자 같고 그 둘째 생

물은 송아지 같고 그 셋째 생물은 얼굴

이 사람 같고 그 넷째 생물은 날아가는

독수리 같은데

책과 어린 양

8 네 생물은 각각 여섯 날개를 가졌고 그

안과 주위에는 눈들이 가득하더라 그들

이 밤낮 쉬지 않고 이르기를 거룩하다

거룩하다 거룩하다 주 하나님 곧 전능

하신 이여 전에도 계셨고 이제도 계시

고 장차 오실 이시라 하고

9 그 생물들이 보좌에 앉으사 세세토록

살아 계시는 이에게 영광과 존귀와 감

사를 돌릴 때에

10 이십사 장로들이 보좌에 앉으신 이 앞

에 엎드려 세세토록 살아 계시는 이에

게 경배하고 자기의 관을 보좌 앞에 드

리며 이르되

11 우리 주 하나님이여 영광과 존귀와 권

능을 받으시는 것이 합당하오니 주께서

만물을 지으신지라 만물이 주의 뜻대로

있었고 또 지으심을 받았나이다 하더라

5 내가 보매 보좌에 앉으신 이의 오른손

에 두루마리가 있으니 안팎으로 썼고

일곱 인으로 봉하였더라

2 또 보매 힘있는 천사가 큰 음성으로 외

치기를 누가 그 두루마리를 펴며 그 인

을 떼기에 합당하냐 하나

3 하늘 위에나 땅 위에나 땅 아래에 능히

그 두루마리를 펴거나 보거나 할 자가

없더라

4 그 두루마리를 펴거나 보거나 하기에

합당한 자가 보이지 아니하기로 내가

크게 울었더니

5 장로 중의 한 사람이 내게 말하되 울지

말라 유대 지파의 사자 다윗의 뿌리가

이겼으니 그 두루마리와 그 일곱 인을

떼시리라 하더라

6 내가 또 보니 보좌와 네 생물과 장로들

사이에 한 어린 양이 서 있는데 일찍이 죽임을 당한 것 같더라 그에게 일곱 뿔과 일곱 눈이 있으니 이 눈들은 온 땅에 보내심을 받은 하나님의 일곱 영이더라

7 그 어린 양이 나아와서 보좌에 앉으신 이의 오른손에서 두루마리를 취하시니라

8 그 두루마리를 취하시매 네 생물과 이십사 장로들이 그 어린 양 앞에 엎드려 각각 거문고와 향이 가득한 금 대접을 가졌으니 이 향은 성도의 기도들이라

9 그들이 새 노래를 불러 이르되 두루마리를 가지시고 그 인봉을 떼기에 합당하시도다 일찍이 죽임을 당하사 각 족속과 방언과 백성과 나라 가운데에서 사람들을 피로 사서 하나님께 드리시고

10 그들로 우리 하나님 앞에서 나라와 제사장들을 삼으셨으니 그들이 땅에서 왕 노릇 하리로다 하더라

11 내가 또 보고 들으매 보좌와 생물들과 장로들을 둘러 선 많은 천사의 음성이 있으니 그 수가 만만이요 천천이라

12 큰 음성으로 이르되 죽임을 당하신 어린 양은 능력과 부와 지혜와 힘과 존귀와 영광과 찬송을 받으시기에 합당하도다 하더라

13 내가 또 들으니 하늘 위에와 땅 위에와 땅 아래와 바다 위에와 또 그 가운데 모든 피조물이 이르되 보좌에 앉으신 이와 어린 양에게 찬송과 존귀와 영광과 권능을 세세토록 돌릴지어다 하니

14 네 생물이 이르되 아멘 하고 장로들은 엎드려 경배하더라

일곱 봉인에 담긴 심판

6 내가 보매 어린 양이 일곱 인 중의 하

나를 떼시는데 그 때에 내가 들으니 네

생물 중의 하나가 우렛소리 같이 말하

되 오라 하기로

2 이에 내가 보니 흰 말이 있는데 그 탄

자가 활을 가졌고 면류관을 받고 나아

가서 이기고 또 이기려고 하더라

3 둘째 인을 떼실 때에 내가 들으니 둘째

생물이 말하되 오라 하니

4 이에 다른 붉은 말이 나오더라 그 탄

자가 허락을 받아 땅에서 화평을 제하

여 버리며 서로 죽이게 하고 또 큰 칼

을 받았더라

5 셋째 인을 떼실 때에 내가 들으니 셋째

생물이 말하되 오라 하기로 내가 보니

검은 말이 나오는데 그 탄 자가 손에

저울을 가졌더라

6 내가 네 생물 사이로부터 나는 듯한 음

성을 들으니 이르되 한 데나리온에 밀

한 되요 한 데나리온에 보리 석 되로다

또 감람유와 포도주는 해치지 말라 하

더라

7 넷째 인을 떼실 때에 내가 넷째 생물의

음성을 들으니 말하되 오라 하기로

8 내가 보매 청황색 말이 나오는데 그 탄

자의 이름은 사망이니 음부가 그 뒤를

따르더라 그들이 땅 사분의 일의 권세

를 얻어 검과 흉년과 사망과 땅의 짐승

들로써 죽이더라

9 다섯째 인을 떼실 때에 내가 보니 하나

님의 말씀과 그들이 가진 증거로 말미

암아 죽임을 당한 영혼들이 제단 아래

에 있어

10 큰 소리로 불러 이르되 거룩하고 참되

신 대주재여 땅에 거하는 자들을 심판

하여 우리 피를 갚아 주지 아니하시기

를 어느 때까지 하시려 하나이까 하니

11 각각 그들에게 흰 두루마기를 주시며 이르시되 아직 잠시 동안 쉬되 그들의 동무 종들과 형제들도 자기처럼 죽임을 당하여 그 수가 차기까지 하라 하시더라

12 내가 보니 여섯째 인을 떼실 때에 큰 지진이 나며 해가 검은 털로 짠 상복 같이 검어지고 달은 온통 피 같이 되며

13 하늘의 별들이 무화과나무가 대풍에 흔들려 설익은 열매가 떨어지는 것 같이 땅에 떨어지며

14 하늘은 두루마리가 말리는 것 같이 떠나가고 각 산과 섬이 제 자리에서 옮겨지매

15 땅의 임금들과 왕족들과 장군들과 부자들과 강한 자들과 모든 종과 자유인이 굴과 산들의 바위 틈에 숨어

16 산들과 바위에게 말하되 우리 위에 떨어져 보좌에 앉으신 이의 얼굴에서와 그 어린 양의 진노에서 우리를 가리라

17 그들의 진노의 큰 날이 이르렀으니 누가 능히 서리요 하더라

인치심을 받은 십사만 사천 명

7 이 일 후에 내가 네 천사가 땅 네 모퉁이에 선 것을 보니 땅의 사방의 바람을 붙잡아 바람으로 하여금 땅에나 바다에나 각종 나무에 불지 못하게 하더라

2 또 보매 다른 천사가 살아 계신 하나님의 인을 가지고 해 돋는 데로부터 올라와서 땅과 바다를 해롭게 할 권세를 받은 네 천사를 향하여 큰 소리로 외쳐

3 이르되 우리가 우리 하나님의 종들의 이마에 인치기까지 땅이나 바다나 나무들을 해하지 말라 하더라

4 내가 인침을 받은 자의 수를 들으니 이스라엘 자손의 각 지파 중에서 인침을

받은 자들이 십사만 사천이니

각 나라에서 온 무리

5 유다 지파 중에 인침을 받은 자가 일만 이천이요 르우벤 지파 중에 일만 이천 이요 갓 지파 중에 일만 이천이요

6 아셀 지파 중에 일만 이천이요 납달리 지파 중에 일만 이천이요 므낫세 지파 중에 일만 이천이요

7 시므온 지파 중에 일만 이천이요 레위 지파 중에 일만 이천이요 잇사갈 지파 중에 일만 이천이요

8 스불론 지파 중에 일만 이천이요 요셉 지파 중에 일만 이천이요 베냐민 지파 중에 인침을 받은 자가 일만 이천이라

9 이 일 후에 내가 보니 각 나라와 족속 과 백성과 방언에서 아무도 능히 셀 수 없는 큰 무리가 나와 흰 옷을 입고 손 에 종려 가지를 들고 보좌 앞과 어린

양 앞에 서서

10 큰 소리로 외쳐 이르되 구원하심이 보 좌에 앉으신 우리 하나님과 어린 양에 게 있도다 하니

11 모든 천사가 보좌와 장로들과 네 생물 의 주위에 서 있다가 보좌 앞에 엎드려 얼굴을 대고 하나님께 경배하여

12 이르되 아멘 찬송과 영광과 지혜와 감 사와 존귀와 권능과 힘이 우리 하나님 께 세세토록 있을지어다 아멘 하더라

13 장로 중 하나가 응답하여 나에게 이르 되 이 흰 옷 입은 자들이 누구며 또 어 디서 왔느냐

14 내가 말하기를 내 주여 당신이 아시나 이다 하니 그가 나에게 이르되 이는 큰 환난에서 나오는 자들인데 어린 양의 피에 그 옷을 씻어 희게 하였느니라

15 그러므로 그들이 하나님의 보좌 앞에

있고 또 그의 성전에서 밤낮 하나님을 섬기매 보좌에 앉으신 이가 그들 위에 장막을 치시리니

16 그들이 다시는 주리지도 아니하며 목마르지도 아니하고 해나 아무 뜨거운 기운에 상하지도 아니하리니

17 이는 보좌 가운데에 계신 어린 양이 그들의 목자가 되사 생명수 샘으로 인도하시고 하나님께서 그들의 눈에서 모든 눈물을 씻어 주실 것임이라

일곱째 봉인과 금 향로

8 일곱째 인을 떼실 때에 하늘이 반 시간쯤 고요하더니

2 내가 보매 하나님 앞에 일곱 천사가 서 있어 일곱 나팔을 받았더라

3 또 다른 천사가 와서 제단 곁에 서서 금 향로를 가지고 많은 향을 받았으니 이는 모든 성도의 기도와 합하여 보좌 앞 금 제단에 드리고자 함이라

4 향연이 성도의 기도와 함께 천사의 손으로부터 하나님 앞으로 올라가는지라

5 천사가 향로를 가지고 제단의 불을 담아다가 땅에 쏟으매 우레와 음성과 번개와 지진이 나더라

나팔 소리

6 일곱 나팔을 가진 일곱 천사가 나팔 불기를 준비하더라

7 첫째 천사가 나팔을 부니 피 섞인 우박과 불이 나와서 땅에 쏟아지매 땅의 삼분의 일이 타 버리고 수목의 삼분의 일도 타 버리고 각종 푸른 풀도 타 버렸더라

8 둘째 천사가 나팔을 부니 불 붙는 큰 산과 같은 것이 바다에 던져지매 바다의 삼분의 일이 피가 되고

9 바다 가운데 생명 가진 피조물들의 삼

분의 일이 죽고 배들의 삼분의 일이 깨

지더라

10 셋째 천사가 나팔을 부니 횃불 같이 타

는 큰 별이 하늘에서 떨어져 강들의 삼

분의 일과 여러 물샘에 떨어지니

11 이 별 이름은 쓴 쑥이라 물의 삼분의

일이 쓴 쑥이 되매 그 물이 쓴 물이 되

므로 많은 사람이 죽더라

12 넷째 천사가 나팔을 부니 해 삼분의 일

과 달 삼분의 일과 별들의 삼분의 일이

타격을 받아 그 삼분의 일이 어두워지

니 낮 삼분의 일은 비추임이 없고 밤도

그러하더라

13 내가 또 보고 들으니 공중에 날아가는

독수리가 큰 소리로 이르되 땅에 사는

자들에게 화, 화, 화가 있으리니 이는

세 천사들이 불어야 할 나팔 소리가 남

아 있음이로다 하더라

9 다섯째 천사가 나팔을 불매 내가 보니

하늘에서 땅에 떨어진 별 하나가 있는

데 그가 무저갱의 열쇠를 받았더라

2 그가 무저갱을 여니 그 구멍에서 큰 화

덕의 연기 같은 연기가 올라오매 해와

공기가 그 구멍의 연기로 말미암아 어

두워지며

3 또 황충이 연기 가운데로부터 땅 위에

나오매 그들이 땅에 있는 전갈의 권세

와 같은 권세를 받았더라

4 그들에게 이르시되 땅의 풀이나 푸른

것이나 각종 수목은 해하지 말고 오직

이마에 하나님의 인침을 받지 아니한

사람들만 해하라 하시더라

5 그러나 그들을 죽이지는 못하게 하시고

다섯 달 동안 괴롭게만 하게 하시는데

그 괴롭게 함은 전갈이 사람을 쏠 때에

괴롭게 함과 같더라

6 그 날에는 사람들이 죽기를 구하여도 죽지 못하고 죽고 싶으나 죽음이 그들을 피하리로다

7 황충들의 모양은 전쟁을 위하여 준비한 말들 같고 그 머리에 금 같은 관 비슷한 것을 썼으며 그 얼굴은 사람의 얼굴 같고

8 또 여자의 머리털 같은 머리털이 있고 그 이빨은 사자의 이빨 같으며

9 또 철 호심경 같은 호심경이 있고 그 날개들의 소리는 병거와 많은 말들이 전쟁터로 달려 들어가는 소리 같으며

10 또 전갈과 같은 꼬리와 쏘는 살이 있어 그 꼬리에는 다섯 달 동안 사람들을 해하는 권세가 있더라

11 그들에게 왕이 있으니 무저갱의 사자라 히브리어로는 그 이름이 아바돈이요 헬라어로는 그 이름이 아볼루온이더라

12 첫째 화는 지나갔으나 보라 아직도 이 후에 화 둘이 이르리로다

13 여섯째 천사가 나팔을 불매 내가 들으니 하나님 앞 금 제단 네 뿔에서 한 음성이 나서

14 나팔 가진 여섯째 천사에게 말하기를 큰 강 유브라데에 결박한 네 천사를 놓아 주라 하매

15 네 천사가 놓였으니 그들은 그 년 월 일 시에 이르러 사람 삼분의 일을 죽이기로 준비된 자들이더라

16 마병대의 수는 이만 만이니 내가 그들의 수를 들었노라

17 이같은 환상 가운데 그 말들과 그 위에 탄 자들을 보니 불빛과 자줏빛과 유황빛 호심경이 있고 또 말들의 머리는 사자 머리 같고 그 입에서는 불과 연기와 유황이 나오더라

18 이 세 재앙 곧 자기들의 입에서 나오는 불과 연기와 유황으로 말미암아 사람 삼분의 일이 죽임을 당하니라

19 이 말들의 힘은 입과 꼬리에 있으니 꼬리는 뱀 같고 또 꼬리에 머리가 있어 이것으로 해하더라

20 이 재앙에 죽지 않고 남은 사람들은 손으로 행한 일을 회개하지 아니하고 오히려 여러 귀신과 또는 보거나 듣거나 다니거나 하지 못하는 금, 은, 동과 목석의 우상에게 절하고

21 또 그 살인과 복술과 음행과 도둑질을 회개하지 아니하더라

천사와 작은 책

10 내가 또 보니 힘 센 다른 천사가 구름을 입고 하늘에서 내려오는데 그 머리 위에 무지개가 있고 그 얼굴은 해 같고 그 발은 불기둥 같으며

2 그 손에는 펴 놓인 작은 두루마리를 들고 그 오른 발은 바다를 밟고 왼 발은 땅을 밟고

3 사자가 부르짖는 것 같이 큰 소리로 외치니 그가 외칠 때에 일곱 우레가 그 소리를 내어 말하더라

4 일곱 우레가 말을 할 때에 내가 기록하려고 하다가 곧 들으니 하늘에서 소리가 나서 말하기를 일곱 우레가 말한 것을 인봉하고 기록하지 말라 하더라

5 내가 본 바 바다와 땅을 밟고 서 있는 천사가 하늘을 향하여 오른손을 들고

6 세세토록 살아 계신 이 곧 하늘과 그 가운데에 있는 물건이며 땅과 그 가운데에 있는 물건이며 바다와 그 가운데에 있는 물건을 창조하신 이를 가리켜 맹세하여 이르되 지체하지 아니하리니

7 일곱째 천사가 소리 내는 날 그의 나팔

을 불려고 할 때에 하나님이 그의 종

선지자들에게 전하신 복음과 같이 하나

님의 그 비밀이 이루어지리라 하더라

8 하늘에서 나서 내게 들리던 음성이 또

내게 말하여 이르되 네가 가서 바다와

땅을 밟고 서 있는 천사의 손에 펴 놓

인 두루마리를 가지라 하기로

9 내가 천사에게 나아가 작은 두루마리를

달라 한즉 천사가 이르되 갖다 먹어 버

리라 네 배에는 쓰나 네 입에는 꿀 같

이 달리라 하거늘

10 내가 천사의 손에서 작은 두루마리를 갖

다 먹어 버리니 내 입에는 꿀 같이 다

나 먹은 후에 내 배에서는 쓰게 되더라

11 그가 내게 말하기를 네가 많은 백성과

나라와 방언과 임금에게 다시 예언하여

야 하리라 하더라

두 증인

11 또 내게 지팡이 같은 갈대를 주며 말하

기를 일어나서 하나님의 성전과 제단과

그 안에서 경배하는 자들을 측량하되

2 성전 바깥 마당은 측량하지 말고 그냥

두라 이것은 이방인에게 주었은즉 그들

이 거룩한 성을 마흔두 달 동안 짓밟으

리라

3 내가 나의 두 증인에게 권세를 주리니

그들이 굵은 베옷을 입고 천이백육십

일을 예언하리라

4 그들은 이 땅의 주 앞에 서 있는 두 감

람나무와 두 촛대니

5 만일 누구든지 그들을 해하고자 하면

그들의 입에서 불이 나와서 그들의 원

수를 삼켜 버릴 것이요 누구든지 그들

을 해하고자 하면 반드시 그와 같이 죽

임을 당하리라

6 그들이 권능을 가지고 하늘을 닫아 그

예언을 하는 날 동안 비가 오지 못하게

하고 또 권능을 가지고 물을 피로 변하

게 하고 아무 때든지 원하는 대로 여러

가지 재앙으로 땅을 치리로다

7 그들이 그 증언을 마칠 때에 무저갱으

로부터 올라오는 짐승이 그들과 더불어

전쟁을 일으켜 그들을 이기고 그들을

죽일 터인즉

8 그들의 시체가 큰 성 길에 있으리니 그

성은 영적으로 하면 소돔이라고도 하고

애굽이라고도 하니 곧 그들의 주께서

십자가에 못 박히신 곳이라

9 백성들과 족속과 방언과 나라 중에서

사람들이 그 시체를 사흘 반 동안을 보

며 무덤에 장사하지 못하게 하리로다

10 이 두 선지자가 땅에 사는 자들을 괴롭

게 한 고로 땅에 사는 자들이 그들의

죽음을 즐거워하고 기뻐하여 서로 예물

을 보내리라 하더라

11 삼 일 반 후에 하나님께로부터 생기가

그들 속에 들어가매 그들이 발로 일어

서니 구경하는 자들이 크게 두려워하

더라

12 하늘로부터 큰 음성이 있어 이리로 올

라오라 함을 그들이 듣고 구름을 타고

하늘로 올라가니 그들의 원수들도 구경

하더라

13 그 때에 큰 지진이 나서 성 십분의 일

이 무너지고 지진에 죽은 사람이 칠천

이라 그 남은 자들이 두려워하여 영광

을 하늘의 하나님께 돌리더라

14 둘째 화는 지나갔으나 보라 셋째 화가

속히 이르는도다

일곱째 나팔 소리

15 일곱째 천사가 나팔을 불매 하늘에 큰

음성들이 나서 이르되 세상 나라가 우

리 주와 그의 그리스도의 나라가 되어

그가 세세토록 왕 노릇 하시리로다 하니

16 하나님 앞에서 자기 보좌에 앉아 있던

이십사 장로가 엎드려 얼굴을 땅에 대

고 하나님께 경배하여

17 이르되 감사하옵나니 옛적에도 계셨고

지금도 계신 주 하나님 곧 전능하신 이

여 친히 큰 권능을 잡으시고 왕 노릇

하시도다

18 이방들이 분노하매 주의 진노가 내려

죽은 자를 심판하시며 종 선지자들과

성도들과 또 작은 자든지 큰 자든지 주

의 이름을 경외하는 자들에게 상 주시

며 또 땅을 망하게 하는 자들을 멸망시

키실 때로소이다 하더라

19 이에 하늘에 있는 하나님의 성전이 열

리니 성전 안에 하나님의 언약궤가 보

이며 또 번개와 음성들과 우레와 지진

과 큰 우박이 있더라

여자와 용

12 하늘에 큰 이적이 보이니 해를 옷 입은

한 여자가 있는데 그 발 아래에는 달이

있고 그 머리에는 열두 별의 관을 썼

더라

2 이 여자가 아이를 배어 해산하게 되매

아파서 애를 쓰며 부르짖더라

3 하늘에 또 다른 이적이 보이니 보라 한

큰 붉은 용이 있어 머리가 일곱이요 뿔

이 열이라 그 여러 머리에 일곱 왕관이

있는데

4 그 꼬리가 하늘의 별 삼분의 일을 끌어

다가 땅에 던지더라 용이 해산하려는

여자 앞에서 그가 해산하면 그 아이를

삼키고자 하더니

5 여자가 아들을 낳으니 이는 장차 철장으

로 만국을 다스릴 남자라 그 아이를 하나님 앞과 그 보좌 앞으로 올려가더라

6 그 여자가 광야로 도망하매 거기서 천 이백육십 일 동안 그를 양육하기 위하여 하나님께서 예비하신 곳이 있더라

7 하늘에 전쟁이 있으니 미가엘과 그의 사자들이 용과 더불어 싸울새 용과 그의 사자들도 싸우나

8 이기지 못하여 다시 하늘에서 그들이 있을 곳을 얻지 못한지라

9 큰 용이 내쫓기니 옛 뱀 곧 마귀라고도 하고 사탄이라고도 하며 온 천하를 꾀는 자라 그가 땅으로 내쫓기니 그의 사자들도 그와 함께 내쫓기니라

10 내가 또 들으니 하늘에 큰 음성이 있어 이르되 이제 우리 하나님의 구원과 능력과 나라와 또 그의 그리스도의 권세가 나타났으니 우리 형제들을 참소하던 자 곧 우리 하나님 앞에서 밤낮 참소하던 자가 쫓겨났고

11 또 우리 형제들이 어린 양의 피와 자기들이 증언하는 말씀으로써 그를 이겼으니 그들은 죽기까지 자기들의 생명을 아끼지 아니하였도다

12 그러므로 하늘과 그 가운데에 거하는 자들은 즐거워하라 그러나 땅과 바다는 화 있을진저 이는 마귀가 자기의 때가 얼마 남지 않은 줄을 알므로 크게 분내어 너희에게 내려갔음이라 하더라

13 용이 자기가 땅으로 내쫓긴 것을 보고 남자를 낳은 여자를 박해하는지라

14 그 여자가 큰 독수리의 두 날개를 받아 광야 자기 곳으로 날아가 거기서 그 뱀의 낯을 피하여 한 때와 두 때와 반 때를 양육 받으매

15 여자의 뒤에서 뱀이 그 입으로 물을 강

같이 토하여 여자를 물에 떠내려 가게

하려 하되

16 땅이 여자를 도와 그 입을 벌려 용의

입에서 토한 강물을 삼키니

17 용이 여자에게 분노하여 돌아가서 그 여

자의 남은 자손 곧 하나님의 계명을 지

키며 예수의 증거를 가진 자들과 더불

어 싸우려고 바다 모래 위에 서 있더라

짐승 두 마리

13 내가 보니 바다에서 한 짐승이 나오는

데 뿔이 열이요 머리가 일곱이라 그 뿔

에는 열 왕관이 있고 그 머리들에는 신

성모독 하는 이름들이 있더라

2 내가 본 짐승은 표범과 비슷하고 그 발

은 곰의 발 같고 그 입은 사자의 입 같

은데 용이 자기의 능력과 보좌와 큰 권

세를 그에게 주었더라

3 그의 머리 하나가 상하여 죽게 된 것

같더니 그 죽게 되었던 상처가 나으매

온 땅이 놀랍게 여겨 짐승을 따르고

4 용이 짐승에게 권세를 주므로 용에게

경배하며 짐승에게 경배하여 이르되 누

가 이 짐승과 같으냐 누가 능히 이와

더불어 싸우리요 하더라

5 또 짐승이 과장되고 신성모독을 말하는

입을 받고 또 마흔두 달 동안 일할 권

세를 받으니라

6 짐승이 입을 벌려 하나님을 향하여 비

방하되 그의 이름과 그의 장막 곧 하늘

에 사는 자들을 비방하더라

7 또 권세를 받아 성도들과 싸워 이기게

되고 각 족속과 백성과 방언과 나라를

다스리는 권세를 받으니

8 죽임을 당한 어린 양의 생명책에 창세

이후로 이름이 기록되지 못하고 이 땅

에 사는 자들은 다 그 짐승에게 경배하

리라

9 누구든지 귀가 있거든 들을지어다

10 사로잡힐 자는 사로잡혀 갈 것이요 칼

에 죽을 자는 마땅히 칼에 죽을 것이니

성도들의 인내와 믿음이 여기 있느니라

11 내가 보매 또 다른 짐승이 땅에서 올라

오니 어린 양 같이 두 뿔이 있고 용처

럼 말을 하더라

12 그가 먼저 나온 짐승의 모든 권세를 그

앞에서 행하고 땅과 땅에 사는 자들을

처음 짐승에게 경배하게 하니 곧 죽게

되었던 상처가 나은 자니라

13 큰 이적을 행하되 심지어 사람들 앞에

서 불이 하늘로부터 땅에 내려오게 하고

14 짐승 앞에서 받은 바 이적을 행함으로

땅에 거하는 자들을 미혹하며 땅에 거

하는 자들에게 이르기를 칼에 상하였다

가 살아난 짐승을 위하여 우상을 만들

라 하더라

15 그가 권세를 받아 그 짐승의 우상에게

생기를 주어 그 짐승의 우상으로 말하

게 하고 또 짐승의 우상에게 경배하지

아니하는 자는 몇이든지 다 죽이게 하

더라

16 그가 모든 자 곧 작은 자나 큰 자나 부

자나 가난한 자나 자유인이나 종들에게

그 오른손에나 이마에 표를 받게 하고

17 누구든지 이 표를 가진 자 외에는 매매

를 못하게 하니 이 표는 곧 짐승의 이

름이나 그 이름의 수라

18 지혜가 여기 있으니 총명한 자는 그 짐

승의 수를 세어 보라 그것은 사람의 수

니 그의 수는 육백육십육이니라

십사만 사천 명이 부르는 노래

14 또 내가 보니 보라 어린 양이 시온 산

에 섰고 그와 함께 십사만 사천이 서 있

는데 그들의 이마에는 어린 양의 이름

과 그 아버지의 이름을 쓴 것이 있더라

2 내가 하늘에서 나는 소리를 들으니 많

은 물 소리와도 같고 큰 우렛소리와도

같은데 내가 들은 소리는 거문고 타는

자들이 그 거문고를 타는 것 같더라

3 그들이 보좌 앞과 네 생물과 장로들 앞

에서 새 노래를 부르니 땅에서 속량함

을 받은 십사만 사천 밖에는 능히 이

노래를 배울 자가 없더라

4 이 사람들은 여자와 더불어 더럽히지

아니하고 순결한 자라 어린 양이 어디

로 인도하든지 따라가는 자며 사람 가

운데에서 속량함을 받아 처음 익은 열

매로 하나님과 어린 양에게 속한 자들

이니

5 그 입에 거짓말이 없고 흠이 없는 자들

이더라

세 천사가 전하는 말

6 또 보니 다른 천사가 공중에 날아가는

데 땅에 거주하는 자들 곧 모든 민족과

종족과 방언과 백성에게 전할 영원한

복음을 가졌더라

7 그가 큰 음성으로 이르되 하나님을 두

려워하며 그에게 영광을 돌리라 이는

그의 심판의 시간이 이르렀음이니 하늘

과 땅과 바다와 물들의 근원을 만드신

이를 경배하라 하더라

8 또 다른 천사 곧 둘째가 그 뒤를 따라

말하되 무너졌도다 무너졌도다 큰 성

바벨론이여 모든 나라에게 그의 음행으

로 말미암아 진노의 포도주를 먹이던

자로다 하더라

9 또 다른 천사 곧 셋째가 그 뒤를 따라

큰 음성으로 이르되 만일 누구든지 짐

승과 그의 우상에게 경배하고 이마에나

손에 표를 받으면

10 그도 하나님의 진노의 포도주를 마시리니 그 진노의 잔에 섞인 것이 없이 부은 포도주라 거룩한 천사들 앞과 어린 양 앞에서 불과 유황으로 고난을 받으리니

11 그 고난의 연기가 세세토록 올라가리로다 짐승과 그의 우상에게 경배하고 그의 이름 표를 받는 자는 누구든지 밤낮 쉼을 얻지 못하리라 하더라

12 성도들의 인내가 여기 있나니 그들은 하나님의 계명과 예수에 대한 믿음을 지키는 자니라

13 또 내가 들으니 하늘에서 음성이 나서 이르되 기록하라 지금 이후로 주 안에서 죽는 자들은 복이 있도다 하시매 성령이 이르시되 그러하다 그들이 수고를 그치고 쉬리니 이는 그들의 행한 일이

따름이라 하시더라

마지막 수확

14 또 내가 보니 흰 구름이 있고 구름 위에 인자와 같은 이가 앉으셨는데 그 머리에는 금 면류관이 있고 그 손에는 예리한 낫을 가졌더라

15 또 다른 천사가 성전으로부터 나와 구름 위에 앉은 이를 향하여 큰 음성으로 외쳐 이르되 당신의 낫을 휘둘러 거두소서 땅의 곡식이 다 익어 거둘 때가 이르렀음이니이다 하니

16 구름 위에 앉으신 이가 낫을 땅에 휘두르매 땅의 곡식이 거두어지니라

마지막 재난을 가지고 온 천사

17 또 다른 천사가 하늘에 있는 성전에서 나오는데 역시 예리한 낫을 가졌더라

18 또 불을 다스리는 다른 천사가 제단으로부터 나와 예리한 낫 가진 자를 향하

여 큰 음성으로 불러 이르되 네 예리한 낫을 휘둘러 땅의 포도송이를 거두라 그 포도가 익었느니라 하더라

19 천사가 낫을 땅에 휘둘러 땅의 포도를 거두어 하나님의 진노의 큰 포도주 틀에 던지매

20 성 밖에서 그 틀이 밟히니 틀에서 피가 나서 말 굴레에까지 닿았고 천육백 스다디온에 퍼졌더라

15 또 하늘에 크고 이상한 다른 이적을 보매 일곱 천사가 일곱 재앙을 가졌으니 곧 마지막 재앙이라 하나님의 진노가 이것으로 마치리로다

2 또 내가 보니 불이 섞인 유리 바다 같은 것이 있고 짐승과 그의 우상과 그의 이름의 수를 이기고 벗어난 자들이 유리 바다 가에 서서 하나님의 거문고를 가지고

3 하나님의 종 모세의 노래, 어린 양의 노래를 불러 이르되 주 하나님 곧 전능하신 이시여 하시는 일이 크고 놀라우시도다 만국의 왕이시여 주의 길이 의롭고 참되시도다

4 주여 누가 주의 이름을 두려워하지 아니하며 영화롭게 하지 아니하오리이까 오직 주만 거룩하시니이다 주의 의로우신 일이 나타났으매 만국이 와서 주께 경배하리이다 하더라

5 또 이 일 후에 내가 보니 하늘에 증거 장막의 성전이 열리며

6 일곱 재앙을 가진 일곱 천사가 성전으로부터 나와 맑고 빛난 세마포 옷을 입고 가슴에 금 띠를 띠고

7 네 생물 중의 하나가 영원토록 살아 계신 하나님의 진노를 가득히 담은 금 대접 일곱을 그 일곱 천사들에게 주니

8 하나님의 영광과 능력으로 말미암아 성

전에 연기가 가득 차매 일곱 천사의 일

곱 재앙이 마치기까지는 성전에 능히

들어갈 자가 없더라

진노의 일곱 대접

16 또 내가 들으니 성전에서 큰 음성이 나

서 일곱 천사에게 말하되 너희는 가서

하나님의 진노의 일곱 대접을 땅에 쏟

으라 하더라

2 첫째 천사가 가서 그 대접을 땅에 쏟으

매 짐승의 표를 받은 사람들과 그 우상

에게 경배하는 자들에게 악하고 독한

종기가 나더라

3 둘째 천사가 그 대접을 바다에 쏟으매

바다가 곧 죽은 자의 피 같이 되니 바

다 가운데 모든 생물이 죽더라

4 셋째 천사가 그 대접을 강과 물 근원에

쏟으매 피가 되더라

5 내가 들으니 물을 차지한 천사가 이르

되 전에도 계셨고 지금도 계신 거룩하

신 이여 이렇게 심판하시니 의로우시

도다

6 그들이 성도들과 선지자들의 피를 흘렸

으므로 그들에게 피를 마시게 하신 것

이 합당하니이다 하더라

7 또 내가 들으니 제단이 말하기를 그러

하다 주 하나님 곧 전능하신 이시여 심

판하시는 것이 참되시고 의로우시도다

하더라

8 넷째 천사가 그 대접을 해에 쏟으매 해

가 권세를 받아 불로 사람들을 태우니

9 사람들이 크게 태움에 태워진지라 이

재앙들을 행하는 권세를 가지신 하나님

의 이름을 비방하며 또 회개하지 아니

하고 주께 영광을 돌리지 아니하더라

10 또 다섯째 천사가 그 대접을 짐승의 왕

좌에 쏟으니 그 나라가 곧 어두워지며

사람들이 아파서 자기 혀를 깨물고

11 아픈 것과 종기로 말미암아 하늘의 하

나님을 비방하고 그들의 행위를 회개하

지 아니하더라

12 또 여섯째 천사가 그 대접을 큰 강 유

브라데에 쏟으매 강물이 말라서 동방에

서 오는 왕들의 길이 예비되었더라

13 또 내가 보매 개구리 같은 세 더러운

영이 용의 입과 짐승의 입과 거짓 선지

자의 입에서 나오니

14 그들은 귀신의 영이라 이적을 행하여

온 천하 왕들에게 가서 하나님 곧 전능

하신 이의 큰 날에 있을 전쟁을 위하여

그들을 모으더라

15 보라 내가 도둑 같이 오리니 누구든지

깨어 자기 옷을 지켜 벌거벗고 다니지

아니하며 자기의 부끄러움을 보이지 아

니하는 자는 복이 있도다

16 세 영이 히브리어로 아마겟돈이라 하는

곳으로 왕들을 모으더라

17 일곱째 천사가 그 대접을 공중에 쏟으

매 큰 음성이 성전에서 보좌로부터 나

서 이르되 되었다 하시니

18 번개와 음성들과 우렛소리가 있고 또

큰 지진이 있어 얼마나 큰지 사람이 땅

에 있어 온 이래로 이같이 큰 지진이

없었더라

19 큰 성이 세 갈래로 갈라지고 만국의 성

들도 무너지니 큰 성 바벨론이 하나님

앞에 기억하신 바 되어 그의 맹렬한 진

노의 포도주 잔을 받으매

20 각 섬도 없어지고 산악도 간 데 없더라

21 또 무게가 한 달란트나 되는 큰 우박이

하늘로부터 사람들에게 내리매 사람들

이 그 우박의 재앙 때문에 하나님을 비

방하니 그 재앙이 심히 큼이러라

큰 음녀에게 내릴 심판

17 또 일곱 대접을 가진 일곱 천사 중 하

나가 와서 내게 말하여 이르되 이리로

오라 많은 물 위에 앉은 큰 음녀가 받

을 심판을 네게 보이리라

2 땅의 임금들도 그와 더불어 음행하였고

땅에 사는 자들도 그 음행의 포도주에

취하였다 하고

3 곧 성령으로 나를 데리고 광야로 가니

라 내가 보니 여자가 붉은 빛 짐승을

탔는데 그 짐승의 몸에 하나님을 모독

하는 이름들이 가득하고 일곱 머리와

열 뿔이 있으며

4 그 여자는 자주 빛과 붉은 빛 옷을 입

고 금과 보석과 진주로 꾸미고 손에 금

잔을 가졌는데 가증한 물건과 그의 음

행의 더러운 것들이 가득하더라

5 그의 이마에 이름이 기록되었으니 비밀

이라, 큰 바벨론이라, 땅의 음녀들과 가

증한 것들의 어미라 하였더라

6 또 내가 보매 이 여자가 성도들의 피와

예수의 증인들의 피에 취한지라 내가

그 여자를 보고 놀랍게 여기고 크게 놀

랍게 여기니

7 천사가 이르되 왜 놀랍게 여기느냐 내

가 여자와 그가 탄 일곱 머리와 열 뿔

가진 짐승의 비밀을 네게 이르리라

8 네가 본 짐승은 전에 있었다가 지금은

없으나 장차 무저갱으로부터 올라와 멸

망으로 들어갈 자니 땅에 사는 자들로

서 창세 이후로 그 이름이 생명책에 기

록되지 못한 자들이 이전에 있었다가

지금은 없으나 장차 나올 짐승을 보고

놀랍게 여기리라

9 지혜 있는 뜻이 여기 있으니 그 일곱

머리는 여자가 앉은 일곱 산이요

10 또 일곱 왕이라 다섯은 망하였고 하나
는 있고 다른 하나는 아직 이르지 아니
하였으나 이르면 반드시 잠시 동안 머
무르리라

11 전에 있었다가 지금 없어진 짐승은 여
덟째 왕이니 일곱 중에 속한 자라 그가
멸망으로 들어가리라

12 네가 보던 열 뿔은 열 왕이니 아직 나
라를 얻지 못하였으나 다만 짐승과 더
불어 임금처럼 한동안 권세를 받으리라

13 그들이 한 뜻을 가지고 자기의 능력과
권세를 짐승에게 주더라

14 그들이 어린 양과 더불어 싸우려니와
어린 양은 만주의 주시요 만왕의 왕이
시므로 그들을 이기실 터이요 또 그와
함께 있는 자들 곧 부르심을 받고 택하
심을 받은 진실한 자들도 이기리로다

15 또 천사가 내게 말하되 네가 본 바 음
녀가 앉아 있는 물은 백성과 무리와 열
국과 방언들이니라

16 네가 본 바 이 열 뿔과 짐승은 음녀를
미워하여 망하게 하고 벌거벗게 하고
그의 살을 먹고 불로 아주 사르리라

17 이는 하나님이 자기 뜻대로 할 마음
을 그들에게 주사 한 뜻을 이루게 하시
고 그들의 나라를 그 짐승에게 주게 하
시되 하나님의 말씀이 응하기까지 하심
이라

18 또 네가 본 그 여자는 땅의 왕들을 다
스리는 큰 성이라 하더라

바벨론의 패망

18 이 일 후에 다른 천사가 하늘에서 내려
오는 것을 보니 큰 권세를 가졌는데 그
의 영광으로 땅이 환하여지더라

2 힘찬 음성으로 외쳐 이르되 무너졌도다

무너졌도다 큰 성 바벨론이여 귀신의

처소와 각종 더러운 영이 모이는 곳과

각종 더럽고 가증한 새들이 모이는 곳

이 되었도다

3 그 음행의 진노의 포도주로 말미암아

만국이 무너졌으며 또 땅의 왕들이 그

와 더불어 음행하였으며 땅의 상인들도

그 사치의 세력으로 치부하였도다 하

더라

4 또 내가 들으니 하늘로부터 다른 음성

이 나서 이르되 내 백성아, 거기서 나

와 그의 죄에 참여하지 말고 그가 받을

재앙들을 받지 말라

5 그의 죄는 하늘에 사무쳤으며 하나님은

그의 불의한 일을 기억하신지라

6 그가 준 그대로 그에게 주고 그의 행위

대로 갑절을 갚아 주고 그가 섞은 잔에

도 갑절이나 섞어 그에게 주라

7 그가 얼마나 자기를 영화롭게 하였으

며 사치하였든지 그만큼 고통과 애통함

으로 갚아 주라 그가 마음에 말하기를

나는 여왕으로 앉은 자요 과부가 아니

라 결단코 애통함을 당하지 아니하리라

하니

8 그러므로 하루 동안에 그 재앙들이 이

르리니 곧 사망과 애통함과 흉년이라

그가 또한 불에 살라지리니 그를 심판

하시는 주 하나님은 강하신 자이심이라

9 그와 함께 음행하고 사치하던 땅의 왕

들이 그가 불타는 연기를 보고 위하여

울고 가슴을 치며

10 그의 고통을 무서워하여 멀리 서서 이

르되 화 있도다 화 있도다 큰 성, 견고

한 성 바벨론이여 한 시간에 네 심판이

이르렀다 하리로다

11 땅의 상인들이 그를 위하여 울고 애통

하는 것은 다시 그들의 상품을 사는 자

가 없음이라

12 그 상품은 금과 은과 보석과 진주와 세

마포와 자주 옷감과 비단과 붉은 옷감

이요 각종 향목과 각종 상아 그릇이요

값진 나무와 구리와 철과 대리석으로

만든 각종 그릇이요

13 계피와 향료와 향과 향유와 유향과 포

도주와 감람유와 고운 밀가루와 밀이요

소와 양과 말과 수레와 종들과 사람의

영혼들이라

14 바벨론아 네 영혼이 탐하던 과일이 네

게서 떠났으며 맛있는 것들과 빛난 것

들이 다 없어졌으니 사람들이 결코 이

것들을 다시 보지 못하리로다

15 바벨론으로 말미암아 치부한 이 상품의

상인들이 그의 고통을 무서워하여 멀리

서서 울고 애통하여

16 이르되 화 있도다 화 있도다 큰 성이여

세마포 옷과 자주 옷과 붉은 옷을 입고

금과 보석과 진주로 꾸민 것인데

17 그러한 부가 한 시간에 망하였도다 모

든 선장과 각처를 다니는 선객들과 선

원들과 바다에서 일하는 자들이 멀리

서서

18 그가 불타는 연기를 보고 외쳐 이르되

이 큰 성과 같은 성이 어디 있느냐 하며

19 티끌을 자기 머리에 뿌리고 울며 애통

하여 외쳐 이르되 화 있도다 화 있도다

이 큰 성이여 바다에서 배 부리는 모든

자들이 너의 보배로운 상품으로 치부하

였더니 한 시간에 망하였도다

20 하늘과 성도들과 사도들과 선지자들아,

그로 말미암아 즐거워하라 하나님이 너

희를 위하여 그에게 심판을 행하셨음이

라 하더라

21 이에 한 힘 센 천사가 큰 맷돌 같은 돌을 들어 바다에 던져 이르되 큰 성 바벨론이 이같이 비참하게 던져져 결코 다시 보이지 아니하리로다

22 또 거문고 타는 자와 풍류하는 자와 퉁소 부는 자와 나팔 부는 자들의 소리가 결코 다시 네 안에서 들리지 아니하고 어떠한 세공업자든지 결코 다시 네 안에서 보이지 아니하고 또 맷돌 소리가 결코 다시 네 안에서 들리지 아니하고

23 등불 빛이 결코 다시 네 안에서 비치지 아니하고 신랑과 신부의 음성이 결코 다시 네 안에서 들리지 아니하리로다 너의 상인들은 땅의 왕족들이라 네 복술로 말미암아 만국이 미혹되었도다

24 선지자들과 성도들과 및 땅 위에서 죽임을 당한 모든 자의 피가 그 성 중에서 발견되었느니라 하더라

어린 양의 혼인 잔치

19 이 일 후에 내가 들으니 하늘에 허다한 무리의 큰 음성 같은 것이 있어 이르되 할렐루야 구원과 영광과 능력이 우리 하나님께 있도다

2 그의 심판은 참되고 의로운지라 음행으로 땅을 더럽게 한 큰 음녀를 심판하사 자기 종들의 피를 그 음녀의 손에 갚으셨도다 하고

3 두 번째로 할렐루야 하니 그 연기가 세세토록 올라가더라

4 또 이십사 장로와 네 생물이 엎드려 보좌에 앉으신 하나님께 경배하여 이르되 아멘 할렐루야 하니

5 보좌에서 음성이 나서 이르시되 하나님의 종들 곧 그를 경외하는 너희들아 작은 자나 큰 자나 다 우리 하나님께 찬송하라 하더라

6 또 내가 들으니 허다한 무리의 음성과 도 같고 많은 물 소리와도 같고 큰 우 렛소리와도 같은 소리로 이르되 할렐 루야 주 우리 하나님 곧 전능하신 이가 통치하시도다

7 우리가 즐거워하고 크게 기뻐하며 그에 게 영광을 돌리세 어린 양의 혼인 기약 이 이르렀고 그의 아내가 자신을 준비 하였으므로

8 그에게 빛나고 깨끗한 세마포 옷을 입 도록 허락하셨으니 이 세마포 옷은 성 도들의 옳은 행실이로다 하더라

9 천사가 내게 말하기를 기록하라 어린 양의 혼인 잔치에 청함을 받은 자들은 복이 있도다 하고 또 내게 말하되 이것 은 하나님의 참되신 말씀이라 하기로

10 내가 그 발 앞에 엎드려 경배하려 하니 그가 나에게 말하기를 나는 너와 및 예 수의 증언을 받은 네 형제들과 같이 된 종이니 삼가 그리하지 말고 오직 하나 님께 경배하라 예수의 증언은 예언의 영이라 하더라

백마를 탄 자

11 또 내가 하늘이 열린 것을 보니 보라 백마와 그것을 탄 자가 있으니 그 이름 은 충신과 진실이라 그가 공의로 심판 하며 싸우더라

12 그 눈은 불꽃 같고 그 머리에는 많은 관들이 있고 또 이름 쓴 것 하나가 있 으니 자기밖에 아는 자가 없고

13 또 그가 피 뿌린 옷을 입었는데 그 이 름은 하나님의 말씀이라 칭하더라

14 하늘에 있는 군대들이 희고 깨끗한 세 마포 옷을 입고 백마를 타고 그를 따르 더라

15 그의 입에서 예리한 검이 나오니 그것

으로 만국을 치겠고 친히 그들을 철장

으로 다스리며 또 친히 하나님 곧 전능

하신 이의 맹렬한 진노의 포도주 틀을

밟겠고

16 그 옷과 그 다리에 이름을 쓴 것이 있

으니 만왕의 왕이요 만주의 주라 하였

더라

17 또 내가 보니 한 천사가 태양 안에 서

서 공중에 나는 모든 새를 향하여 큰

음성으로 외쳐 이르되 와서 하나님의

큰 잔치에 모여

18 왕들의 살과 장군들의 살과 장사들의

살과 말들과 그것을 탄 자들의 살과 자

유인들이나 종들이나 작은 자나 큰 자

나 모든 자의 살을 먹으라 하더라

19 또 내가 보매 그 짐승과 땅의 임금들과

그들의 군대들이 모여 그 말 탄 자와

그의 군대와 더불어 전쟁을 일으키다가

20 짐승이 잡히고 그 앞에서 표적을 행하

던 거짓 선지자도 함께 잡혔으니 이는

짐승의 표를 받고 그의 우상에게 경배

하던 자들을 표적으로 미혹하던 자라

이 둘이 산 채로 유황불 붙는 못에 던

져지고

21 그 나머지는 말 탄 자의 입으로부터 나

오는 검에 죽으매 모든 새가 그들의 살

로 배불리더라

천 년 왕국

20 또 내가 보매 천사가 무저갱의 열쇠와

큰 쇠사슬을 그의 손에 가지고 하늘로

부터 내려와서

2 용을 잡으니 곧 옛 뱀이요 마귀요 사탄

이라 잡아서 천 년 동안 결박하여

3 무저갱에 던져 넣어 잠그고 그 위에 인

봉하여 천 년이 차도록 다시는 만국을

미혹하지 못하게 하였는데 그 후에는

반드시 잠깐 놓이리라

4 또 내가 보좌들을 보니 거기에 앉은 자

들이 있어 심판하는 권세를 받았더라

또 내가 보니 예수를 증언함과 하나님

의 말씀 때문에 목 베임을 당한 자들의

영혼들과 또 짐승과 그의 우상에게 경

배하지 아니하고 그들의 이마와 손에

그의 표를 받지 아니한 자들이 살아서

그리스도와 더불어 천 년 동안 왕 노릇

하니

5 (그 나머지 죽은 자들은 그 천 년이 차

기까지 살지 못하더라) 이는 첫째 부활

이라

6 이 첫째 부활에 참여하는 자들은 복이

있고 거룩하도다 둘째 사망이 그들을

다스리는 권세가 없고 도리어 그들이

하나님과 그리스도의 제사장이 되어 천

년 동안 그리스도와 더불어 왕 노릇 하

리라

사탄의 패망

7 천 년이 차매 사탄이 그 옥에서 놓여

8 나와서 땅의 사방 백성 곧 곡과 마곡을

미혹하고 모아 싸움을 붙이리니 그 수

가 바다의 모래 같으리라

9 그들이 지면에 널리 퍼져 성도들의 진

과 사랑하시는 성을 두르매 하늘에서

불이 내려와 그들을 태워버리고

10 또 그들을 미혹하는 마귀가 불과 유황

못에 던져지니 거기는 그 짐승과 거짓

선지자도 있어 세세토록 밤낮 괴로움을

받으리라

크고 흰 보좌에서 심판을 내리시다

11 또 내가 크고 흰 보좌와 그 위에 앉으

신 이를 보니 땅과 하늘이 그 앞에서

피하여 간 데 없더라

12 또 내가 보니 죽은 자들이 큰 자나 작

은 자나 그 보좌 앞에 서 있는데 책들이 펴 있고 또 다른 책이 펴졌으니 곧 생명책이라 죽은 자들이 자기 행위를 따라 책들에 기록된 대로 심판을 받으니

13 바다가 그 가운데에서 죽은 자들을 내주고 또 사망과 음부도 그 가운데에서 죽은 자들을 내주매 각 사람이 자기의 행위대로 심판을 받고

14 사망과 음부도 불못에 던져지니 이것은 둘째 사망 곧 불못이라

15 누구든지 생명책에 기록되지 못한 자는 불못에 던져지더라

새 하늘과 새 땅

21 또 내가 새 하늘과 새 땅을 보니 처음 하늘과 처음 땅이 없어졌고 바다도 다시 있지 않더라

2 또 내가 보매 거룩한 성 새 예루살렘이 하나님께로부터 하늘에서 내려오니 그 준비한 것이 신부가 남편을 위하여 단장한 것 같더라

3 내가 들으니 보좌에서 큰 음성이 나서 이르되 보라 하나님의 장막이 사람들과 함께 있으매 하나님이 그들과 함께 계시리니 그들은 하나님의 백성이 되고 하나님은 친히 그들과 함께 계셔서

4 모든 눈물을 그 눈에서 닦아 주시니 다시는 사망이 없고 애통하는 것이나 곡하는 것이나 아픈 것이 다시 있지 아니하리니 처음 것들이 다 지나갔음이러라

5 보좌에 앉으신 이가 이르시되 보라 내가 만물을 새롭게 하노라 하시고 또 이르시되 이 말은 신실하고 참되니 기록하라 하시고

6 또 내게 말씀하시되 이루었도다 나는 알파와 오메가요 처음과 마지막이라 내가 생명수 샘물을 목마른 자에게 값없

이 주리니

7 이기는 자는 이것들을 상속으로 받으리라 나는 그의 하나님이 되고 그는 내 아들이 되리라

8 그러나 두려워하는 자들과 믿지 아니하는 자들과 흉악한 자들과 살인자들과 음행하는 자들과 점술가들과 우상 숭배자들과 거짓말하는 모든 자들은 불과 유황으로 타는 못에 던져지리니 이것이 둘째 사망이라

새 예루살렘

9 일곱 대접을 가지고 마지막 일곱 재앙을 담은 일곱 천사 중 하나가 나아와서 내게 말하여 이르되 이리 오라 내가 신부 곧 어린 양의 아내를 네게 보이리라 하고

10 성령으로 나를 데리고 크고 높은 산으로 올라가 하나님께로부터 하늘에서 내려오는 거룩한 성 예루살렘을 보이니

11 하나님의 영광이 있어 그 성의 빛이 지극히 귀한 보석 같고 벽옥과 수정 같이 맑더라

12 크고 높은 성곽이 있고 열두 문이 있는데 문에 열두 천사가 있고 그 문들 위에 이름을 썼으니 이스라엘 자손 열두 지파의 이름들이라

13 동쪽에 세 문, 북쪽에 세 문, 남쪽에 세 문, 서쪽에 세 문이니

14 그 성의 성곽에는 열두 기초석이 있고 그 위에는 어린 양의 열두 사도의 열두 이름이 있더라

15 내게 말하는 자가 그 성과 그 문들과 성곽을 측량하려고 금 갈대 자를 가졌더라

16 그 성은 네모가 반듯하여 길이와 너비가 같은지라 그 갈대 자로 그 성을 측

량하니 만 이천 스다디온이요 길이와

너비와 높이가 같더라

17 그 성곽을 측량하매 백사십사 규빗이니

사람의 측량 곧 천사의 측량이라

18 그 성곽은 벽옥으로 쌓였고 그 성은 정

금인데 맑은 유리 같더라

19 그 성의 성곽의 기초석은 각색 보석으

로 꾸몄는데 첫째 기초석은 벽옥이요

둘째는 남보석이요 셋째는 옥수요 넷째

는 녹보석이요

20 다섯째는 홍마노요 여섯째는 홍보석이

요 일곱째는 황옥이요 여덟째는 녹옥이

요 아홉째는 담황옥이요 열째는 비취옥

이요 열한째는 청옥이요 열두째는 자수

정이라

21 그 열두 문은 열두 진주니 각 문마다

한 개의 진주로 되어 있고 성의 길은

맑은 유리 같은 정금이더라

22 성 안에서 내가 성전을 보지 못하였으

니 이는 주 하나님 곧 전능하신 이와

및 어린 양이 그 성전이심이라

23 그 성은 해나 달의 비침이 쓸 데 없으

니 이는 하나님의 영광이 비치고 어린

양이 그 등불이 되심이라

24 만국이 그 빛 가운데로 다니고 땅의 왕

들이 자기 영광을 가지고 그리로 들어

가리라

25 낮에 성문들을 도무지 닫지 아니하리니

거기에는 밤이 없음이라

26 사람들이 만국의 영광과 존귀를 가지고

그리로 들어가겠고

27 무엇이든지 속된 것이나 가증한 일 또

는 거짓말하는 자는 결코 그리로 들어

가지 못하되 오직 어린 양의 생명책에

기록된 자들만 들어가리라

22 또 그가 수정 같이 맑은 생명수의 강

을 내게 보이니 하나님과 및 어린 양의

보좌로부터 나와서

2 길 가운데로 흐르더라 강 좌우에 생명

나무가 있어 열두 가지 열매를 맺되 달

마다 그 열매를 맺고 그 나무 잎사귀들

은 만국을 치료하기 위하여 있더라

3 다시 저주가 없으며 하나님과 그 어린

양의 보좌가 그 가운데에 있으리니 그

의 종들이 그를 섬기며

4 그의 얼굴을 볼 터이요 그의 이름도 그

들의 이마에 있으리라

5 다시 밤이 없겠고 등불과 햇빛이 쓸 데

없으니 이는 주 하나님이 그들에게 비

치심이라 그들이 세세토록 왕 노릇 하

리로다

주 예수여 오시옵소서

6 또 그가 내게 말하기를 이 말은 신실하

고 참된지라 주 곧 선지자들의 영의 하

나님이 그의 종들에게 반드시 속히 되

어질 일을 보이시려고 그의 천사를 보

내셨도다

7 보라 내가 속히 오리니 이 두루마리의

예언의 말씀을 지키는 자는 복이 있으

리라 하더라

8 이것들을 보고 들은 자는 나 요한이니

내가 듣고 볼 때에 이 일을 내게 보이던

천사의 발 앞에 경배하려고 엎드렸더니

9 그가 내게 말하기를 나는 너와 네 형제

선지자들과 또 이 두루마리의 말을 지

키는 자들과 함께 된 종이니 그리하지

말고 하나님께 경배하라 하더라

10 또 내게 말하되 이 두루마리의 예언의

말씀을 인봉하지 말라 때가 가까우니라

11 불의를 행하는 자는 그대로 불의를 행

하고 더러운 자는 그대로 더럽고 의로

운 자는 그대로 의를 행하고 거룩한 자

는 그대로 거룩하게 하라

12 보라 내가 속히 오리니 내가 줄 상이 내게 있어 각 사람에게 그가 행한 대로 갚아 주리라

13 나는 알파와 오메가요 처음과 마지막이요 시작과 마침이라

14 자기 두루마기를 빠는 자들은 복이 있으니 이는 그들이 생명나무에 나아가며 문들을 통하여 성에 들어갈 권세를 받으려 함이로다

15 개들과 점술가들과 음행하는 자들과 살인자들과 우상 숭배자들과 및 거짓말을 좋아하며 지어내는 자는 다 성 밖에 있으리라

16 나 예수는 교회들을 위하여 내 사자를 보내어 이것들을 너희에게 증언하게 하였노라 나는 다윗의 뿌리요 자손이니 곧 광명한 새벽 별이라 하시더라

17 성령과 신부가 말씀하시기를 오라 하시는도다 듣는 자도 오라 할 것이요 목마른 자도 올 것이요 또 원하는 자는 값없이 생명수를 받으라 하시더라

18 내가 이 두루마리의 예언의 말씀을 듣는 모든 사람에게 증언하노니 만일 누구든지 이것들 외에 더하면 하나님이 이 두루마리에 기록된 재앙들을 그에게 더하실 것이요

19 만일 누구든지 이 두루마리의 예언의 말씀에서 제하여 버리면 하나님이 이 두루마리에 기록된 생명나무와 및 거룩한 성에 참여함을 제하여 버리시리라

20 이것들을 증언하신 이가 이르시되 내가 진실로 속히 오리라 하시거늘 아멘 주 예수여 오시옵소서

21 주 예수의 은혜가 모든 자들에게 있을지어다 아멘

십계명

하나님이 이 모든 말씀으로 말씀하여 이르시되,
나는 너를 애굽 땅, 종 되었던 집에서 인도하여 낸 네 하나님 여호와니라.

제일은, 너는 나 외에는 다른 신들을 네게 두지 말라.

제이는, 너를 위하여 새긴 우상을 만들지 말고,
　　　또 위로 하늘에 있는 것이나 아래로 땅에 있는 것이나
　　　땅 아래 물속에 있는 것의 어떤 형상도 만들지 말며,
　　　그것들에게 절하지 말며, 그것들을 섬기지 말라.
　　　나 네 하나님 여호와는 질투하는 하나님인즉,
　　　나를 미워하는 자의 죄를 갚되 아버지로부터 아들에게로
　　　삼사 대까지 이르게 하거니와, 나를 사랑하고
　　　내 계명을 지키는 자에게는 천 대까지 은혜를 베푸느니라.

제삼은, 너는 네 하나님 여호와의 이름을 망령되게 부르지 말라.
　　　여호와는 그의 이름을 망령되게 부르는 자를
　　　죄 없다 하지 아니하리라.

제사는, 안식일을 기억하여 거룩하게 지키라.
　　　엿새 동안은 힘써 네 모든 일을 행할 것이나
　　　일곱째 날은 네 하나님 여호와의 안식일인즉,
　　　너나 네 아들이나 네 딸이나 네 남종이나 네 여종이나
　　　네 가축이나 네 문안에 머무는 객이라도
　　　아무 일도 하지 말라.
　　　이는 엿새 동안에 나 여호와가 하늘과 땅과 바다와
　　　그 가운데 모든 것을 만들고 일곱째 날에 쉬었음이라.
　　　그러므로 나 여호와가 안식일을 복되게 하여
　　　그 날을 거룩하게 하였느니라.